教育部人文社会科学研究规划基金项目（2

"银行-股东"网络
与商业银行高质量发展

汪　莉◎著

吉林大学出版社

·长　春·

图书在版编目（CIP）数据

"银行－股东"网络与商业银行高质量发展 / 汪莉著 .

长春：吉林大学出版社，2024.6. -- ISBN 978-7-5768-

3380-5

Ⅰ . F832.33

中国国家版本馆 CIP 数据核字第 202401QB58 号

书　　名："银行－股东"网络与商业银行高质量发展
　　　　　"YINHANG–GUDONG" WANGLUO YU SHANGYE YINHANG
　　　　　GAOZHILIANG FAZHAN
作　　者：汪　莉
策划编辑：卢　婵
责任编辑：卢　婵
责任校对：刘守秀
装帧设计：三仓学术
出版发行：吉林大学出版社
社　　址：长春市人民大街 4059 号
邮政编码：130021
发行电话：0431–89580036/58
网　　址：http://www.jlup.com.cn
电子邮箱：jldxcbs@sina.com
印　　刷：武汉鑫佳捷印务有限公司
开　　本：787mm × 1092mm　　　1/16
印　　张：19
字　　数：280 千字
版　　次：2024 年 6 月　第 1 版
印　　次：2024 年 6 月　第 1 次
书　　号：ISBN 978-7-5768-3380-5
定　　价：96.00 元

前　言

　　在当代经济体系中，商业银行扮演着至关重要的角色。它们不仅是金融市场的基石，而且对于促进经济增长、提高资源配置效率以及维护金融稳定性发挥着决定性的作用。本书正是在这样的背景下编撰而成，其核心目标在于深度探讨"银行－股东"网络在风险管理、效率提升、董事会治理等多个关键维度上如何影响商业银行的高质量发展。本书为银行业的未来发展提供全面的理论和实践指导。

　　本书界定了社会网络的定义和类型，深入探讨其在当代经济金融活动中的关键作用及重要性。通过历史性地回顾和分析社会网络在银行领域的研究与应用，揭示网络结构如何显著影响银行的风险管理策略、资源配置效率和治理决策过程。这一探讨不仅提供了对银行业内部动态的深刻理解，还阐明了社会网络在塑造银行行为和决策中的重要作用，为后续经验研究提供了坚实的理论与文献支撑。

　　在风险管理维度，银行在"银行－股东"网络中的中心性与风险承担呈现出复杂的关系：若仅考虑表内风险，银行在网络中所处的位置越中心，银行的不良贷款率越低；若同时考虑表内外风险，银行在网络中所处的位置越中心，银行的风险加权资产比重越高。在传导机制上，一方面，网络中心度的提升通过"资源共享机制"降低银行风险承担；另一方面，网络中心度的提升通过"规模机制""价格机制"和"资产配置机制"促进银行风险承担，揭示了银行股东网络在风险管理中的双重作用。

在银行效率维度，银行在"银行－股东"网络中的中心度提升对银行效率产生了显著的积极影响。即便在考虑表内外风险资产作为非期望产出的情况下，这种正向关系仍然成立，但影响程度有所减弱。此外，在传导机制方面，网络中心度的增加通过"竞争机制"和"资源共享机制"促进了银行整体效率的提高。值得注意的是，与国有商业银行相比，"银行－股东"网络对非国有银行效率的积极效应更加明显。

董事会治理维度，本书展示了"银行－股东"网络与银行董事会治理之间存在显著的正向联系，银行在其股东网络中占据更为中心的位置能有效提升其董事会治理水平。这种关系因银行的类型和产权性质有所差异，这说明网络结构对不同银行在董事会治理方面的效应存在异质性特征。在影响机制上，"银行－股东"网络中心度的提升可以通过信息共享、声誉激励、有效联结机制提高银行董事会治理水平。

本书的最后，探讨了数字化转型背景下商业银行面临的新挑战，特别是其对商业银行风险管理和流动性创造的影响。在风险管理方面，银行数字化在降低表内风险中有效，但也增加了表外风险，尤其在长委托期限理财产品发行比例较高的银行中更明显。在流动性创造方面，数字化转型通过提高盈利能力和改善资产质量促进了流动性创造，且随着金融监管强度、经济周期和宏观审慎政策情绪差异而存在异质性特征。这些发现为理解数字化转型背景下社会网络与银行管理决策提供了新视角。

本书是一本为科研工作者、银行业内人士以及对金融领域感兴趣的读者量身定制的作品。通过深入分析和实证研究，不仅提供了对现有文献的重要补充，而且为助力商业银行高质量发展提供了新的视角和实践参考。

汪 莉

2024 年 4 月

目　录

第一章 绪 论

第一节 研究背景与研究意义

一、研究背景

在当前全球经济环境和中国经济结构性转型的大背景下，商业银行的高质量发展正面临着前所未有的挑战和机遇。特别是在习近平总书记中央金融工作会议（2023）中强调金融领域要更加聚焦于服务实体经济、深化金融体制改革以及防范化解金融风险，为商业银行高质量的发展方向和改革提供了清晰的指引。[①] 要不断完善资本市场的基础制度，优化金融供给，构建更加稳健、高效的金融体系[②]。在这一背景下，商业银行在风险管理、效率提升及治理结构完善方面的积极推进，成为金融体系稳定性及其服务实体经济能力的关键驱动因素（Zha et al.，2016；Ramcharra，2017；余晶

---

① 信息来源于《光明日报》（2023 年 11 月 24 日 03 版）《坚持把金融服务实体经济作为根本宗旨》，https://news.gmw.cn/node_4108.htm.

② 信息来源于中国人民银行货币政策分析小组（2020 年 11 月 26 日）《2020 年第三季度中国货币政策执行报告》，http://www.pbc.gov.cn/goutongjiaoliu/113456/113469/4133903/2020112615473038246.pdf.

晶 等，2019；封思贤、郭仁静，2019）。特别地，新冠肺炎疫情的全球性冲击、利率市场化的深入推进以及互联网金融的兴起等多重因素，对商业银行的内部治理结构和外部运营环境构成了深刻的影响，导致了商业银行领域中的重大变革（Li et al.，2018；Li et al.，2019）。这些变革不仅提出了对银行日常运营的新要求，而且对银行的长期战略规划和市场定位提出了重大挑战，从而促使银行业重新审视其在新经济环境中的发展策略和调整。

在银行风险管理方面，随着经济从数量扩张向质量提升的结构性转型，商业银行面临着严峻的风险管理挑战。特别是在面对如包商银行信用危机、恒丰银行声誉损失、锦州银行流动性问题等一系列危机事件时，银行风险管理的脆弱性被暴露无遗。这些事件不仅揭示了银行在股权关系规范、内部风控机制健全性等方面的不足，也显示出银行治理机制的局限性。这些危机案例反映出，银行业内部存在的治理问题不仅能够积聚显著的系统性风险，还可能对整个金融市场的稳定性构成严重威胁。因此，它们促使了监管当局和银行业务决策者对现有银行治理结构进行深刻反思，并寻求加强风险管理和治理机制的有效途径，以提高对潜在金融危机的预警和应对能力，确保银行业务的可持续发展和金融市场的整体稳定。

同时，影子银行的无序扩张及其引发的金融风险亦引起广泛关注。金融稳定理事会（FSB）在《全球金融稳定报告》（2011）中将影子银行定义为可能引发系统性风险和监管套利问题的信用中介体系，其过快发展被视为触发金融危机的重要因素（Ferrante，2019）。在中国，以理财产品（wealth management products，WMPs）为代表的影子银行表外业务的快速扩张受到了密切关注，这些产品由于不在资产负债表中体现，成为商业银行将不良贷款转移至表外进行监管套利的重要工具（Plantin，2015；Luo et al.，2019）。影子银行的这种以规避监管为动机的揽储工具并未缓解中小企业的资金约束，反而提升了银行的风险承担水平。理财产品的风险主要来源于期限错配、资金流向地方融资平台以及银行间业务的相互往来，这些因素进一步放大了潜在的系统性风险（Lu et al.，2015；Wei，2015；Yang et al.，2019；刘莉亚 等，2019），加大了商业银行风险管理难度和不确定性。

在效率管理方面，已有学术文献广泛探讨了银行效率管理的多个维度，如银行内部特征（包括风险承担、资产规模、所有权结构变更）和外部环境特征（如市场竞争程度、监管政策）对银行效率的影响（Sun and Chang，2011；Peng et al.，2017；刘孟飞、张晓岚，2013；杨文 等，2015；申创、赵胜民，2017；陈诗一 等，2018）。然而，新冠疫情全球冲击、利率市场化的加速推进，以及互联网金融的迅猛发展等新形势和新变化的出现，不仅重塑了银行的外部经营环境，还对银行内部管理和战略规划提出了新的挑战。因此，在这样的复杂多变的环境下，提升商业银行的运营效率和可持续性发展已成为当前学术研究和实务操作的重点议题。为适应这些变化，银行需要不仅关注传统的效率因素，还需探索新的管理模式和创新策略，以应对市场环境和客户需求的变化。其中，关系网络在银行效率管理中的作用不容忽视。作为非正式制度的重要组成部分，社会网络能够通过其结构和关系动态，影响银行的决策过程和资源配置效率。在中国这一重视人际关系的社会文化中，社会网络的影响尤为显著。然而，研究往往忽略了在中国特有的社会文化背景下，非正式制度如社会网络对银行效率的潜在影响（Lin，2002；Ferris et al.，2017）。

在银行治理方面，自 2013 年《商业银行公司治理指引》发布以来，中国银行业在深化改革和完善金融机构结构方面取得了显著的成就。尽管如此，仍存在诸如股权关系规范化、内部风控机制完善化以及"三会一层"治理体系的有效性等方面的挑战。在这一背景下，社会网络作为一种重要的非正式制度，对银行治理结构的优化和完善起到了关键作用。现有研究强调社会网络通过各种联系形式，如亲友关系和商业往来，促进信息交流和资源共享，进而影响个体和组织行为（Granovetter，1973；Rainie and Wellman，2012）。在商业银行领域，共同股东构建的网络不仅为银行提供了信息资源，还可能通过声誉激励等机制影响银行治理（Li et al.，2018；Li et al.，2019）。现有股东网络的研究主要集中在企业行为方面，如投资效率和企业绩效（李善民 等，2015；Yang et al.，2018；Riccaboni，

2019），在银行治理领域，特别是关于"银行－股东"网络对银行董事会治理影响的研究还相对不足。

本书从社会网络视角出发，深入分析商业银行的高质量发展与其在"银行－股东"网络中所处位置间的关系。基于时变增长型"银行－股东"网络，揭示银行业内的互依关系和复杂动态。在此网络框架内，本书测度了各银行在网络中的程度中心度、接近中心度和中介中心度，这些指标分别反映了银行在股东网络中的直接联系强度、与整个网络的联系紧密程度，以及在银行间关系中扮演的中介角色。本书的核心研究内容围绕"银行－股东"网络对商业银行在风险管理、效率提升和董事会治理方面的影响展开。本书首先揭示了网络结构如何影响银行的风险承担行为，并具体区分了对表内外风险的不同影响。接下来，进一步探讨网络结构如何通过不同的传导机制影响银行的效率，特别是考虑到交叉持股对网络结构与银行效率间关系的影响以及不同银行类型和产权性质下的异质性效应。此外，本书还深入分析了"银行－股东"网络通过信息共享、声誉激励等机制对商业银行董事会治理水平的影响，为理解和改善银行治理结构提供了新的经验证据。本书的最后，解析了数字化转型背景下商业银行面临的新挑战，特别是数字化对风险管理和流动性创造的影响，为理解数字化时代社会网络与银行管理决策提供了新视角。

二、研究意义

本书的研究不仅在学术层面提出了新的研究路径和思路，而且在实践管理方面为银行业提供了坚实的理论支持，有助于加深对商业银行动态演变的理解，促进金融领域向更全面、多元化的研究方向发展。

在学术层面，本书的研究意义首先表现在其对银行业研究范式的突破。结合社会网络理论与银行业分析，本研究构建动态时变"银行－股东"网络模型，为银行的风险管理、运营效率提升和治理结构优化提供了新的分析框架，揭示了银行业在其复杂网络关系动态中的微观行为。通过刻画和探索银行在网络中的位置结构（中心度指标），本书深入探讨银行行为与网络结构的相互作用，揭示了网络结构如何影响商业银行的风险承担、效率管理和董事会治理决策。这不仅为银行风险和效率管理提供了新的理论视角，而且为优化银行治理结构提供了新的思路。此外，通过分析银行间交叉持股对网络结构与商业银行决策行为间关系的影响，以及银行类型和产权结构等因素产生的异质性效应，本书为银行业的适应性、稳定性和长期高质发展提供了深刻的理论洞见，对理解和预测商业银行未来发展趋势具有重要学术价值。

在实践层面，本书的研究向银行管理者和政策制定者提供了宝贵的见解。面对当前全球金融环境的快速变化，商业银行面临众多挑战，包括利率市场化、互联网金融的兴起和全球经济不确定性的增加。本书通过理论和实证分析，阐明了银行网络结构如何影响银行的风险承担、效率管理和治理决策，为制定更有效的风险管理策略和优化治理结构提供了数据支持和理论依据。具体而言，通过分析银行在网络中的位置，管理者能够更有效地评估和管理银行表内外风险，并据此优化银行的风险承担策略。本书还强调了社会网络结构在商业银行效率管理与提升银行董事会治理水平方面的作用，为商业银行内部治理提供了新的视角，特别是在提高信息共享效率和优化决策过程方面。此外，"资源共享机制""价格机制"和"资产配置机制"等的发现，为商业银行提供了新的工具，以理解和应对市场复杂性。这些机制不仅助力银行内部管理层在日常运营中优化决策，还为政策制定者提供了关于如何制定和调整监管策略的洞见，尤其是在强化银行监管和推进金融供给侧改革方面。通过对这些机制的分析，政策制定者能更好地理解银行风险承担行为的动因，并据此制定更有效的策略，促进银行业的健康和可持续发展。此外，在探讨银行类型和产权结构对网络结构影响的异质性方面，本书的发现有助于银行更精准地定位其在金融市场中的策略位置，从而提升自身竞争力和市场适应能力。

第二节 研究思路与研究方法

一、研究思路

本书第一章对研究背景、研究意义、研究思路和方法、研究内容和创新点进行介绍。

第二章介绍社会网络的定义与类型，并分析它们的结构特征及其对经济金融活动的影响。值得注意的是，网络结构与经济金融活动的关系在学术界得到了广泛关注，但多数文献以上市公司为对象，主要从创新绩效、投融资效率和重大决策等方面展开讨论并提供经验支撑。本书侧重探讨社会网络理论在银行领域的应用研究，从银行网络特征及其与宏观审慎政策、银行风险的关系等角度展开，这有助于为社会网络与银行业高质量发展的研究提供更深层次的理解。

第三章介绍了时变"银行－股东"网络的构建过程与网络特征。首先，本章详细介绍了如何构建这一时变增长型网络，包括模型选取的原因、模型构建的步骤等，重点在于如何有效捕捉银行与其股东之间关系的动态演化。此过程不仅涉及大量、复杂的数据处理，还包括对银行间关系及其随时间变化的细致建模。紧接着，基于该时变增长性网络，对这一动态网络的演变趋势进行时序分析，旨在揭示和识别驱动网络变化的核心因素，特别地，对城市商业银行网络结构和交叉持股动态展开分析探讨。通过这一深入分析，本章为理解银行与股东之间复杂且不断演化的相互作用提供了新的视角。

第四章基于时变增长型"银行－股东"网络，深入探究网络结构如何影响商业银行的风险管理行为，揭示银行网络位置的重要性，并将其对银行表内和表外风险行为的影响进行对比分析。此外，通过分析"资源共享机制"和"规模机制"等多个传导途径，本章揭示了网络中心度如何对银行风险承担产生影响。研究还进一步讨论，网络结构对不同类型和产权结构的银行的风险行为具有异质性影响。本章研究不仅丰富了银行风险管理的理论讨论，特别是在将非正式制度视角纳入考量方面，也为防范和化解银行风险提供了实证依据和政策建议。章节安排涵盖理论分析、实证模型与研究设计、实证结果分析、机制研究和稳健性检验，旨在系统地阐释银行网络结构与风险管理的复杂关系。

第五章聚焦于探究"银行－股东"网络如何影响商业银行的效率管理。通过时变"银行－股东"网络，深入分析网络结构特征对银行效率的作用，并考察这种影响在不同类型和产权结构的银行中的异质性效应。研究旨在解析网络结构对银行效率的直接影响及其传导机制，同时考虑了银行间交叉持股因素的影响。通过应用面板数据分析和对比不同的效率评价指标，本章致力于揭示在复杂的社会网络环境中，银行效率管理的微观机制和动态变化趋势。章节安排涵盖理论分析、实证模型与研究设计、实证结果分析、机制研究和稳健性检验。

第六章着重分析了"银行－股东"网络与商业银行董事会治理之间的关系。本章首先阐述了研究的理论基础，解释网络特征如何影响董事会治理，并通过实证研究验证理论假设。此外，为确保研究的严谨性和可靠性，章节还包括了对模型内生性的探讨和稳健性分析。总体而言，本章为"银行－股东"网络和董事会治理间关系的研究提供了深刻见解，为优化银行治理结构和提升决策效率提供了重要的学术和实践参考。

第七章聚焦于分析数字化转型和宏观审慎政策对商业银行发展带来的新挑战。章节首先阐述了数字化转型的背景，并深入探讨了数字化转型对商业银行的风险管理和流动性创造能力的影响。此外，章节还评估了宏观审慎政策在当前金融环境下的作用和效果，特别是其对银行业流动性的影响。综合考量了这些新变化对商业银行运营模式、风险控制和未来发展趋势的深刻影响，为银行应对新时代经济金融挑战提供了深刻见解和策略建议。

第八章总结全书的关键发现，提出了基于前述章节研究得到的具体政策建议。重点强调了将理论研究转化为实际应用的重要性，特别是在促进银行业高质量发展和提高风险管理有效性方面。本章旨在搭建理论与实践之间的桥梁，通过具体的政策建议指导银行业应对现代金融市场的挑战，同时也为政策制定者和银行管理者提供关于优化银行运营和治理结构的洞见。

二、研究方法

首先，本书基于文献研究法，从社会网络的定义与类型、网络结构与经济金融活动的关系、社会网络在银行领域的研究与应用等角度展开文献梳理和总结，不仅阐明了不同类型的社会网络及其特征，揭示了网络结构在经济金融决策中的作用，而且为"银行－股东"网络的构建以及分析其对商业银行风险管理、效率管理和董事会治理的影响奠定重要理论和文献基础。

其次，社会网络分析法是本书重要的理论分析方法，也是实证分析的基础。本书从动态网络视角出发，构建时变"银行－股东"网络，不仅刻画了单个时刻的静态结构特征，还刻画了不同时刻结构特征的变化。相比静态网络，动态网络具有更高维度的刻画连接关系的能力（Holme and Saramäki, 2012）。基于动态网络理论，以对于过去的节点和边是否保持不变为标准，将时变网络划分为增长型网络和非增长型网络，前者所有节点和边随着时间只增加不减少，后者节点和边随着时间增减都可能发生。因此，根据时变网络是否具有"增长"特征，可以将时变网络区分为时变增长型网络和时变非增长型网络。本书构建的时变网络模型包含"时变"和"增长"两个网络特征。基于该网络，不仅可以计算出相应的静态网络结构特征变量，以程度中心度、接近中心度、中介中心度、向量中心度四个指标，分别反映银行在"银行－股东"网络中所处的局部广度、全局深度、全局中介程度和特征向量中心程度，还可以动态反映这些结构特征随时间变化的特点。

最后，本书基于传统计量经济学方法，包括固定面板模型和中介机制模型等，深入分析"银行－股东"网络及其对银行风险管理、效率管理和董事会治理等方面的影响，识别和验证网络结构变迁与商业银行高质量发展间的关系，揭示银行通过社会网络实现信息共享、资源优化和风险管理的具体机制。传统计量经济学方法在本书中的应用展示了其在处理复杂经济现象中的重要作用和能力，为本书提供了坚实的实证基础，使其研究结果更加稳健和有说服力，为银行业和政策制定者提供了宝贵的洞见和指导。

第三节 研究内容与创新点

一、研究内容

本书在梳理总结社会网络文献的基础上，基于我国商业银行数据构建时变"银行－股东"网络，并以 Gephi 软件中 Fruchterman Regingold 布局形式清晰地呈现网络结构及其动态变化特征。截面维度分析显示，网络中存在一个较大的连通子图位于中心，包括相互持股的银行及其股东，而周围较小的连通子图则包含未有相互持股的银行及其股东，形成星形结构。时间维度分析显示，随着时间推移，"银行－股东"网络呈现出三个主要特征：银行和股东数量的增加，网络的紧密度提高，以及网络中心节点间的密度显著提升。特别是，商业银行的网络中心度指标均显著提高，如程度中心度增长幅度达 80.95%，表明商业银行正朝着网络的中心位置靠拢。接下来，本书从风险管理、效率管理和董事会治理三个维度展开分析，探讨"银行－股东"网络对银行高质量发展的影响与机制。

首先，在风险管理维度，本书基于时变增长型"银行－股东"网络，分析了银行在网络中的位置（尤其是网络中心度指标）如何影响其风险承担情况。研究发现，银行在网络中心位置的提升与较低的不良贷款率相关联，同时，当考虑表外风险时，中心位置更高的银行展示了更高的风险加权资产比重。此外，还讨论了网络中心度通过不同机制对银行风险承担的影响，以及不同类型和产权结构的银行在风险承担上的异质性影响。商业银行网络中心度的提升通过加强信息共享降低银行风险承担，却通过扩大表外理财产品规模、通过提高表外理财产品收益率，并通过提升高风险资产投资比例促进银行风险承担。若考虑银行类型的异质性，网络中心度对银行风险承担的激励对城市商业银行更大，若考虑产权性质，网络局部广度对银行风险承担的正向影响对国有商业银行更大，网络全局深度和中介程度对银行风险承担的激励对非国有商业银行更大。

其次，在效率管理维度，本书致力于探索和分析银行间持股关系所构成的动态"银行－股东"网络对商业银行效率的影响。研究重点关注网络中心度提升对银行效率的影响，包括局部广度、全局深度和中介程度等网络结构特征对银行效率的具体作用。研究表明，银行在网络中的核心位置有助于更高效的资源配置和信息流通，从而提升整体效率。尽管在纳入表内外风险约束后，网络中心度对效率的正向作用有所减弱，但其基本趋势和影响仍然显著。银行间交叉持股现象也对网络结构和效率间关系产生了显著的异质性影响。这一发现表明，不同银行之间通过股权关联形成的网络不仅在结构上呈现多样性，而且在效率提升方面也展现出不同的动态。通过"竞争机制"和"资源共享机制"，银行能够在网络中寻找优化自身运营管理的机会，加强与其他银行的合作与联结，从而提高整体效率。与国有银行相比，非国有银行似乎更能从网络结构中获得效益，尤其是在资源共享和市场竞争方面。这可能与非国有银行较为灵活的运营模式和对外部环境的敏感性有关。同时，地方商业银行通过网络结构的优化，有效地提升了其效率管理能力，尤其是在地区市场内部的资源整合和信息共享方面。

再次，在董事会治理维度，本章旨在探究"银行－股东"网络与银行董事会治理之间的关系，特别强调时变增长型网络的构建及其在银行治理领域的应用。在这一框架下，重点关注网络结构对董事会治理水平的影响及其机理。研究发现，"银行－股东"网络与银行董事会治理之间存在显著的正向关联。具体而言，银行在网络中的中心位置越显著，其董事会治理水平越高。这种正向关系表明，通过网络中心度的提升，银行能够更有效地获取和分享信息，利用网络带来的声誉效应，并通过有效的联结，提升其董事会的治理能力。此外，研究还揭示了网络对董事会治理影响的异质性特征，显示出银行类型和产权性质对这种关系的显著影响。特别是对于地方性和非国有银行，网络中心度的提升对提高董事会治理水平尤为重要。这些发现为商业银行如何利用社会网络结构改善内部治理提供了深刻的见解，并为相关政策制定者提供了关于如何加强银行治理能力的有价值的理论支持。

最后，本书分析了商业银行高质量发展中面临的新挑战，聚焦于分析数字化转型和宏观审慎政策对商业银行风险管理和流动性管理两个关键维度的作用与影响。在风险管理方面，本书深入分析了数字化如何影响银行风险的机制，特别关注了数字化在表内担保竞争和表外价格竞争中的不同效应，并提供了关于银行理财产品风险管理的新视角和分析框架。在流动性管理方面，研究基于宏观审慎政策情绪效应，创新性地构建了宏观审慎政策情绪指标，探讨了数字化转型与流动性创造之间的关系，并分析了盈利能力和资产质量渠道在流动性创造中的作用。此外，本书还考察了宏观审慎政策情绪在银行表内外流动性创造中的差异及其异质性特征，为理解和优化政策传导提供了深入的洞见。

二、研究创新点

本书丰富了商业银行领域的研究，现有文献主要关注商业银行的外部环境或内部特征等正式制度对于商业银行管理的影响，缺乏对非正式制度的讨论，特别是从社会网络的角度考察网络结构对商业银行管理的影响，探讨商业银行高质量发展路径的研究是极少的。本书从社会网络这一非正式制度视角出发，构建了反映银行间交叉持股结构的时变增长"银行-股东"网络，拓展了社会网络在金融经济领域的应用范畴。目前，社会网络在金融经济领域中的应用更多以企业为背景展开，基于企业 CEO 的任职、教育等经历构建 CEO 关系网络，或是基于企业的上下游关系构建企业供应网络（Shi et al.，2020）来考察网络对企业投资效率、融资约束、公司治理、风险承担的影响。跳出企业网络和企业高管网络的框架，少数研究关注银行业的网络结构，比如 Li 等人（2019，2020）分别尝试构建银行间、银行与企业间的静态社会关系网络。与之不同的是，考虑到静态网络无法反映中国银行业发展的动态演化特征，本书聚焦的是银行业的动态关系网络，并从风险、效率和治理三个维度探讨"银行－股东"网络对银行高质量发展的影响。

在风险维度，本书从多个角度探讨了时变增长"银行－股东"网络影响银行风险承担的机制，为理解银行的风险激励提供了新的视角和经验证据。在研究中，我们不仅基于"资源共享机制"讨论了银行网络对风险承担的约束作用，还从表外理财产品的"规模机制""价格机制"和"资产配置机制"分析了银行网络对风险承担的促进作用。本书对不同机制的考察与对比揭示出了时变增长"银行－股东"网络的风险效应双面性，这与社会网络的特质相吻合。对于这些机制的讨论，在一定程度上从资源与资源配置角度打开了网络结构影响银行风险承担的黑箱，为政府和相关部门防范银行风险提供了一定的经验证据和政策依据。

在效率维度，不同于已有文献构建的传统无风险约束的效率评价指标（申创、赵胜民，2017；郭晔 等，2020）和仅考虑表内风险约束的效率评价指标（王兵、朱宁，2011；刘孟飞、张晓岚，2013），本书将风险约束纳入银行效率评价指标的构建中，并与无风险约束的效率评价指标进行对比，更好地反映了风险因素，特别是由影子银行参与而带来的表外风险的增加对效率评估的影响。此外，本书区分了不同类型、产权结构的商业银行网络结构对银行效率的异质效应，重点分析了地方性商业银行网络结构变迁对其效率管理所产生的影响，为银行完善社会网络结构以改善自身效率提供了有针对性的理论依据。

在银行治理维度，现有文献主要围绕社会网络与公司高管、独立董事之间的联系，而本书将目光聚焦于银行这一金融体系的重要参与者，重点考察银行与股东之间的动态关联对银行治理水平的影响。此外，在探讨股东网络对银行董事会治理影响的传导机制上，不局限于社会网络的信息效应，还考察声誉激励以及有效联结等传导机制。本书为银行完善社会关系网络、提高内部治理能力提供了具有一定参考价值的启示与建议。

第二章　社会网络
与其在经济金融问题中的应用

第一节　社会网络定义与类型

Wasserman 和 Faust（1994）指出社会网络是由具有一定关联的个体所构成的集合，而 Lin（2002）则将社会网络视为社会资本的一种独特表现形式，指出社会网络是特定个体之间产生关联并进行资源共享的特殊方式。这种特殊性体现在两方面：一是社会网络中的社会资本无法被个人直接占有，必须通过成员之间的联系来进行获取和共享（Lin，2002）；二是网络成员的行为是相互影响的，个体的选择、收益和风险在很大程度上取决于其在网络中所处的位置以及相关成员的行为决策（李培馨 等，2013）。Granovetter（1985）将这种特殊性归因于个体经济行为在社会活动中的嵌入性和互动性，即网络中错综复杂的社会关系会在很大程度上对个体形成无形制约，进而对各个网络成员的经济选择行为产生联动性的影响。

Newman（2003）指出，社会网络中的参与者及其背后蕴藏的错综复杂的关系可以进一步抽象为节点和连边构成的集合。其中，网络成员可以抽象为网络中的节点，不同网络成员（即不同节点）之间可以根据一定的规则产生联系，这种基于规则产生的联系可以抽象为网络中的连边。不同网络结构与位置下的网络成员在社会网络中所扮演的角色不同，其在社会网络中所能享有的社会资本也是有差别的。根据 Freeman（1978）、Wasserman 和 Faust（1994）的研究，可以用网络中心度（centrality）来衡量各个网络成员与其他成员之间的关系联结程度及其面临的网络结构。当网络中心度较高时，意味着该成员在社会网络中所处的位置越靠近中心，其对于网络稳定的重要性越大。与此同时，较高的网络中心度也代表着该成员不仅能够更直接地获得社会资本，同时也能够通过更多的渠道和更快的速度与其他节点保持广泛而紧密的联系，进而享有社会资本带来的更多优势（Freeman，1978；Lin，2002）。

在社会网络中，成员个体和成员之间的联系可以分别抽象为网络节点和纽带的关系（陈运森、谢德仁，2011）。根据成员之间连接纽带的不同，学者们主要从感情主导的熟人关系和利益主导的商业关系两个维度构造了各种类型的社会网络。在第一类基于感情主导的熟人关系开展的研究中，章元和陆铭（2009）、马光荣和杨恩艳（2011）以亲友之间赠送礼品这一家庭往来情况构建亲友关系网络；申宇等（2017）从企业高管的个人简历中提取学历信息，以高管之间的校友关系作为纽带构建校友关系网络；在第二类基于利益主导的商业关系开展的研究中，一部分学者借助高管层面的联系将企业进行连接，例如陈运森和谢德仁（2011）、尹筑嘉等（2018）基于董事兼任信息构建上市公司董事关系网络；Tsai 等（2019）基于企业董事的政府工作经历构建反映企业政治关联网络；刘善仕等（2017）以人才在各个企业之间的流动为纽带构建企业之间的人力资本社会网络；另一部分学者直接依据企业层面的业务与投资关系将企业进行连接，例如蔡宁和何星（2015）基于共同投资关系构建风投股东关系网络；Shi 等人（2020）根据上市公司的前五大供应商和客户信息，构建出制造业公司之间的多层次供应网络。

此外，也不乏学者将上述两类思路融合，基于网络成员的复合背景构建更为全面的社会关系网络。如杨玉龙（2018）基于中国证券监督管理委员会发行审核委员会（简称发审委）委员的教育经历与任职单位双重背景，构建发审委和上市公司之间的社会关系网络；Fracassi 和 Tate（2012）、Engelberg 等人（2013）、Javakhadze 等人（2016）、Ferris 等人（2017）基于 BoardEx 数据中的全面信息，不仅关注 CEO 的任职信息，同时加入对 CEO 的过去所在志愿机构、俱乐部以及受教育院校的考察，根据网络成员在社会活动中的"重合轨迹"，系统地构建了更为广泛的 CEO 关系网络。

第二节　网络结构与经济金融活动

不同网络结构与位置下的网络成员在社会网络中所能享有的社会资本是有差别的，根据谢德仁和陈运森（2012）、Freeman（1979）的研究，可以用网络中心度（centrality）来衡量成员的网络结构。当网络中心度较高时，网络成员不仅能够更直接地获得社会资本，而且通过更多的渠道和更快的速度与其他节点保持更加广泛而紧密的联系，进而享有社会资本带来的更多优势（Freeman，1979；Lin，2002；蔡宁、何星，2015）。目前，网络结构与经济金融活动的关系在学术界得到了广泛关注，多数文献以上市公司为对象，从创新绩效、投融资效率和重大决策等方面展开讨论并提供了丰富的经验证据。

在创新方面，社会网络对企业创新规模和创新绩效的正向影响得到了证实，如申宇等人（2017）和刘善仕等人（2017）证实了网络中心度和企业创新绩效具有显著的正相关关系；而就具体的影响渠道来看，王营和张光利（2018）指出上市公司的董事关系网络主要是通过增强企业的外部融资能力（引资）和企业专利数目（引智）两个渠道来提升企业创新水平；Tsai 等人（2019）发现公司董事的政治关系网络通过增加企业的政府补贴和获取无形资产来提升其专利申请等创新水平。

在投融资方面，部分文献认为网络中心度和投资效率具有显著的正相关性（陈运森、谢德仁，2011），部分文献却指出网络中心度与投资效率的关系并非简单的线性关系，例如蔡宁和何星（2015）认为上市公司提升其在风险投资社会网络的网络中心度仅仅能够改善投资不足企业的投资效率，对于投资过度的企业，网络中心度反倒会强化过度投资行为并使投资效率下降；类似地，Shi 等人（2020）指出网络广度能够通过缓解资金约束来提升投资效率，但是这一机制仅在投资不足的企业样本中存在。除了考察企业的投资行为，尹筑嘉等人（2018）和 Javakhadze 等人（2016）针对企业融资行为的考察也证实了网络中心度与融资约束的负向关系，即网络中心度有助于抑制代理问题并减少信息不对称性进而缓解企业的融资约束。

在重大活动方面，社会网络对于企业重大活动的影响主要体现在以下领域。（1）并购：李善民等人（2015）指出网络中心度所带来的信息优势有效地降低了并购过程中的信息不对称性，减少了并购决策的隐性损失并提高了并购绩效；彭聪等人（2020）的研究表明这一关系在企业的异地并购行为中也有体现。（2）IPO（initial public offerings，首次公开募股）：杨玉龙（2018）指出发审委委员与拟上市公司高管之间的校友数量越多，上市公司 IPO 的过会率越高；Rumokoy 等人（2017）发现，在承销商网络中心度越高的承销商，以 IPO 结果衡量的绩效表现越突出。（3）获取资源：苏冬蔚等人（2017）基于银行网点之间的社会关系与业务合作关系指出，社会网络能够促进客户资源增加，也有效地推动了银行的运作效率和财务绩效，助力了微型金融的可持续性发展。

不难看出，社会网络在经济金融领域中的构建与运用已经得到了学术界的重视，大多数文献构建的社会网络更多聚焦在企业层面，基于高管的人际关系网络和社会背景考察社会资本对企业发展的影响。但值得一提的是，将上述思路用于银行层面的网络构建与讨论相对匮乏，且缺乏对内在微观机制的探究。事实上，各个商业银行的发展并非完全独立，而是相互影响的。银行之间的交叉持股和股东连锁持股结构增加了银行体系的紧密性和共生性，以社会网络结构来刻画上述关系不仅能够更全面地将银行间的互动纳入考虑，而且将成为社会网络在经济金融领域应用中的一个重要补充。不仅如此，基于银行社会网络出发来考察其对于银行行为，特别是银行效率的影响是非常必要的。尽管苏冬蔚等人（2017）以商业银行为研究对象，从财务绩效角度考察了社会网络对银行可持续性发展的影响，但是其在衡量社会网络结构特征时采用问卷调查的方式，具有一定的主观性；Li 等人（2019，2020）虽然分别尝试构建银行间、银行与企业间的静态社会关系网络，但是这些网络均无法反映我国银行业发展的动态演化特征。

第三节　社会网络在银行领域的研究与应用

自 2008 年次贷金融危机爆发以来，学界和业界纷纷意识到从宏观审慎角度监测系统性金融风险的重要性。党的十八届三中全会要求切实提高风险监测、预警、防范和处置能力，坚决守住不发生区域性、系统性金融风险的底线；到央行行长特别指出要谨防"明斯基时刻"（葛鹏飞、黄秀路，2019）；再到党的二十大对金融工作提出了明确的要求，指出要"深化金融体制改革，建设现代中央银行制度，加强和完善现代金融监管，强化金融稳定保障体系，依法将各类金融活动全部纳入监管，守住不发生系统性风险底线"。这些政策指导均指出了防范化解重大风险，特别是系统性金融风险是亟待解决的重大问题，而银行系统作为金融系统的核心，受到了更多的关注。本节主要从分析银行网络特征入手，以银行网络在银行系统性风险管理中的运用为例分析社会网络在银行领域中的应用。

一、银行网络特征

宏观审慎监管最早可追溯到 20 世纪 70 年代（王春丽、李琪，2019），国外对于宏观审慎的研究大多与系统性金融风险相联系，例如，在 2000 年9 月，国际清算银行行长 Andrew Crockett 首先主张将金融稳定划分为微观审慎与宏观审慎两个方面。Borio（2003）通过对系统性金融风险在时间和空间两个维度上形成机制的描述，提出了实施宏观审慎监管的方法工具，而国内关于宏观审慎的研究相对较少。直至 2008 年金融危机之后，国内外才开始对以防范系统性金融风险为目标的宏观审慎监管进行研究（王春丽、李琪，2019；冯超、王银，2015；李政 等，2016）。

实际上，宏观审慎管理政策本质上也是将金融系统看作一种网络，网络方法对于评估整体金融稳定性和系统风险至关重要（Allen and Babus，2009；Haldane，2013），这是由于金融体系内个体之间的关联程度不断提高并趋于复杂（黄聪、贾彦东，2010；贾彦东，2011），强大的金融网络将金融体系内所有参与者的风险和收益紧密地联系在一起。同时，由于银行网络是金融网络的核心（黄聪、贾彦东，2010），多数关于系统性金融风险、金融网络的研究是基于银行网络而展开的。早在 1996 年 Angelini 等人便对银行间网络内部产生的风险规模和影响做出了探索。

Watts 和 Strogatz（1998）以及 Barabasi 和 Albert（1999）开创性地指出，许多实际网络具有一些共同的拓扑性质，即"小世界性"和"无标度性"。国内外的多项研究表明，金融网络也大致遵循相同的规律（胡志浩、李晓花，2017；隋聪 等，2014），即多数银行间网络具有小世界性或无标度性。小世界网络具有半随机性——随着时间的改变，网络中的大部分联系是稳定的，而少数的、局部的联系会发生变化（隋聪 等，2014）。如墨西哥银行间资金网络，美国银行间网络，联邦基金市场，英国银行间资金网络，奥地利银行网络均具有小世界网络特征（Martinez-Jaramillo et al.，2010；Soramäki et al.，2007；Bech and Atalay，2010；Becher et al.，2008；Boss et al.，2004）。此外，Anand 等人（2013）根据小世界网络规则模拟了英国国内银行和国外银行构成的银行间网络。

无标度网络的特征是少数节点度很大（即与多数节点相连），而大部分节点度很小（即只与少数节点相连）。从数字特征来看，无标度网络中节点度服从幂律分布（隋聪 等，2014）。如欧洲银行隔夜拆借市场网络，美国银行间债务网络，奥地利银行间债务规模，日本、澳大利亚、巴西以及中国的银行间网络都具有无标度特征（Gabrieli，2011；Soramaki et al.，2007；Souma et al.，2003；Inaoka et al.，2004；Boss et al.，2004；Edson and Cont，2010；程建平，2012；石大龙，2015）。

但也有少数研究表明银行间市场网络未必具有小世界网络或无标度网

络特征。如德国的中心—边缘层级结构、瑞士的多货币中心结构（Upper and Worms，2004；Müller，2006）。Iori 等人（2008）的研究指出，银行间市场网络结构是随机网络，银行规模具有高度异质性。万阳松（2007）发现银行间市场网络的规模与风险传染的效应呈现倒 U 形关系，且银行间网络具有双幂律结构。马君潞等人（2007）的研究指出，我国同业拆借市场的流动性结构是以中国银行为中心的网络结构。黄聪和贾彦东（2010）的研究指出，我国银行间网络表现出重要节点（四大国有商业银行）与局部团状共存的结构特征。蒋海和张锦意（2018）发现尾部风险网络存在时变特征。正是因为银行间网络有着复杂的关系，使得银行间关联性强，若系统内单一银行发生违约风险、破产或者倒闭等，其会通过与网络中其他有关联的银行，把风险传递给更多的银行，甚至是进行五轮或六轮风险传染（黄聪、贾彦东，2010）。

二、银行网络与系统性风险

系统性风险主要由两大因素驱动：一是外部环境的冲击，二是银行体系内部的经营失败，这可能是个别机构或某一类机构的问题（贾彦东，2011；刘春航、朱元倩，2011；童牧、何奕，2012；Upper，2011）。当单一银行因这些因素破产或关闭时，银行间网络和相互依赖关系会引发风险传染，导致多家银行相继失败，从而触发系统性风险的发生（刘春航、朱元倩，2011）。

巴曙松等人（2013）将银行间市场网络定义为由各个银行作为节点构成的网络，节点间通过信用拆借、资产负债关系相连，形成一个价值网络。大多数相关文献都是从银行业资产负债表（刘春航、朱元倩，2011；宫晓琳，2012；李政 等，2016；Greenwood et al.，2015）和风险传染的视角（马君潞 等，2007；黄聪、贾彦东，2010；童牧、何奕，2012；范小云等，2013；孙艳霞 等，2015；杨子晖、李东承，2018；葛鹏飞、黄秀路，2019；Allen and Gale，2000；Gray and Jobst，2011；Cai et al.，2018）研究银行网络和系统性风险间的关系。

研究表明，无论从哪个角度分析，银行的系统重要性对于系统性风险的影响至关重要。葛鹏飞和黄秀路（2019）认为，相较于小型股份制银行、城市商业银行和农村商业银行，国有银行和大型股份制银行在系统中的重要性更为显著。范小云等人（2013）指出，在风险传播的网络中，大型商业银行处于核心位置，拥有最高的系统重要性。杨子晖和李东承（2018）也观察到，系统性金融风险主要集中在大型银行中。贾彦东（2011）、欧阳资生与莫廷程（2017）通过实证分析发现，如中国银行这样的全国性商业银行由于其规模较大，相对于地方性商业银行而言，对金融市场的风险贡献更为重要，形成了"太大而不能倒"的现象。他们还指出，在宏观经济波动中，中国银行等大型银行的影响是决定危机严重程度的关键因素（马君潞 等，2007）。这与 Angelini 等人（1996）的研究一致，即银行规模与系统性危机的发生概率呈正相关。虽然大银行在系统性风险中起主导作用，但也应高度关注小银行的风险监控和测量，因为它们更易受到风险传染的影响（杨子晖、李东承，2018；孙艳霞 等，2015）。更为关键的是，小银行的集体倒闭可能引发大银行的连锁反应（隋聪 等，2014）。

除单一银行规模对系统性风险的影响外，部分学者对银行网络的集中度以及竞争度与系统性风险之间的关系也进行了研究。结论基本上可以分为"集中度－稳定性假说"以及"集中度－脆弱性假说"。对于"集中度－稳定性假说"，Allen 和 Gale（2000）开创性地研究了银行间市场中的风险传染问题，认为稀疏的网络更容易传染风险，他们的逻辑是紧密的网络分散了单个银行倒闭对整个系统的冲击。Hellman 等人（2000）、Matutes 和 Xavier（2000）、Beck 等人（2006）也从不同角度解释了"集中度－稳定性假说"。

对于"集中度－脆弱性"假说，Chan 等人（1992）、Matutes 和 Xavier（2000）、Beck 等人（2006）从政府监管以及银行规模对风险的影响角度解释了这一假说。近年来，杨天宇和钟宇平（2013）基于1995—2010 年 125 家商业银行的非平衡面板数据研究发现，银行业集中度和竞争度均与银行风险呈显著正相关关系，且银行竞争度并非导致银行集中度与银行风险正相关的原因，银行业高集中度、高竞争度可以同时并存。隋聪等人（2014）也指出，集中度越高的网络由于传染而倒闭的银行数量就越多，这推翻了"集中度 - 稳定性"假说。

此外，还有研究从其他角度分析了影响系统性风险的因素。蒋海和张锦意（2018）研究表明，银行尾部风险网络的总体关联性、特征向量中心性和入度中心性与系统性风险存在显著的正相关关系，而个体银行的出度中心性则与系统性风险呈显著负相关。同时，银行间的风险敞口被认为是系统性风险传播的关键路径（Memmel and Sachs，2013；Caccioli et al.，2013）。刘吕科等人（2012）的研究则强调，与风险传染相比，银行资产组合的相关性对系统性风险的影响更为显著。

第三章　"银行－股东"网络的构建

第一节　时变"银行－股东"网络的构建

2008 年金融危机引发了网络科学与经济金融学交叉研究的蓬勃发展，从网络科学的角度为传统金融领域问题提供了新的视角与工具。Li 等人（2019）基于静态银行网络的研究是网络科学中静态网络工具应用于传统金融领域问题的一次积极探索。在自然界中，绝大部分的网络都是动态变化的，随着静态网络理论的不断发展，近些年来动态网络理论也在蓬勃发展中。本书从动态网络视角出发，构建时变"银行－股东"网络，不仅刻画了单个时刻的静态结构特征，而且刻画了不同时刻结构特征的变化，相比静态网络，动态网络具有更高维度的刻画连接关系的能力（Holme and Saramäki, 2012）。

动态网络理论中，以对于过去的节点和边是否保持不变为标准将时变网络划分为增长型网络和非增长型网络。前者所有节点和边随着时间只增加不减少，后者节点和边随着时间增减都可能发生。因此，我们这里根据时变网络是否具有"增长"特征，可以将时变网络区分为时变增长型网络和时变非增长型网络。本书同时构建了这两种网络，其中，时变增长网络模型包含"时变"和"增长"两个网络特征。"时变"特征表征的是每个时刻的连接关系，刻画的是不同时刻连接关系的突变性质及其对系统的影响，"增长"特征表征的是从初始时刻到当前时刻所有关系的并集，刻画的是随着时间的变化，网络中"节点"和"边"的增长性质及其对系统的影响。

相比时变非增长型网络，时变增长型网络模型具有以下特征：首先，考虑到前期建立与维护网络时具有较高成本以及维持人际关系在我国这一人情社会中尤为重要，退出网络的成员往往仍具有和其他网络成员保持长久联系的倾向，因此该网络对于曾出现在网络中的全部关系也予以保留；其次，该网络刻画了银行与股东的关系随时间不断增长的过程，呈现出网络增长的变化趋势。模型中，银行与股东分别视为网络中的"节点"，银行与股东之间的持股关系为连接各"节点"的"边"。

由于时变增长型网络的构建以非增长型网络为基础，下文将以时变增长型网络为例，阐述具体的构建过程。具体来说，构建过程分为以下两步，每一步均可表达为一个张量形式。

第一步：构建时变非增长型网络，其数学表示为如下张量形式。该网络为一个三维张量 A_{ijt}，其二维表示 A_{ij} 代表网络结构的邻接矩阵，t 代表该网络结构所在的时间片段，该网络无"增长"特征。我们设定时间片段长度为年，因此在相同的年份下，所有的银行和股东节点可以划分为银行节点和非银行节点，其中银行节点既当作"银行－股东"网络中银行部分，也当作"银行－股东"网络中银行股东部分，而非银行节点则当作"银行－股东"网络中非银行股东部分。当年度银行和 1 个股东（银行股东或非银行股东）存在持股关系，则银行节点与该股东节点之间存在直接关联。因为本数据中不存在银行对自己持股，因此如图 3.1 所示，银行与银行股东的邻接矩阵的对角线元素为 0。

为了便于计算，本书将样本时间跨度内（2004—2017 年）所有银行组成的集合设定为 E，其中集合 E 中的元素个数设定为 N，即 $|E|=N$；将样本时间跨度内、且不属于集合 E 中的股东构成的集合设定为 B，集合 B 中元素个数设定为 M，即 $|B|=M$。

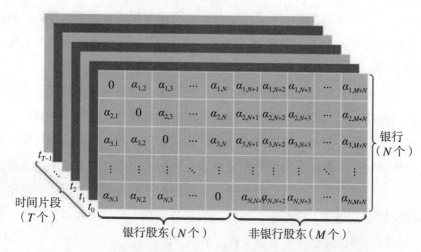

图 3.1　构建时变"银行－股东"网络的三维张量图

由于部分银行可能作为其他银行的股东，即存在银行间交叉持股，因此该张量刻画了银行与银行及股东持股关系随时间变化的关系。图 3.1 中，每一行代表一家银行（N 家银行则意味着有 N 行），每一列代表一家股东。为了刻画银行之间的交叉持股结构，我们将前 N 列设为银行股东，后 M 列设为非银行股东。张量元素 $a_{i,j,t}$ 的定义见式（3-1）：

$$a_{i,j,t} = \begin{cases} 1，\text{在第 } t \text{ 年第 } i \text{ 家银行被第 } j \text{ 家公司持股} \\ 0，\text{在第 } t \text{ 年第 } i \text{ 家银行未被第 } j \text{ 家公司持股} \end{cases} \qquad (3-1)$$

第二步：基于已构建的时变非增长型网络，进一步纳入增长特征，构建时变增长型网络。即在该网络中，每个年份 t 的时变增长型网络为从初始年份 t_0 起至当前年份 t 所有网络的汇聚网络。本书中，初始年份 t_0=2004。根据时变增长型网络的特征，其三维张量 $\tilde{A}_{ijt}$ 可由时变非增长网络三维张量 A_{ijt} 按式（3-2）构建：

$$\tilde{A}_{i,j,t} = \varepsilon\left(\sum_{k=t_0}^{t} A_{i,j,t}\right) \qquad (3-2)$$

其中，阶跃函数 $\varepsilon(x)$ 的定义见式（3-3）：

$$\varepsilon(x) = \begin{cases} 1, x > 0 \\ 0, x \leqslant 0 \end{cases} \qquad (3-3)$$

因此，时变增长型持股关系矩阵中的元素 $\tilde{a}_{i,j,t}$ 可由时变非增长型持股关系矩阵中的元素 $a_{i,j,t}$ 计算得到，见式（3-4）：

$$\tilde{a}_{i,j,t} = \varepsilon(\sum_{k=t_0}^{t} a_{i,j,k}) = \begin{cases} 1, & \sum_{k=t_0}^{t} a_{i,j,k} > 0 \\ 0, & \sum_{k=t_0}^{t} a_{i,j,k} \leqslant 0 \end{cases} \tag{3-4}$$

根据时变增长型持股关系矩阵，网络中的银行和银行之间不仅能够通过当年度的交叉持股关系直接相连，或者通过当年度的共同股东关系间接相连，而且鉴于增长关系，银行和银行之间也可以通过历年交叉持股关系直接相连，或者历年共同股东关系间接相连。这也客观反映了现实中建立和维护网络关系时较高成本使网络成员之间具有长期联系倾向，并体现了维持人际关系在我国人情文化背景下的重要性。

至此，时变增长型"银行－股东"网络构建完成。基于该网络，可以计算出相应的静态网络结构特征变量。目前，网络科学中刻画网络结构的常用微观指标是每个节点的中心度指标，参考陈运森和谢德仁（2011）的思路，基于 2004—2017 年商业银行数据，我们定义了年份 t 的时变增长型"银行－股东"网络中的程度中心度、接近中心度、中介中心度、向量中心度四个指标来分别反映银行在"银行－股东"网络中所处的局部广度、全局深度、全局中介程度和特征向量中心程度。

银行 i 在年份 t 的程度中心度（degree centrality）计算的是截至年份 t 的历年来与该银行直接相连的各银行以及股东的总数和。该指标值越大，意味着银行 i 能从各银行和股东中获得的资源越丰富，其在网络中所处的局部广度越大，也意味着"圈层"效应越强。根据增长型时变"银行－股东"持股关系张量 $\tilde{A}_{ijt}$，银行 i 在年份 t 的程度中心度（degree centrality）计算方法见式（3-5）。

$$\text{Degree}_i^t = \sum_{j \in V(i)} \tilde{\alpha}_{i,j,t} = \sum_{j \in V(i)} \varepsilon\left(\sum_{k=t_0}^{t} \alpha_{i,j,k}\right) \tag{3-5}$$

其中 $V(i)$ 代表了截止年份 t 所有与节点 i 相连的节点集合。

银行 i 的接近中心度（closeness centrality）描述的是增长型时变"银行－股东"网络中当前年份 t 下各个节点 $j(j \neq i)$ 到银行 i 平均最短距离的倒数，反映了银行 i 在增长型时变"银行－股东"网络的连通子网络中的全局深度，即刻画了银行 i 是否在该连通子网络中更加接近中心位置。银行 i 在年份 t 的接近中心度（closeness centrality）计算方法见式（3-6）。

$$\text{Close}_i^t = \frac{\left| G_i^t \right| - 1}{\sum\limits_{j \in G_i^t, j \neq i} d(i,j)} \tag{3-6}$$

其中，G_i^t 代表了在年份 t 的增长型时变"银行－股东"网络中，银行 i 所在的连通子网络的节点集合，$\left| G_i^t \right|$ 为该连通子网络的所有节点个数，$d(i,j)$ 计算了在该连通子网络中节点 j 到节点 i 的最短路径长度。

该指标值越大，说明银行 i 在该连通子网络中的位置越靠近中心，意味着银行 i 和该连通子网络中其他网络成员之间的联系性与紧密性越高，即使该连通子网络中其他网络成员（银行和股东）没有与银行 i 有直接持股关系，银行 i 仍然能够以更快的速度和更高的效率接收到其他节点的信息与资源。

银行 i 的中介中心度（betweenness centrailty）指的是在增长型时变"银行－股东"网络中银行 i 所在的连通子网络中原本不具有直接关系的节点之间，有多少必须通过银行 i 这一节点被间接连接起来，反映了银行 i 在该连通子网络中的"桥梁"作用。该指标值越大，说明银行 i 在该连通子网络中所起的中介作用越强，基于其中介位置对信息传递与控制的收益也相对越高。银行 i 在年份 t 的中介中心度计算方法见式（3-7）。

$$\text{Between}_i^t = \sum\limits_{c,f \in G_i^t} \frac{\sigma(c,f \mid i)}{\sigma(c,f)} \tag{3-7}$$

其中，$\sigma(c,f)$ 代表了节点 c 和节点 f 之间所有最短路径的数目，$\sigma(c,f \mid i)$ 代表了节点 c 和节点 f 之间通过节点 i 的所有最短路径的数目。

第二节 时变"银行－股东"网络变化分析

图 3.2 分别描绘了 2007 年、2012 年和 2017 年的"银行－股东"增长网络的结构图。其中，网络中的股东用黑色小圆点表示，银行用浅灰或深灰黑框大圆圈表示，浅灰黑框大圆圈表示的银行不持有其他银行的股份，而深灰黑框大圆圈表示的银行持有其他银行的股份。为了更好地展示"银行－股东"网络结构，我们采用了 Fruchterman Regingold 布局形式，该布局形式会尽可能地将最大连通子图分布在图中心，而将其他小的连通子图分布在四周，以星形结构布局呈现。图 3.2 呈现出的特征可以归纳为如下两个方面。

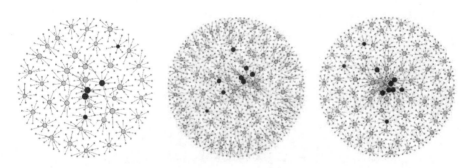

图 3.2 时变增长型 "银行－股东"网络结构

（从左至右分别为 2007、2012 和 2017 年）

首先，从截面维度分析可以发现两个特征：第一，容易发现一个较大的连通子图位于中心，且银行间相互持股的银行及其股东都存在于这个连通子图上；其他较小的连通子图在四周均为未有银行间相互持股的银行及其股东，其基本网络结构为星形结构，即银行在中央，股东在四周。

其次，从时间变化的维度分析，不难看出，随着时间的推移，时变增长型"银行－股东"网络呈现出以下三方面特征：第一，银行和股东数量不断增加，银行数量由 2004 年的 6 家增加到 2012 年的 112 年，2017 年达到了 122 家，银行周围集聚的股东数量也呈现出"滚雪球式"

的增长；第二，"银行－股东"网络在整体上变得更加紧密，中心连通子图规模的不断扩大说明各个银行之间的联系加强，且呈现出更明显的中心化趋势；第三，就处于网络中心位置的节点来看，中心节点之间的密度显著提升，凝聚力得到了进一步增强。数据显示，商业银行的四个网络中心度指标都得到了显著提升，以程度中心度为例，商业银行网络中心度从 2004 年的 10.333 提高到 2017 年的 18.698，增长幅度高达 80.95%，充分揭示出商业银行向中心位置靠拢这一典型事实。

第四章 "银行－股东"
网络与商业银行风险管理

本章以构建的时变增长"银行－股东"网络为基础,考察网络结构对商业银行风险管理的影响。研究发现:第一,若仅考虑表内风险,银行在网络中所处的位置越中心(各类网络中心度指标越高),银行的不良贷款率越低。若同时考虑表内外风险,银行在网络中所处的位置越中心,银行的风险加权资产比重越高。第二,在传导机制上,一方面,网络中心度的提升通过"资源共享机制"降低银行风险承担。另一方面,网络中心度的提升通过"规模机制""价格机制"和"资产配置机制"促进银行风险承担。第三,网络结构对不同类型、不同产权结构商业银行风险承担的影响效果存在显著差异。本章从商业银行的风险视角拓展了社会网络在金融经济领域的应用范围,在影子银行规模不断扩张并暴露出风险的现实背景下,本章的研究结论也为银行和相关监管部门防范风险提供了一定的经验证据与政策依据。

第一节 商业银行风险管理现状与问题的提出

商业银行的风险承担情况关乎金融市场的稳定和银行服务实体经济的

能力。近年来银行风险问题不断暴露，一系列危机事件的爆发均为银行体系的健康有序发展敲响了警钟。在《政府工作报告》中，"防范与化解金融风险"被视为金融发展领域的重要议题，工作报告指出要积极推进金融监管体制改革，有效消除银行风险隐患。此外，中国人民银行发布的《中国金融稳定报告》更是强调了相关部门要不断提高应对银行风险问题的全局性和前瞻性，加大对不良贷款的监管与处置力度，防范不良贷款可能触发的金融风险。

除了关注不良贷款带来的银行表内风险外，影子银行的无序扩张以及其触发的金融风险也引发了大量讨论。2011 年，金融稳定理事会（Financial Stability Board，FSB）在《全球金融稳定报告》中正式将"影子银行"定义为游离于银行监管体系之外、可能引发系统性风险和监管套利等问题的信用中介体系。Ferrante（2019）指出影子银行的过快发展是触发金融危机的重要原因，2004—2007 年美国影子银行规模的迅猛扩大加剧了银行的偿债负担，不断爆发的连锁挤兑事件最终成了金融危机的导火索。聚焦中国，国内以理财产品（wealth management products，WMPs）为代表的"影子银行"表外业务的快速扩张也备受关注。不同于表内存款，由于理财产品不在资产负债表中体现，故成为商业银行将不良贷款转移至表外进行监管套利的重要工具（Plantin，2015；Luo et al.，2019）。

"影子银行"这种出于规避监管动机的揽储工具不仅没有缓解中小企业的资金约束，反而提升了银行的风险承担水平。理财产品的风险主要来源于三个方面：第一，从运营模式上来看，理财产品多采用吸收短期存款来发放长期贷款的方式，具有严重的期限错配问题（Lu et al.，2015）；第二，从资金流向上来看，理财产品吸收的资金大多流入具有预算软约束的地方融资平台，强化了刚性兑付和隐性担保所带来的表外金融风险（Wei，2015；刘莉亚 等，2019）；第三，从银行间业务关联的角度来看，不同银行的影子银行业务相互往来，进一步放大了可能出现的系统风险与信用危机连锁反应（Yang et al.，2019）。

寻找银行风险承担的影响因素并考察其中的作用机制是值得深思的现

实问题。既有文献对银行风险承担影响因素的讨论，一类聚焦在银行面临的外部环境上，指出宽松的货币政策、较低的利率、激烈的竞争、更高的地区腐败、更严格的监管体系、较好的债权人保护会促进银行的风险承担（Houston et al.，2010；Delis and Kouretas，2011；Beck et al.，2013；Chen et al.，2017）；另一类聚焦在银行的内部特征上，指出更小的董事会规模、更低的独立董事比例，或是贷款增长也会提升银行的风险承担水平（Pathan，2009；Foos et al.，2010）。不难看出，上述基于商业银行外部环境和内部特征的分析更多是出于正式制度视角，从非正式制度层面展开的讨论并不多见。不仅是银行所在地的非正式制度会对银行的风险承担行为带来潜移默化的影响，银行间形成的社会网络作为一种非正式制度也可能会影响银行的风险承担水平。

在中国，银行间的交叉持股结构愈发明显，基于大股东同时持股不同银行或者银行间相互持股产生的关联，银行业内部形成了错综复杂的网络结构。事实上，银行的风险预防和化解需要大量的信息与资源，银行之间的风险传递也具有一定的连锁效应。而作为社会网络在金融领域的体现，银行网络同样既包含资源的传递和共享，也包含风险的传染与共担（Lin，2002；Ferris et al.，2017）。在这一网络中，商业银行的行为决策和风险承担水平难免会受到其他网络成员的影响，而商业银行在网络中的不同位置也决定了这一影响的大小以及其享有的网络外部性的高低（Lin，2002）。因此，本章尝试从社会网络这一非正式制度视角考察银行网络结构对银行风险承担的影响和作用机制。

本章重点关注的问题是：第一，若基于持股关系构建商业银行网络，银行在网络所处的位置（即网络结构）是否会对银行表内风险承担行为产生影响？考虑到近年来影子银行规模不断扩大、银行表外风险剧增这一现状，若进一步将银行表外风险纳入考虑，网络结构对于银行风险承担行为的影响是否会有所不同？第二，网络结构影响银行风险承担的机制是什么？第三，若考虑银行类型与产权性质的差异，网络结构对于银行风险承担的影响是否具有异质效应？对于上述问题的探讨不仅有利于从非正式制度视角解释银行的风险承担行为，也为相关部门有效监管银行行为、防范并化解金融风险提供一定的思路。

如前文所述，目前文献中构建的社会网络可以分为以下两大类。一类社会网络是感情主导的熟人关系网络，如申宇等人（2017）从企业高管的个人简历中提取学历信息，以高管之间的校友关系作为纽带构建校友关系网络；Tsai 等人（2019）聚焦同事关系，以各企业董事是否曾在同一政府机构或部门任职为依据，构建反映企业间政治关联的社会关系网络。另一类社会网络是利益主导的商业关系网络，如 Rumokoy 等人（2019）利用CSMAR 数据库公示的 IPO 信息，基于商业合作关系构建了承销商关系网络；Shi 等人（2020）关注产业链关系，根据公司年报信息中提供的上市公司前五大供应商和客户信息，构建制造业公司之间的多层次供应网络。此外，也有学者将上述两类思路融合，基于网络成员的复合背景构建更为全面的社会关系网络。如 Engelberg 等人（2013）、Ferris 等人（2017）基于 BoardEx 数据中的全面信息，不仅关注 CEO 任职信息，同时加入对 CEO 过去所在志愿机构、俱乐部以及受教育院校的考察，根据网络成员在社会活动中的"重合轨迹"系统地构建联系更为广泛的 CEO 关系网络。

不难看出，社会网络在经济金融领域中的构建与运用已经得到了学术界的重视。跳出既有文献聚焦企业层面社会网络的框架，从银行与股东间的持股关系出发构建时变增长"银行－股东"网络具有重要价值与意义。事实上，各个商业银行的发展并非完全独立，而是相互影响的。银行之间的交叉持股和股东连锁持股结构增加了银行体系的紧密性和共生性，以社会网络结构来刻画上述关系不仅能够更全面地将银行间的互动纳入考虑，所构建的银行业社会关系网络也将成为社会网络在经济金融领域应用中的一个重要补充。

在时变增长"银行－股东"网络基础上，在文章的实证部分，一方面，本章基于网络结构计算出的各银行在网络中的程度中心度、接近中心度和中介中心度展开分析，这三个指标分别反映了商业银行在网络中的局部广度（与多少股东具有直接关联）、全局深度（与其他股东和银行的平均紧密程度)和中介程度(在多大程度上承担了其他股东和银行产生间接关联的中介角色)。另一方面,在银行风险承担的指标选择上,为了考察表内外风险的差异,本章在采用风险加权资产比重的同时,也纳入不良贷款率作为替代指标以进行对比。在具体的实证方法上,本章采用动态面板系统广义矩估计(System–GMM)方法,检验网络结构对银行风险承担的整体影响,并试图剥离出网络结构影响银行风险承担的正向和负向双面机制,最后结合银行类型、产权结构等视角的异质效应进行讨论。

本章可能的边际贡献在于:第一,本章丰富了商业银行风险承担影响因素的相关讨论。现有文献讨论银行风险时,一是主要关注的是商业银行的外部环境或内部特征等正式制度对于银行风险的影响,缺乏非正式制度的讨论,特别是从社会网络的角度考察网络结构对风险承担的影响是极少的;二是现有文献在关注各类因素对银行风险的影响时,笼统地将表内风险和表外风险作为一个整体进行考察。与已有文献不同的是,本章从社会网络这一非正式制度视角出发,构建反映银行间交叉持股结构的时变增长"银行－股东"网络并区分了网络结构对银行表内风险和表外风险的异质影响,这是对银行风险研究领域的重要补充。第二,本章拓展了社会网络在金融经济领域的应用范围,具有一定的边际贡献。目前,社会网络在金融经济领域中的应用更多以企业为背景展开,基于企业 CEO 的任职、教育等经历构建 CEO 关系网络,或是基于企业的上下游关系构建企业供应网络(Shi et al.,2020)考察网络对企业投资效率、融资约束、公司治理、风险承担的影响;跳出企业网络和企业高管网络的框架,少数研究关注银行业的网络结构,比如 Li 等人(2019)和 Li 等人(2020)分别尝试构建银行间、银行—企业间的静态社会关系网络。与之不同的是,考虑到静态网络无法反映中国银行业发展的动态演化特征,本章聚焦的是银行业的动态关系网络。在网络内部连接关系的选择上,Silva 等人(2016)以 2008—2014年 92 家巴西银行为对象,基于银行之间的金融借贷关系构造了金融网络。与之不同的是,考虑到中国银行体系愈发明显的连锁持股背景,本章基于银行间持股关系这一新视角来构建网络,并考察了网络结构的影响。第三,本章从多个角度补充了时变增长"银行－股东"网络影响银行风险承担的机制，为理解银行的风险激励提供了新的视角和经验证据。在本研究中，我们不仅基于"资源共享机制"讨论了银行网络对风险承担的约束作用，还从表外理财产品的"规模机制""价格机制"和"资产配置机制"分析了银行网络对风险承担的促进作用。本章对于不同机制的考察与对比揭示了时变增长"银行－股东"网络的风险效应双面性，这与社会网络的特质相吻合。对于这些机制的讨论，在一定程度上从资源与投资配置角度打开了网络结构影响银行风险承担的黑箱，为政府和相关部门防范银行风险提供了一定的经验证据和政策依据。

本章剩余章节安排如下：第二节进行理论分析并提出本章的研究假设；第三节为实证模型与研究设计，主要对样本、数据、变量和实证模型进行说明；第四节为"银行－股东"网络与银行风险关系的实证研究；第五节为"银行－股东"网络与银行风险关系的机制研究；第六节为稳健性检验；第七节为本章小结。

第二节 "银行－股东"网络与银行风险关系的理论基础

一、网络结构对商业银行风险承担的影响与机制分析

（一）基于风险约束效应的间接机制分析

史永东和王龑（2017）指出银行的风险积累与防范体现在三个方面：第一阶段是"风险预防"，银行通过资质审核和尽职调查来筛选高质量的客户进入资产端以避免不必要的风险；第二阶段是"风险接收"，银行不仅面临着经营活动达不到目标的运营风险，而且面临着客户违约的信用风险；第三阶段是"风险化解"，即在面临银行贷款质量下降时采取相应手段收回贷款以化解风险。这三个阶段中，银行的风险承担情况在很大程度上与银行的资源情况有关，而时变增长"银行－股东"网络作为银行接收资源的重要

渠道，将通过影响银行的资源获取进而影响银行的风险承担水平。

社会网络将网络成员的信息、技术、人才、业务与行政关系资源进行整合和再配置，不仅拓宽了网络成员获取资源的广度，便于网络成员高效低成本地获得多元化的外部信息（Engelberg et al.，2013），也扩展了网络成员获取资源的深度，即一些市场上难以挖掘的隐性资源和稀缺资源可以在网络中进行转移和交换（Wiklund and Shepherd，2009）。而时变增长"银行－股东"网络作为社会网络在金融经济领域中的应用，同样具有上述社会网络的资源效应，但是处于网络不同位置的银行所接收到的资源效应有一定差异。就银行在时变增长"银行－股东"关系网络的位置差异来看，相比处于网络边缘位置的银行，处在网络中心位置的银行往往更具备资源获取优势（Lin，2002）。一般来说，银行在网络中所处的位置越中心，银行越能够以更快的速度和更广的范围接收到更高质量的信息、更充裕的资金、更优质的人才、更丰富的金融业务和更稳固的行政关系。而银行通过时变增长"银行－股东"网络获得的这些资源恰恰会加强银行的风险预防、降低银行的风险接收并加强银行的风险化解。一方面，资源获取将有助于银行在放款前进行更细致的贷款人资质审查，减少由于信息不对称造成的风险承担，并降低对于高风险产品的选择。另一方面，资源获取不仅帮助银行达到预期经营目标来降低运营风险，而且有利于银行提前预判客户违约并采取相应手段来降低信用风险。

综合上述分析，各银行由于网络位置差异所触发的这一资源接收差异也会进一步引起银行在预防风险、接收风险和化解风险上的能力差异，其造成银行的风险承担水平也会有所不同。综合上述分析，本章从资源共享角度提出网络中心度影响银行风险承担的如下机制。

假说1：在时变增长"银行－股东"网络中，网络中心度的提升通过强化资源共享降低银行风险承担（资源共享机制）。

（二）基于风险激励效应的间接机制分析

表外理财产品不在监管部门对银行业务的审查范围内，已然成为银行追逐风险利润和进行监管套利的重要工具，其对于银行整体风险承担的促进作用已在既有文献和现实领域得到证实（Lu et al.，2015；Wei，2015；Yang et al.，2019）。而更进一步来说，表外理财产品的发行规模、定价与资产配置方式也决定了上述风险促进效应的大小。

第一，表外理财产品发行规模的扩大会提升银行的风险承担水平。基于业务关联度视角，Yang 等人（2019）指出中国影子银行部门之间的业务关联度较高，影子银行的资产配置也会相互模仿，而影子银行的规模扩大将会直接增加银行间同质选择行为所带来的风险；基于竞争放大视角，郭晔和赵静（2017）发现当银行发行的表外理财产品规模扩大时，不仅能够直接提升银行的本身追逐风险动机，也作为中间传导机制助长存款竞争对银行风险产生的促进作用；基于期限错配视角，Geng 等人（2021）指出表外理财产品存在严重的期限错配问题，发放的长期贷款无法及时偿还短期存款，期限的错配增加了银行风险，而这种风险也会随着理财产品规模的扩大而增加。

第二，在发行理财产品时，"高息揽储"的行为会提升银行的风险承担。银行理财产品作为银行的重要资金募集手段，也会通过提高产品的预期收益率以竞争到更多的存款（Wang et al.，2022）。在此背景下，虽然提升预期收益率通过吸收更多的存款来发放更多的贷款获取收益，但是这些收益分成的增加并不足以弥补资金募集成本的上升（项后军、闫玉，2017）。由于这种事先承诺的高预期收益率往往脱离了真实的资产价格，银行存在着巨大的偿付压力，在维持声誉的动机下，会加剧银行主动追求风险的动机，即提升银行的风险承担水平（Lu et al.，2015）。

第三，表外理财产品的高风险产品投向会提升银行的风险承担水平。相比普通存款，理财产品不仅在募集资金时受约束较少，而且在资产配置选择上也相对不受限制（胡诗阳 等，2019）。Luo 等人（2019）指出，理财产品的投资选择是在融资完成之后再进行决策，故银行在进行表外资产配置时具有一定的风险激励。就不同资产的风险对比来看，汇率产品和结构产品的风险相对更高。一方面，商业银行投资汇率产品往往面临较高的汇率风险。具体来说,汇率风险源于汇率波动,除了国际收支与外汇储备会影响汇率波动外,国内通货膨胀和利率变化同样会引致汇率波动,这种多方不确定性造成的汇率波动可能引致汇兑损失,进而提升银行的风险承担;另一方面,结构性产品包含的资产标的多、产品结构复杂,同时包含固定收益产品与金融衍生品。目前,结构性产品的发展还不成熟,存在同质性高、风险分散不足等问题。基于上述特性,结构性产品同时面临着利率风险、汇率风险、流动性风险和信用风险等多种风险,收益不确定性较强。因此,当表外理财产品更多投向汇率产品或结构性产品时,会直接提升银行的风险承担水平。

而在时变增长"银行－股东"网络中,银行发行表外理财产品的规模、定价和资产配置方式也会受到网络位置的影响。一般来说,银行在时变增长"银行－股东"网络中所处的风险投资产品的比重位置越中心,一方面,银行发行表外理财产品的规模会越大,产品定价会越高,另一方面,银行的资产配置也会更加冒险,主要体现在理财产品会更倾向于投向高风险产品,即银行会加大高风险资产的投资比重。

从社会网络的声誉效应可以更好地理解上述行为。社会网络中的各个网络成员是相互关联而非独立的,因此对于网络中的各个成员来说,社会网络会产生一种隐性的非正式约束,促使其会更加注重自身的声誉(Granovetter,1985)。Lin(2002)以及 Kilduff 和 Tsai(2003)指出,处在网络中心位置的银行不仅有更高的动机主动维持声誉,而且也能够通过与其他成员的长期紧密联系建立更高的声誉和社会地位。这种声誉效应为处在时变增长"银行－股东"网络中心位置的商业银行扩大影子银行规模、高息揽储以及投资多元化产品提供了优势。一方面,网络中心度较高的网络成员具有更高的声誉,在发行理财产品时更容易获得储户的信任,进而扩大表外理财发行规模;另一方面,较高的预期收益率和风险偏好化的资产配置行为往往意味着更高的风险,这种风险偏好化的行为可能会触发储户的风险意识。但对于网络中心度较高的商业银行,储户会因为其良好的声誉而选择相信其具备偿付能力,故更容易接受理财产品的高定价和风险偏好化的资产配置方式。

基于上述分析，本章拟从表外理财产品的"规模机制""价格机制"和"资产配置机制"三个方面出发，就网络中心度影响银行风险承担的渠道提出如下假说。

假说2a：在时变增长"银行－股东"网络中，网络中心度的提升通过扩大表外理财产品的规模促进银行风险承担（规模机制）。

假说2b：在时变增长"银行－股东"网络中，网络中心度的提升通过提升表外理财产品的预期收益率促进银行风险承担（价格机制）。

假说2c：在时变增长"银行－股东"网络中，网络中心度的提升通过提升表外高风险资产的投资比重促进银行风险承担（资产配置机制）。

（三）直接传导机制与总体影响

网络中心度对银行风险承担的影响不仅具有上述"资源共享机制""规模机制""价格机制"和"资产配置机制"等间接传导机制，也具有以下两方面的直接传导机制。

一是竞争机制这一负向的风险约束机制。Matutes和Vives（2000）认为，竞争是银行追求高风险的重要外部推力，银行面临的竞争越激烈，银行越有动机通过降低借贷标准、提高高风险资产比重等方式追逐更高的收益。Ahn和Breton（2014）以及Lu等（2015）进一步指出，竞争加剧也是银行拓展影子银行业务的重要原因。而在社会网络中，网络成员所处的位置越中心，一方面，该成员可以与更多网络成员建立起紧密关系并获得更多的优质资源，通过这一位置优势来助力自身发展并在网络中掌控更多的话语权，进而缓解其面临的竞争。另一方面，占据网络中心位置的成员在整个网络中承担着"中介"和"枢纽"的作用，这一角色的重要性也使该成员更容易获得市场和政府的支持，进而弱化其面临的竞争环境（汪莉 等，2021）。基于这一思路，在时变增长"银行－股东"网络中，银行的网络中心度越高，其面临的较低竞争会使其降低自身的风险承担水平。

二是创新机制这一正向的风险激励机制。对于商业银行来说，由于创新性资产往往具有不确定性强、风险管控措施薄弱等特点，创新性的资产配置投向将会提升银行的风险承担水平。而在社会网络中，处于网络中心位置的成员往往具有更高的创新能力和创新激励。从创新能力方面来看，处于网络中心位置的成员能够通过网络与其他成员建立更紧密的联系，进行更多的信息与人才交流，提升其对于新技术和新产品的分析判断能力，更好地突破技术障碍（Faleye et al.，2014）；就创新激励方面来讲，得益于网络位置优势，处于网络中心位置的成员能够先于其他网络成员获得更有价值的一手信息和资源，便于其快速捕捉到新的市场需求和行业动态，这种"先机"优势会激励其进行创新（刘善仕 等，2017）。而具体到时变增长"银行－股东"关系网络中，银行的网络中心度越高，其内在更高的创新能力和创新激励将会促使银行采取风险更高的创新性资产配置，进而提升银行的风险承担水平。

在时变增长"银行－股东"网络中，网络结构对银行风险的总体影响取决于"资源共享机制""竞争机制"等在内的风险约束效应与"规模机制""价格机制""资产配置机制"和"创新机制"等在内的风险激励效应的相对大小。就网络中心度与银行风险承担的关系，本章提出如下假说。

假说 3a：在时变增长"银行－股东"网络中，若风险约束效应占主导，则网络中心度的提升会降低银行风险承担。

假说 3b：在时变增长"银行－股东"网络中，若风险激励效应占主导，则网络中心度的提升会促进银行风险承担。

二、网络结构影响商业银行风险承担的异质效应分析

在中国的金融体系中，不同商业银行往往被赋予了不同的使命，在不同的发展目标和服务定位下，商业银行不仅在资产规模、风险态度、揽储能力和资源获取等银行特征上有较大的差异，其面临的监管约束和政策支持等正式制度环境也相对不同。在这一背景下，时变增长"银行－股东"网络作为一种非正式制度，其对于银行风险承担的影响，不仅取决于网络结构本身的影响，而且取决于网络结构与银行特征的协同性，以及与正式

制度的互补程度。从银行类型和产权性质两个角度出发，商业银行的差异主要如下。

就银行类型来看，第一，相比大型商业银行和股份制商业银行，地方性商业银行（城市商业银行和农村商业银行）的规模往往更小。不同规模的商业银行的风险承担行为可能有差异：一方面，规模大的银行可能因为面临更少的融资约束而出现更激进的风险承担行为；另一方面，规模大的银行也可能因为受制于更严格的监管要求而表现出更保守的风险承担行为（王晋斌、李博，2017）。第二，相比大型商业银行和股份制商业银行，地方性商业银行的客户资源相对较少，综合实力相对较弱，故在揽储能力，特别是在中国的表外理财产品发行市场上，地方性商业银行的发行份额整体较低，而大型商业银行和股份制商业银行则长期在理财产品市场占据主要地位（Geng et al.，2021）。而商业银行的规模、对于风险的态度、面临的监管约束以及揽储能力的差异将会对网络中心度的风险承担效应产生异质影响。

就产权性质来看，第一，国有银行往往与政府的联系更为紧密，更容易从政府获得相应的政策支持、资源与信息等。而非国有银行往往客户资源稀缺，资金的获得和资产的投向都相对受限（王兵、朱宁，2011）；第二，相比非国有银行，国有银行内部的代理问题往往更加突出，管理者会短视地追求个人业绩而进行更多的风险投资。但也有不同观点指出，由于国有银行往往由政府主导，受到的外部监管更为严格且更注重经营的稳定性，对风险的容忍度相对更低（高蓓 等，2020）；第三，国有银行在吸引储户方面更具优势，而非国有银行通过表内业务获取资金的能力有限，表外理财业务作为银行融资的补充渠道，近年来已然成为非国有银行的重要揽储手段（Wang et al.，2022）。

基于上述分析，本章就网络中心度影响商业银行风险承担的异质效应提出如下假说。

假说4：时变增长"银行－股东"网络中，网络中心度对于银行风险的影响会因银行类型与产权结构的不同而呈现异质效应。

第三节 实证模型与研究设计

一、实证模型构建

(一)基础估计模型

本章基于社会网络在经济金融领域中的运用构建时变增长"银行－股东"网络来考察网络结构对于银行风险承担的影响。参考 Delis 和 Kouretas(2011)的思路,我们采用 Arellano 和 Bover(1995)以及 Blundell 和 Bond(1998)提出的动态面板系统广义矩估计方法(GMM)进行检验。这种方法的好处在于通过采取部分解释变量的滞后项作为工具变量来缓解解释变量与被解释变量之间潜在的内生性问题,本章的具体估计方程见式(4–1):

$$\text{Risk}_{it} = \beta_0 + \beta_1 \text{Centrality}_{it} + \beta_2 \text{Risk}_{it-1} + \beta_3 \text{Bank\_C}_{it} + \beta_4 \text{Macro\_C}_{it} + \varepsilon_{it}$$

$$(4\text{–}1)$$

其中,i 和 t 分别表示银行和年份,被解释变量为 Risk_{it},本章不仅选取同时反映表内外风险的风险加权资产占总资产的比重 RAratio_{it} 作为主要被解释变量,而且为了进一步对比表内外风险的差异,选择反映表内风险的不良贷款率 NPLratio_{it} 作为代理变量;同时,考虑到银行的风险承担在时间上具有一定的连续性,本章也引入银行风险承担变量的一阶滞后项 Risk_{it-1} 以缓解静态模型未能捕捉的动态偏差;此外,Bank_C_{it} 和 Macro_C_{it} 分别代表着银行微观层面和银行所在地宏观发展层面的控制变量所构成的向量,用来捕捉其他可能影响银行风险承担的因素。具体地,Bank_C_{it} 由资本收益率(ROE$_{it}$)、资本充足率(CAR$_{it}$)、净资本占资产的比重(Equity_ratio$_{it}$)、总资产增长率(Assert_growth$_{it}$)和非利息收入比重(Noninterest_ratio$_{it}$)构成。Macro_C_{it} 由银行所在地的 GDP 增长率(GDP_growth$_{it}$)、固定资产投资增长率(Fixassert_growth$_{it}$)和财政盈余占 GDP 的比重(Fiscal_ratio$_{it}$)构成;ε_{it} 为模型的随机误差项。

（二）机制检验模型

式（4-1）反映了网络结构对银行风险承担的直接影响，本章进一步引入共同股东比重（CSR_{it}）以及表外理财产品的平均计划募集金额的对数值（ln $Scale_{it}$）、理财产品总数的对数值、预期收益率上限（$Ureturn_{it}$）、预期收益率下限（$Lreturn_{it}$）、投资结构性产品比重（$Structural_{it}$）和投资汇率产品比重（$Exchange_{it}$）等中介变量（M_{it}），讨论各类网络中心度对银行风险承担的间接影响机制（假说1和假说2）。在 Judd 和 Kenny（1981）、Baron 和 Kenny（1986）提出的依次检验回归系数法的基础上，结合 Sobel（1982）对中介效应检验的补充，本章采取如下步骤进行检验。（1）检验公式（4-1）中的系数 β_1 的显著性，若 β_1 不显著，说明核心解释变量（$Centrality_{it}$）与因变量（$Risk_{it}$）无显著相关性，结束中介效应检验。反之，若 β_1 显著，进入第（2）步的检验。（2）参考 Baron 和 Kenny（1986）提出的部分中介效应检验，依次检验式（4-2）的 β_{21} 和式（4-3）的 β_{32} 的系数。若二者均显著，说明核心解释变量（$Centrality_{it}$）对因变量（$Risk_{it}$）产生的影响中确实存在中介变量（M_{it}）的渠道，则进行第（3）步的检验。若 β_{21} 和 β_{32} 中至少有一个不显著，进行第（4）步的 Sobel 检验。（3）基于 Judd 和 Kenny（1981）提出的完全中介效应检验对 β_{31} 进行检验，若 β_{31} 显著，说明中介变量（M_{it}）具有部分中介效应，即核心解释变量（$Centrality_{it}$）对被解释变量（$Risk_{it}$）产生的影响中只有一部分是通过中介变量（M_{it}）实现的。若 β_{31} 不显著，说明中介变量（M_{it}）具有完全中介效应，即核心解释变量（$Centrality_{it}$）只能通过中介变量（M_{it}）这一渠道来影响被解释变量（$Risk_{it}$）。（4）根据 Sobel 检验的结果进行判断，若 Sobel 检验的检验统计量 $z = \widehat{\beta_{21}} * \widehat{\beta_{32}} / \sqrt{\left(\widehat{\beta_{21}} * s_{\beta_{32}}\right)^2 + \left(\widehat{\beta_{32}} * s_{\beta_{21}}\right)^2}$（$s_{\beta_{21}}$、$s_{\beta_{32}}$ 为 $\widehat{\beta_{21}}$ 和 $\widehat{\beta_{32}}$ 的标准误）显著，则说明中介效应显著，反之，说明中介效应不显著。

$$M_{it} = \beta_{20} + \beta_{21}Centrality_{it} + \beta_{22}M_{it-1} + \beta_{23}Bank\_C_{it} + \beta_{24}Macro\_C_{it} + \varepsilon_{it}$$

$$(4-2)$$

$$Risk_{it} = \beta_{30} + \beta_{31}Centrality_{it} + \beta_{32}M_{it} + \beta_{33}Risk_{it-1} + \beta_{34}Bank\_C_{it} + \beta_{35}Macro\_C_{it} + \varepsilon_{it}$$

$$（4-3）$$

（三）银行类型、产权性质的异质效应

更进一步地，本章聚焦网络中心度与银行风险的关系是否会随银行类型和产权性质的不同而呈现出异质性。本章采取交互项的方式来考察上述异质影响[①]，其中，式（4-4）关注银行的不同类型，$Local\_cb_{it}$ 用于区分银行的不同类型。其中，若为地方性商业银行（包含城市商业银行和农村商业银行），$Local\_cb_{it}=1$，若为大型商业银行和股份制商业银行，$Local\_cb_{it}=0$；式（4-5）关注银行的产权性质，以第一大股东是否为国有股或者国有法人股作为判断依据，$Property\_cb_{it}=1$ 代表着银行为国有商业银行，$Property\_cb_{it}=0$ 代表着银行为非国有商业银行。

$$Risk_{it} = \alpha_0 + \alpha_1\left(Centrality_{it}*Local\_cb_{it}\right) + \alpha_2Centrality_{it}* + \alpha_3Risk_{it-1} + \alpha_4Bank\_C_{it}$$

$$+\alpha_5Macro\_C_{it} + \varepsilon_{it} \qquad （4-4）$$

$$Risk_{it} = \alpha_0 + \alpha_1\left(Centrality_{it}*Property\_cb_{it}\right) + \alpha_2Centrality_{it}* + \alpha_3Risk_{it-1}$$

$$+\alpha_4Bank\_C_{it} + \alpha_5Macro\_C_{it} + \varepsilon_{it} \qquad （4-5）$$

二、主要变量说明

（一）银行风险

早期对于银行风险的关注和讨论主要集中在表内，近年来，影子银行的不断扩张加强了人们对于表外风险的关注。以银行理财为代表的表外业务存在严重的期限错配问题，理财产品大多采用短期融资方式，但是却投向了房地产、基础设施建设等期限长、风险高的贷款项目以及偿债能力较弱的地方融资平台，这在很大程度上强化了商业银行风险（Lu et al.，

---

① 引入交互项的一个重要问题是交互项与分组虚拟变量之间的多重共线性问题。在本章的识别中，我们发现，$Centrality_{it}*Local\_cb_{it}$ 与 $Local\_cb_{it}$ 之间、$Centrality_{it}*Property\_cb_{it}$ 与 $Property\_cb_{it}$ 之间均有较强的相关性，为避免多重共线性对于识别造成的影响，估计方程中不再加入 $Local\_cb_{it}$ 和 $Property\_cb_{it}$。

2015）。为了对比银行表内外风险的差异，参考 Delis 和 Kouretas（2011）和 Luo 等人（2019）的研究，本章采用两种指标度量风险[①]：一是银行不良贷款率（$NPLratio_{it}$），该指标是对银行事后风险的度量，值越大意味着银行的信用风险越高；二是风险加权资产比重（$RAratio_{it}$），风险资产包括各类由于市场变化或信贷质量变化而发生价值变化的资产，该指标不仅同时考虑了银行的表内外风险，还反映了银行主动承担风险的意愿，该指标越大意味着银行的整体潜在风险越大。

（二）中介变量

根据前文的分析，网络结构影响银行风险承担的间接传导机制可能有"资源共享机制""规模机制""价格机制"和"资产配置机制"。其中，参考汪莉等人（2021）的构建方法，本章选取共同股东比重 CSR 作为"资源共享机制"的中介变量，该变量衡量了持有其他银行股份的直接股东在银行全部直接股东中的占比。该指标越大，说明在银行的直接股东中，与其他银行的共同股东占比越多，意味着银行与其他银行共享资源的途径越多且速度越快。此外，参考郭晔和赵静（2017）、项后军和闫玉（2017）、胡诗阳等人（2019）、刘莉亚等人（2019）的思路，本章以平均计划募集金额的对数值 ln Scale 和理财产品总数的对数值 ln Num 作为"规模机制"的中介变量，这两个变量反映了表外理财产品规模扩张的冲动；以表外理财产品的预期收益率上限 Ureturn 和预期收益率下限 Lreturn 作为"价格机制"的中介变量；以投资汇率产品比重 Exchange 和投资结构性产品比重 Structural 作为"资产配置机制"的中介变量。

（三）控制变量

借鉴 Laeven 和 Levine（2009）、Houston 等人（2010）、Adhikari 和 Agrawal

---

① 本章没有选择 Z-score 作为银行风险承担的代理指标，一是因为 Z-score 更多是基于银行稳定性视角衡量银行的破产风险，而本章更多关注时变增长"银行－股东"网络对于银行风险资产持有水平的影响；二是因为本章重点对比表内外风险资产的差异，故选择不良资产率（基于表内风险资产）和加权风险资产比重（同时包含表内外风险资产）进行对比更为直接。

（2016）等人的思路，控制变量包括银行层面和宏观层面两类变量。其中，银行层面变量包括反映盈利能力的资本收益率（ROE）、反映银行抵御风险能力的资本充足率（CAR）、反映资本结构的净资本占资产的比重（Equity_ratio）、反映成长速度的总资产增长率（Assert_growth）和反映创新水平的非利息收入比重（Noninterest_ratio）；宏观层面变量包括银行所在地的 GDP 增长率（GDP_growth）、固定资产投资增长率（Fixassert_growth）和财政盈余占 GDP 的比重（Fiscal_ratio）。

三、样本选取与描述性统计

本章的样本是 2005—2017 年 107 家中国商业银行的非平衡面板数据，包含 5 家大型商业银行、12 家股份制商业银行、70 家城市商业银行和 20 家农村商业银行，分别占总样本的比例为 7.68%、18.73%、59.57% 和 14.17%[①]。其中，银行层面数据来源于各银行年度报告、Wind 数据库、Bankscope 数据库与《中国金融年鉴》。宏观层面数据来自《中国城市统计年鉴》以及国泰安数据库。

表 4.1 汇报了描述性统计结果。数据显示：第一，中国的不良贷款率（$NPLratio_{it}$）和风险加权资产比重（$RAratio_{it}$）的均值分别为 1.5724% 和 60.9829%，标准差分别为 1.7236 和 24.6343，说明相比仅考虑表内风险，若将表外风险也进一步纳入考虑，则样本银行之间的风险承担水平差异增大；第二，在核心解释变量中，程度中心度（$Degree_{it}$）、接近中心度（$Close_{it}$）和中介中心度（$Between_{it}$）的均值分别为 16.8288、0.0653 和 0.0139，标准差分别为 7.7734、0.0457 和 0.0178；第三，控制变量中，$Noninterest\_ratio_{it}$ 和 ROE_{it} 的标准差较大，分别为 13.0524 和 6.5196，说明样本银行的非利息收入比重和资本收益率差异较大。

---

① 控制变量非利息收入比重（Noninterest_ratio）数据披露不全，若回归中不纳入 Noninterest_ratio，样本数为 1095，共计包含 128 家商业银行。

表 4.1 描述性统计

变量名称	观测值	均值	标准差	最小值	最大值
因变量					
NPLratio	742	1.5724	1.7236	0.0300	19.9300
RAratio	742	60.9829	24.6343	6.1546	97.0823
核心解释变量					
Degree	742	16.8288	7.7734	4.0000	68.0000
Close	742	0.0653	0.0457	0.0042	0.1516
Between	742	0.0139	0.0178	0.0000	0.1478
控制变量					
ROE	742	15.3373	6.5196	0.3947	59.3794
CAR	742	12.8333	3.0753	0.3900	40.3031
Equity_ratio	742	6.8929	2.2716	0.0302	22.4028
Assert_growth	742	0.2748	0.4657	−0.8961	10.5064
Noninterest_ratio	742	16.2712	13.0524	0.1331	87.82
GDP_growth	742	0.1251	0.0682	−0.2736	0.4811
Fixassert_growth	742	0.1674	0.1496	−0.6850	1.4560
Fiscal_ratio	742	0.0498	0.0457	−0.0136	0.3121

第四节 "银行－股东"网络与银行风险关系的实证研究

一、基准回归结果

表 4.2 的实证结果基于估计方程（4-1），报告了网络结构对银行风险承担的影响。其中，第（1）—（3）列仅考虑表内风险，以不良贷款率（NPLratio$_{it}$）作为因变量，核心解释变量分别是 Degree$_{it}$、Close$_{it}$ 和 Between$_{it}$，分别反映了商业银行在时变增长"银行－股东"网络中的局部广度、全局深度和中介程度。结果显示：Degree$_{it}$、Close$_{it}$ 和 Between$_{it}$ 的估计系数分别为 −0.0089、−2.3414 和 −3.1018，且均通过了 1% 的显著性水平检验，说明商业银行在时变增长"银行－股东"网络中的局部广度、全局

深度和中介程度越高，银行的表内风险承担水平越低。第（4）—（6）列在表内风险的基础上进一步加入对表外风险的考虑，以风险加权资产比重（$RAratio_{it}$）作为核心解释变量。结果显示，各个网络中心度指标的估计系数均在1%的统计水平上显著为正，说明若同时考虑银行的表内外风险，商业银行的局部广度、全局深度和中介程度促进了银行的风险承担。

此外，表4.2也报告了AR（1）统计量、AR（2）统计量和Hansen检验的结果。不难看出，在（1）—（6）的估计中，AR（1）统计量的p值均小于0.1，AR（2）统计量的p值均大于0.1，说明在1%的显著性水平下，回归估计的扰动项存在一阶自相关但不存在二阶自相关；Hansen检验的p值均大于0.1，说明在1%的显著性水平下，工具变量符合外生性要求，即系统GMM估计适用。

对比两类银行风险承担指标，本章发现网络中心度对不良贷款率和风险加权资产比重的影响恰恰相反。若仅考虑表内风险而忽略表外风险，网络中心度的提升会降低银行风险承担。但是若同时将表内外潜在风险纳入考虑，网络中心度的提升则会促进银行风险承担。这说明如果仅关注不良贷款率，将会忽视网络中心度提升对于银行总体风险的激励作用。这一结论从侧面证实了学界对于表外风险的担忧，Luo等人（2019）指出不良贷款率一直是金融部分和评级机构密切关注的重要风险度量指标，为了控制不良贷款率，受到监管的商业银行有动机通过扩大表外业务的方法将风险表内转移至表外。

控制变量的估计结果与现有文献基本一致。不难看出，ROE_{it}、CAR_{it}和$Assert\_growth_{it}$的估计系数为负。一般来说，若银行的资本收益率、资本充足率或是总资产增长率越高，银行可能面临更强的管制，这会降低银行的风险承担意愿。$Equity\_ratio_{it}$的估计系数显著为正，说明净资本占资产比重的增加会促进银行的风险承担，可能是因为净资本占资产的比重越高的银行一般融资能力也相对越强，反而可能提高风险承担意愿。在宏观变量中，$Fiscal\_ratio_{it}$的估计系数显著为正，说明银行所在地的财政盈余占GDP的比重越高，银行的风险承担水平越高，即宽松的财政环境会激发银行的风险承担行为。

表 4.2　网络中心度与银行风险承担：基准估计

变量名称	NPLratio			RAratio		
	（1）	（2）	（3）	（4）	（5）	（6）
Degree	−0.0089***			0.3194***		
	（0.0009）			（0.0148）		
Close		−2.3414***			22.8504***	
		（0.2887）			（5.6400）	
Between			−3.1018***			22.3330***
			（0.6631）			（5.8922）
L.NPLratio	0.3824***	0.3460***	0.3644***			
	（0.0042）	（0.0016）	（0.0030）			
L.RAratio				−0.0150***	0.0001	−0.0104***
				（0.0043）	（0.0017）	（0.0024）
ROE	−0.0552***	−0.0653***	−0.0573***	−0.2559***	−0.1765***	−0.3229***
	（0.0011）	（0.0013）	（0.0011）	（0.0104）	（0.0144）	（0.0177）
CAR	−0.1807***	−0.1713***	−0.1733***	−1.2503***	−1.3936***	−1.3642***
	（0.0025）	（0.0031）	（0.0037）	（0.0172）	（0.0168）	（0.0203）
Equity_ratio	0.0970***	0.0595***	0.0703***	2.3114***	2.6852***	2.4394***
	（0.0052）	（0.0035）	（0.0041）	（0.0404）	（0.0489）	（0.0479）
Assert_growth	−0.0706***	−0.1023***	−0.0914***	−6.7436***	−6.8220***	−6.5348***
	（0.0219）	（0.0034）	（0.0027）	（0.1539）	（0.1394）	（0.0715）
Noninterest_ratio	0.0021***	−0.0017***	−0.0014***	0.2751***	0.3004***	0.3466***
	（0.0003）	（0.0003）	（0.0003）	（0.0049）	（0.0059）	（0.0057）
GDP_growth	1.2772***	1.4849***	1.4262***	4.3319***	−2.5536***	0.7397
	（0.0751）	（0.0863）	（0.0997）	（0.8901）	（0.7753）	（0.7433）
Fixassert_growth	−0.0048	−0.0689**	−0.0681**	0.3648	−1.0548**	−0.6465*
	（0.0446）	（0.0303）	（0.0341）	（0.5715）	（0.4459）	（0.3792）
Fiscal_ratio	0.7524***	0.5951**	0.7873**	32.7638***	23.8489***	23.2777***
	（0.2837）	（0.2775）	（0.3701）	（4.6737）	（4.8132）	（3.3152）
常数项	3.3265***	3.7527***	3.4294***	55.6657***	57.7530***	61.8707***
	（0.0648）	（0.0529）	（0.0464）	（0.6679）	（0.7206）	（0.5627）
样本数	742	742	742	742	742	742

续表

变量名称	NPLratio			RAratio		
	（1）	（2）	（3）	（4）	（5）	（6）
Hansen-p 值	1.0000	1.0000	1.0000	1.0000	1.0000	1.0000
AR（1）	0.0396	0.0378	0.0403	0.0401	0.0399	0.0505
AR（2）	0.1101	0.1081	0.1106	0.6429	0.9715	0.8676

注：本章的估计采用系统 GMM 方法，根据 Arellano 和 Bond（1991）的思路，AR（1）和 AR（2）分别为一阶和二阶自相关检验，原假设分别为"扰动项不存在一阶自相关"和"扰动项不存在二阶自相关"，使用系统 GMM 的前提是扰动项可以存在一阶自相关性（AR（1）统计量的 p 值小于 0.1）但不存在二阶自相关性（AR（2）统计量的 p 值大于 0.1）；Hansen 检验是对工具变量进行过度识别检验，原假设为"工具变量符合外生性"，使用系统 GMM 要求 Hansen 检验的 p 值大于 0.1，即无法拒绝"工具变量符合外生性"的原假设；括号内报告了估计系数的标准误；*、** 和 *** 分别代表在 10%、5% 和 1% 的统计水平上显著。下表同。

二、异质效应的讨论

同时关注银行的表内外风险，以风险加权资产比重（$RAratio_{it}$）作为被解释变量，表 4.3 的 Panel A（第（1）—（3）列）和 Panel B（第（4）-（6）列）分别聚焦银行类型和产权性质，考察网络中心度对银行风险承担的异质影响。

Panel A 基于式（4-4）进行估计，其中，$Local\_cb_{it}$ 用来指示银行的类型是否为地方性商业银行，即是否为城市商业银行或农村商业银行。第（1）—（3）列分别加入 $Local\_cb_{it}$ 与局部广度（$Degree_{it}$）、全局深度（$Close_{it}$）和中介程度（$Between_{it}$）的交互项来捕捉银行类型的异质效应。不难看出，交互项的估计系数分别为 0.3003、60.6634 和 23.2238，且分别在 1%、1% 和 5% 的统计水平上显著，说明相比大型商业银行和股份制商业银行，网络中心度对于银行风险承担的激励作用对于地方性商业银行更为明显。可能的原因在于，相比大型商业银行和股份制商业银行，地方性商业银行本身的资源获取渠道相对匮乏，能够接触到的客户与资金也相对有限，这将会限制地方性商业银行在资产配置上的选择范围。而时变增长"银行－股东"网络作为一种非正式制度，恰好能够弥补地方性商业银行在资产配置上的制约，特别是对于在网络中处于中心位置的地方性商业银行而言，网络位置优势不仅能够协助银行扩大高风险高收益资产的选择范围，而且其带来的声誉优势也有助于银行扩大表外理财产品的规模，进而提高其表内外风险的承担水平。

Panel B 基于式（4-5）进行估计，其中，$Property\_cb_{it}$ 用来区分产权性质是否为国有，即银行的第一大股东是否为国有股或者国有法人股，第（4）—（6）列分别加入 $Property\_cb_{it}$ 与局部广度（$Degree_{it}$）、全局深度（$Close_{it}$）和中介程度（$Between_{it}$）的交互项来考察异质效应。可以看到，交互项的结果均通过了 1% 的显著性水平检验，但是交互项的估计系数有符号上的差异。具体来说，如果关注商业银行在时变增长"银行－股东"网络中的局部广度，本章发现，相比非国有商业银行，网络局部广度促进银行风险承担的这一效应对于国有商业银行相对更大，可能的原因是，相比非国有商业银行，国有商业银行本身的吸储能力更强，当银行通过时变增长"银行－股东"网络拓宽与其他股东的联系时，可以通过建立广泛的局部"圈层"合作关系来拓宽资产配置的路径，将更多的存款配置到高风险高收益的资产上。

与之不同的是，若聚焦商业银行在时变增长"银行－股东"网络中的全局深度和中介程度，可以看到，网络中心度对于国有商业银行风险承担的促进作用要弱于其对于非国有银行风险承担的促进作用。可能的原因是，国有商业银行更加注重资产的安全性且面临的行政制约较大，而非国有商业银行更追求利润的最大化且其面临的外部监管约束较小。当非国有银行通过时变增长"银行－股东"网络与更多股东建立起更加紧密的联系，或是在网络中发挥更多的"桥梁"作用时，其能够以更快的速度获取到更多元化的信息，这种网络位置优势也为非国有银行创造了更多获取资源的先机，在外部监管约束相对较弱时，会激励非国有银行尝试更多创新性的资产配置以寻求更高的收益，进而提升银行整体的风险承担水平。

表 4.3 第（1）—（6）列的估计中，AR（1）的 p 值均小于 0.1，AR（2）的 p 值和 Hansen 检验的 p 值均大于 0.1，说明扰动项不存在二阶自相关且工具变量满足外生性，满足系统 GMM 的前提。综上来看，表 4.3 基于银行类型和产权性质异质效应的讨论证实了假说 4，即时变增长"银行－股东"网络中，网络中心度对于银行风险的影响会因银行类型与产权结构的不同而呈现异质效应。

表 4.3 网络中心度与银行风险承担：银行类型与产权性质的异质效应

变量名称	RAratio					
	Panel A：银行类型			Panel B：产权性质		
	(1)	(2)	(3)	(4)	(5)	(6)
Degree	0.2494*** (0.0253)			0.1686*** (0.0194)		
Degree × Local_cb	0.3003*** (0.0276)					
Degree × Property_cb				0.2068*** (0.0301)		
Close		24.8295*** (7.0813)			31.8749*** (6.8700)	
Close × Local_cb		60.6634*** (6.5234)				
Close × Property_cb					-12.9586*** (4.2725)	
Between			20.7727** (8.4480)			134.9314*** (11.2035)
Between × Local_cb			23.2238** (9.3880)			
Between × Property_cb						-142.0306*** (14.5434)
L.RAratio	-0.0171*** (0.0046)	-0.0006 (0.0032)	0.0092*** (0.0014)	-0.0138*** (0.0033)	0.0004 (0.0018)	-0.0071*** (0.0021)

续表

变量名称	RAratio					
	Panel A: 银行类型			Panel B: 产权性质		
	(1)	(2)	(3)	(4)	(5)	(6)
ROE	-0.3142***	-0.1563***	-0.2422***	-0.2276***	-0.2268***	-0.3320***
	(0.0135)	(0.0153)	(0.0197)	(0.0131)	(0.0215)	(0.0228)
CAR	-1.2778***	-1.6022***	-1.3376***	-1.3420***	-1.3640***	-1.3399***
	(0.0343)	(0.0329)	(0.0263)	(0.0219)	(0.0192)	(0.0298)
Equity_ratio	2.0468***	2.8153***	2.3928***	2.5811***	2.5701***	2.3542*
	(0.0575)	(0.0906)	(0.0546)	(0.0604)	(0.0651)	(0.0570)
Assert_growth	-6.8217***	-6.7975***	-6.9440***	-6.6497***	-7.0647***	-6.4900***
	(0.1522)	(0.1383)	(0.1706)	(0.1395)	(0.1646)	(0.1016)
Noninterest_ratio	0.2598***	0.2723***	0.3095***	0.2660***	0.2638***	0.3190***
	(0.0127)	(0.0034)	(0.0048)	(0.0064)	(0.0042)	(0.0088)
GDP_growth	4.0752***	-2.3122**	-2.1039**	2.7330***	-3.8787***	0.9374
	(0.9614)	(1.0427)	(0.8413)	(0.7075)	(0.7615)	(0.7867)
Fixassert_growth	-0.3480	0.3873	-0.1743	-0.6832	-1.6595***	-0.4638
	(0.7231)	(0.3901)	(0.3712)	(0.5137)	(0.3809)	(0.4265)
Fiscal_ratio	31.5705***	31.4605***	25.1721***	25.0117***	26.4744***	29.9752***
	(7.4163)	(4.0314)	(3.4592)	(3.8224)	(3.9929)	(2.6753)
常数项	57.1422***	56.7385***	60.2842***	55.5944***	59.6771***	61.8970***
	(0.8727)	(0.9267)	(0.6991)	(0.6059)	(0.8954)	(0.8390)
样本数	742	742	742	742	742	742
Hansen-p 值	1.0000	1.0000	1.0000	1.0000	1.0000	1.0000
AR (1)	0.0438	0.0383	0.0348	0.0357	0.0281	0.0499
AR (2)	0.5660	0.9352	0.9099	0.8554	0.9930	0.8346

第五节 "银行－股东"网络影响银行风险的机制研究

基准估计结果显示，若同时考虑银行的表内外风险，网络中心度的提升会促进银行风险承担。更进一步的问题有两个：第一，网络结构影响银行风险承担的渠道有哪些？如前文假说分析所述，在时变增长"银行－股东"网络中，网络中心度影响银行风险的渠道可能有"资源共享机制""规模机制""价格机制"和"资产配置机制"。具体地，该部分分别以共同股东比重、表外理财产品的平均计划募集金额、产品总数、预期收益率上限和下限、投资汇率产品比重以及投资结构性产品比重作为中介变量，深入分析网络中心度影响银行风险承担的传导机制。第二，若考虑进一步网络构造、网络规模、交叉持股、竞争和银行所在地金融结构的影响，网络中心度与银行风险承担的正向关系是否仍然显著存在？基于此，该部分从变更网络构建方法、消除网络规模、改变因变量衡量方法以及加入更多控制变量等方面出发，对网络结构影响银行风险承担的稳健性进行检验。

一、基于"资源共享机制"的中介效应检验

以共同股东比重（CSR_{it}）作为中介变量衡量银行与其他银行共享资源的途径和速度，表4.4报告了资源共享机制的检验结果。其中，第（1）、（4）、（7）列基于式（4-1）检验各个网络中心度对风险加权资产比重的总体影响，局部广度（$Degree_{it}$）、全局深度（$Close_{it}$）和中介程度（$Between_{it}$）的估计系数分别均在 1% 的统计水平上显著为正，说明网络中心度对银行风险承担的正向激励总效用显著。

第（2）、（5）、（8）列基于式（4-2）考察各个网络中心度对共同股东比重的影响，估计结果显示，$Degree_{it}$、$Close_{it}$ 和 $Between_{it}$ 的估计系数分别为 0.0021、1.0336、0.9548 且均通过了 1% 的显著性水平检验。这说明银行在时变增长"银行－股东"关系中的局部广度、全局深度和中介程度的提升，均会显著提升银行与其他银行之间的共同股东比重，即与其他

银行共享资源的途径和速度均会有所提升。

第（3）、（6）、（9）列基于式（4-3），同时纳入网络中心度和中介变量（共同股东比重）进行分析。可以看到，第一，共同股东比重（CSR_{it}）的系数均在1%的统计水平上显著为负，说明共同股东比重的提升对银行风险承担有负向的约束作用。这主要是因为当银行的共同股东比重提升后，其能够享受到更多的由时变增长"银行－股东"网络所带来的资源优势，而这一资源优势将有助于商业银行更好地进行风险资产配置。第二，第（3）列在第（1）列的基础上加入共同股东比重（CSR_{it}）重新进行估计，结果显示 $Degree_{it}$ 的估计系数仍显著为正，说明存在部分中介效应。经计算，$Degree_{it}$ 对 $RAratio_{it}$ 的直接效应和中介效应分别为 0.3473 和 -0.0346；类似地，第（6）列在第（4）列的基础上加入共同股东比重（CSR_{it}）重新进行估计，结果显示 $Close_{it}$ 的估计系数仍显著为正，说明存在部分中介效应。经计算，$Close_{it}$ 对 $RAratio_{it}$ 的直接效应和中介效应分别为 65.4301 和 -15.2327；第（9）列在第（7）列的基础上加入共同股东比重（CSR_{it}）重新进行估计，结果显示 $Between_{it}$ 的估计系数不再显著，说明存在完全中介效应，大小为 -5.9194。

综上来看，银行在时变增长"银行－股东"网络中的局部广度、全局深度和中介程度的提升均可通过强化信息共享降低银行风险承担，即本章的结果支持了"网络中心度提升→资源共享增加→风险承担水平下降"这一资源共享机制，假说1得到了验证。

表 4.4 网络中心度与银行风险承担：资源共享机制

变量名称	RAratio (1)	CSR (2)	RAratio (3)	RAratio (4)	CSR (5)	RAratio (6)	RAratio (7)	CSR (8)	RAratio (9)
Degree	0.3194***	0.0021***	0.3473***						
	(0.0148)	(0.0000)	(0.0129)						
Close				22.8504***	1.0336***	65.4301***			
				(5.6400)	(0.0063)	(4.6124)			
Between							22.3330***	0.9548***	-6.5054
							(5.8922)	(0.0058)	(7.6214)
CSR			-16.4669***			-14.7375***			-6.1996***
			(1.0250)			(0.8752)			(0.5198)
L.CSR		0.9073***			0.7976***			0.9087***	
		(0.0023)			(0.0013)			(0.0008)	
L.RAratio	-0.0150*		-0.0386***	0.0001		-0.0351***	-0.0104**		-0.0307***
	(0.0043)		(0.0023)	(0.0017)		(0.0021)	(0.0024)		(0.0014)
ROE	-0.2559***	0.0001***	-0.2535***	-0.1765***	-0.0002***	-0.1722***	-0.3229***	0.0005***	-0.2610***
	(0.0104)	(0.0000)	(0.0119)	(0.0144)	(0.0000)	(0.0132)	(0.0177)	(0.0000)	(0.0117)
CAR	-1.2503***	0.0023***	-1.3427***	-1.3936***	0.0014***	-1.4351***	-1.3642***	0.0017***	-1.4543***
	(0.0172)	(0.0001)	(0.0216)	(0.0168)	(0.0000)	(0.0257)	(0.0203)	(0.0000)	(0.0227)
Equity_ratio	2.3114***	-0.0025***	2.2920***	2.6852***	0.0012***	2.7559***	2.4394	0.0000	2.5637***
	(0.0404)	(0.0001)	(0.0596)	(0.0489)	(0.0001)	(0.0507)	(0.0479)	(0.0000)	(0.0566)
Assert_growth	-6.7436***	0.0099***	-7.5383***	-6.8220***	0.0056***	-7.3803***	-6.5348***	0.0080***	-6.6221***
	(0.1539)	(0.0002)	(0.2942)	(0.1394)	(0.0001)	(0.2593)	(0.0715)	(0.0001)	(0.1443)

续表

变量名称	RAratio (1)	CSR (2)	RAratio (3)	RAratio (4)	CSR (5)	RAratio (6)	RAratio (7)	CSR (8)	RAratio (9)
Noninterest_ratio	0.2751***	0.0004***	0.3275***	0.3004***	0.0004***	0.3645***	0.3466***	0.0006***	0.3108***
	(0.0049)	(0.0000)	(0.0093)	(0.0059)	(0.0000)	(0.0059)	(0.0057)	(0.0000)	(0.0025)
GDP_growth	4.3319***	0.0129***	-4.8465***	-2.5536***	-0.0160***	-8.2852***	0.7397	-0.0448***	-8.2852***
	(0.8901)	(0.0025)	(0.8194)	(0.7753)	(0.0016)	(0.5989)	(0.7433)	(0.0008)	(0.8150)
Fixassert_growth	0.3648	0.0164***	-1.7630***	-1.0548**	0.0217***	-1.0995***	-0.6465*	0.0132***	-1.6731***
	(0.5715)	(0.0011)	(0.2321)	(0.4459)	(0.0008)	(0.4137)	(0.3792)	(0.0006)	(0.2535)
Fiscal_ratio	32.7638***	-0.1263***	29.2302***	23.8489***	-0.0992***	37.1778***	23.2777***	-0.0956***	32.1948***
	(4.6737)	(0.0073)	(2.3843)	(4.8132)	(0.0054)	(2.9704)	(3.3152)	(0.0042)	(2.3895)
常数项	55.6657***	-0.0323***	61.9183***	57.7530***	-0.0541***	58.9092***	61.8707***	-0.0219***	65.4033***
	(0.6679)	(0.0011)	(0.3576)	(0.7206)	(0.0006)	(0.3769)	(0.5627)	(0.0005)	(0.4147)
样本数	742	572	665	742	572	665	742	572	665
Hansen-p值	1.0000	1.0000	1.0000	1.0000	1.0000	1.0000	1.0000	1.0000	1.0000
AR (1)	0.0401	0.0016	0.0560	0.0399	0.0023	0.0849	0.0505	0.0017	0.0684
AR (2)	0.6429	0.1386	0.1723	0.9715	0.1658	0.1821	0.8676	0.1546	0.2792
直接效应	0.3473			65.4301			-6.5054（不显著）		
中介效应	-0.0346			-15.2327			-5.9194		

二、基于"规模机制"的中介效应检验

以平均计划募集金额的对数值（$\ln Scale_{it}$）和理财产品总数的对数值（$\ln Num_{it}$）分别作为"规模机制"的中介变量来反映表外理财产品规模扩张的冲动，表 4.5 的 Panel A 和 Panel B 分别报告了平均计划募集金额和理财产品总数视角下的规模机制的检验结果。其中，第（1）、（4）、（7）列基于式（4-1）进行估计，发现各个网络中心度指标（$Degree_{it}$、$Close_{it}$ 和 $Between_{it}$）均对风险加权资产比重（$RAratio_{it}$）有显著的正向影响。

分别基于式（4-2）和式（4-3），第（2）列和第（3）列聚焦网络局部广度影响银行风险承担的规模机制。可以看到，在 Panel A 中，第（2）列的 $Degree_{it}$ 与 $\ln Scale_{it}$ 有显著的正向关系。第（3）列在（1）的基础上进一步加入中介变量 $\ln Scale_{it}$ 后，估计结果显示，$\ln Scale_{it}$ 和 $Degree_{it}$ 的估计系数均在 1% 的统计水平上显著为正；在 Panel B 中，第（2）列的 $Degree_{it}$ 与 $\ln Num_{it}$ 有显著的正向关系，第（3）列 $\ln Num_{it}$ 和 $Degree_{it}$ 的估计系数均在 1% 的统计水平上显著为正。以上结果说明，无论是用平均计划募集金额还是用理财产品总数衡量表外理财产品的规模，均存在部分中介效应，前者视角下，$Degree_{it}$ 对 $RAratio_{it}$ 的直接效应和中介效应分别为 0.2451 和 0.0133；后者视角下，$Degree_{it}$ 对 $RAratio_{it}$ 的直接效应和中介效应分别为 0.2543 和 0.0004。

第（5）列和第（6）列关注网络全局深度影响银行风险承担的规模机制。结果显示，在 Panel A 中，第（5）列的 $Close_{it}$ 与 $\ln Scale_{it}$ 有显著的正向关系。第（6）列在（4）的基础上进一步加入中介变量 $\ln Scale_{it}$ 后，估计结果显示，$\ln Scale_{it}$ 的估计系数在 1% 的统计水平上显著为正，$Close_{it}$ 的估计系数不再显著；在 Panel B 中，第（5）列的 $Close_{it}$ 与 $\ln Num_{it}$ 有显著的正向关系，第（6）列 $\ln Num_{it}$ 的估计系数在 1% 的统计水平上显著为正，$Close_{it}$ 的估计系数不再显著。上述结果说明，无论是用平均计划募集金额还是用理财产品总数衡量表外理财产品的规模，均存在完全中介效应，且中介效应的大小分别为 2.9411 和 0.2593。

第（8）列和第（9）列检验网络中介程度影响银行风险承担的规模机制。不难看出，在 Panel A 中，第（8）列的 $Between_{it}$ 与 $\ln Scale_{it}$ 有显著的正向关系。第（9）列在（7）的基础上进一步加入中介变量 $\ln Scale_{it}$ 后，估计结果显示，$\ln Scale_{it}$ 的估计系数在 1% 的统计水平上显著为正，$Between_{it}$ 的估计系数不再显著；在 Panel B 中，第（8）列的 $Between_{it}$ 与 $\ln Num_{it}$ 有显著的正向关系，第（9）列 $\ln Num_{it}$ 的估计系数在 1% 的统计水平上显著为正，$Between_{it}$ 的估计系数不再显著。由此看出，无论是用平均计划募集金额还是用理财产品总数衡量表外理财产品的规模，均存在完全中介效应，且中介效应的大小分别为 3.5861 和 1.9773。

以上结果说明，第一，无论是局部广度、全局深度还是中介程度，网络中心度的提升均会促进银行表外理财产品扩大规模；第二，理财产品规模的扩大确实显著提升了银行的风险承担水平；第三，本章的结论支持了"网络中心度提升→表外理财产品规模扩大→风险承担水平上升"这一规模机制，即假说 2a 得到验证。

表 4.5 网络中心度与银行风险承担：规模机制（1）

变量名称	RAratio (1)	ln Scale (2)	RAratio (3)	RAratio (4)	ln Scale (5)	RAratio (6)	RAratio (7)	ln Scale (8)	RAratio (9)
				Panel A: 平均计划募集金额视角					
Degree	0.3194*** (0.0148)	0.0295*** (0.0017)	0.2451*** (0.0195)						
Close				22.8504*** (5.6400)	4.4313*** (0.2708)	5.4162 (8.6972)			
Between							22.3330*** (5.8922)	5.9718*** (0.2770)	3.8024 (11.3279)
ln Scale			0.4493*** (0.0409)			0.6637*** (0.0343)			0.6005*** (0.0404)
L.ln Scale		0.7938*** (0.0022)			0.7976*** (0.0017)			0.8214*** (0.0028)	
L.RAratio	-0.0150*** (0.0043)	-0.0109*** (0.0016)	-0.0154*** (0.0017)	0.0001 (0.0017)	-0.0044*** (0.0008)	0.0058** (0.0028)	-0.0104*** (0.0024)	-0.0052*** (0.0010)	-0.0080*** (0.0012)
ROE	-0.2559*** (0.0104)	-0.0032 (0.0031)	-0.2349*** (0.0116)	-0.1765*** (0.0144)	0.0016 (0.0018)	-0.1389*** (0.0167)	-0.3229*** (0.0177)	0.0015 (0.0011)	-0.2892*** (0.0184)
CAR	-1.2503*** (0.0172)	0.0186*** (0.0038)	-1.2667*** (0.0355)	-1.3936*** (0.0168)		-1.3721*** (0.0239)	-1.3642*** (0.0203)		-1.3809*** (0.0357)
Equity_ratio	2.3114*** (0.0404)	0.0186*** (0.0038)	2.4176*** (0.0779)	2.6852*** (0.0489)	0.0403*** (0.0036)	2.6139*** (0.0358)	2.4394*** (0.0479)	0.0325*** (0.0034)	2.5288*** (0.0715)

续表

Panel A：平均计划募集金额视角

变量名称	(1) RAratio	(2) ln Scale	(3) RAratio	(4) RAratio	(5) ln Scale	(6) RAratio	(7) RAratio	(8) ln Scale	(9) RAratio
Assert_growth	-6.7436***	-0.1199***	-6.5758***	-6.8220***	-0.1157***	-6.9318***	-6.5348***	-0.0997***	-6.3483***
	(0.1539)	(0.0063)	(0.1874)	(0.1394)	(0.0024)	(0.1974)	(0.0715)	(0.0025)	(0.1159)
Noninterest_ratio	0.2751***	-0.0119***	0.2900***	0.3004***	-0.0096***	0.3105***	0.3466***	-0.0119***	0.3467***
	(0.0049)	(0.0002)	(0.0045)	(0.0059)	(0.0002)	(0.0059)	(0.0057)	(0.0002)	(0.0051)
GDP_growth	4.3319***	0.8238***	4.6659***	-2.5536***	0.2398***	0.0073	0.7397	0.3197***	2.5776***
	(0.8901)	(0.0722)	(0.7195)	(0.7753)	(0.0432)	(0.5461)	(0.7433)	(0.0312)	(0.8971)
Fixassert_growth	0.3648	-0.3256***	0.1483	-1.0548**	-0.4159***	0.0903	-0.6465*	-0.4818***	0.4630
	(0.5715)	(0.0592)	(0.6158)	(0.4459)	(0.0380)	(0.3559)	(0.3792)	(0.0165)	(0.5258)
Fiscal_ratio	32.7638***	-0.5037	35.9179***	23.8489***	-1.1886***	30.8889***	23.2777***	-1.0181***	23.7855***
	(4.6737)	(0.3148)	(4.2412)	(4.8132)	(0.1260)	(4.7332)	(3.3152)	(0.1128)	(4.1916)
常数项	55.6657***	0.4121***	54.7030***	57.7530***	0.4053***	55.7762***	61.8707***	0.6496***	59.2385***
	(0.6679)	(0.0557)	(0.4113)	(0.7206)	(0.0305)	(0.9657)	(0.5627)	(0.0245)	(0.5981)
样本数	742	742	742	742	742	742	742	742	742
Hansen-p值	1.0000	1.0000	1.0000	1.0000	1.0000	1.0000	1.0000	1.0000	1.0000
AR（1）	0.0401	0.0001	0.0379	0.0399	0.0001	0.0306	0.0505	0.0001	0.0362
AR（2）	0.6429	0.4846	0.6487	0.9715	0.4750	0.9835	0.8676	0.4690	0.8762
直接效应		0.2451			5.4162（不显著）			3.8024（不显著）	
中介效应		0.0133			2.9411			3.5861	

表 4.5 网络中心度与银行风险承担：规模机制（2）

Panel B: 理财产品总数视角

变量名称	RAratio (1)	ln Num (2)	RAratio (3)	RAratio (4)	ln Num (5)	RAratio (6)	RAratio (7)	ln Num (8)	RAratio (9)
Degree	0.3194*** (0.0148)	0.0092*** (0.0008)	0.2543*** (0.0199)						
Close				22.8504*** (5.6400)	0.4621*** (0.1321)	9.9123 (6.7252)			
Between							22.3330*** (5.8922)	4.9285*** (0.0931)	14.7723 (12.8652)
ln Num			0.3872*** (0.0824)			0.5611*** (0.0731)			0.4012*** (0.0626)
L. ln Num		0.9422*** (0.0027)			0.9536*** (0.0020)			0.9538*** (0.0017)	
L.RAratio	-0.0150*** (0.0043)		-0.0059* (0.0031)	0.0001 (0.0017)		0.0108*** (0.0030)	-0.0104*** (0.0024)		-0.0000 (0.0011)
ROE	-0.2559*** (0.0104)	0.0097*** (0.0007)	-0.2192*** (0.0124)	-0.1765*** (0.0144)	0.0000 (0.0005)	-0.0937*** (0.0140)	-0.3229*** (0.0177)	0.0010** (0.0005)	-0.2196*** (0.0231)
CAR	-1.2503*** (0.0172)	0.0009 (0.0015)	-1.2652*** (0.0279)	-1.3936*** (0.0168)	-0.0025** (0.0011)	-1.3843*** (0.0245)	-1.3642*** (0.0203)	-0.0030*** (0.0009)	-1.3453*** (0.0307)
Equity_ratio	2.3114* (0.0404)	-0.0127*** (0.0017)	2.4469*** (0.0333)	2.6852*** (0.0489)	-0.0095*** (0.0012)	2.7313*** (0.0616)	2.4394*** (0.0479)	0.0012 (0.0015)	2.5067*** (0.0588)

续表

Panel B：理财产品总数视角

变量名称	RAratio (1)	ln Num (2)	RAratio (3)	RAratio (4)	ln Num (5)	RAratio (6)	RAratio (7)	ln Num (8)	RAratio (9)
Assert_growth	-6.7436***	-0.0576***	-6.6251***	-6.8220***	-0.0394***	-6.8475***	-6.5348***	-0.0419***	-6.5640***
	(0.1539)	(0.0023)	(0.1616)	(0.1394)	(0.0043)	(0.2077)	(0.0715)	(0.0028)	(0.1718)
Noninterest_ratio	0.2751***	0.0028***	0.2746**	0.3004***	0.0029***	0.2963***	0.3466***	0.0011**	0.3352***
	(0.0049)	(0.0002)	(0.0081)	(0.0059)	(0.0002)	(0.0061)	(0.0057)	(0.0001)	(0.0069)
GDP_growth	4.3319***	0.0686	5.1817*	-2.5536***	0.0756***	0.9333	0.7397	0.0071	2.7122***
	(0.8901)	(0.0552)	(0.6712)	(0.7753)	(0.0168)	(0.7992)	(0.7433)	(0.0220)	(0.6428)
Fixassert_growth	0.3648	-0.4434***	1.1530***	-1.0548**	-0.3419***	1.0707	-0.6465*	-0.3137***	0.6357
	(0.5715)	(0.0244)	(0.3007)	(0.4459)	(0.0153)	(0.2814)	(0.3792)	(0.0159)	(0.4564)
Fiscal_ratio	32.7638***	0.3703***	33.8826***	23.8489***	0.2121	27.2845***	23.2777***	0.4162**	27.8107***
	(4.6737)	(0.1341)	(3.2170)	(4.8132)	(0.1733)	(3.1495)	(3.3152)	(0.2036)	(3.2768)
常数项	55.6657***	0.3334***	53.5933***	57.7530***	0.5947***	53.6702***	61.8707***	0.4970***	57.4604***
	(0.6679)	(0.0211)	(0.5920)	(0.7206)	(0.0081)	(0.8142)	(0.5627)	(0.0240)	(0.7766)
样本数	742	742	742	742	742	742	742	742	742
Hansen-p 值	1.0000	1.0000	1.0000	1.0000	1.0000	1.0000	1.0000	1.0000	1.0000
AR（1）	0.0401	0.0001	0.0308	0.0399	0.0001	0.0337	0.0505	0.0001	0.0464
AR（2）	0.6429	0.1743	0.8557	0.9715	0.1576	0.8803	0.8676	0.1613	0.9835
直接效应		0.2543			9.9123（不显著）			14.7723（不显著）	
中介效应		0.0004			0.2593			1.9773	

三、基于"价格机制"的中介效应检验

以理财产品的预期收益率上限（Ureturn$_{it}$）和预期收益率下限（Lreturn$_{it}$）作为"价格机制"的中介变量，表 4.6 的 Panel A 和 Panel B 分别报告了预期收益率上限和下限视角下的价格机制的检验结果。其中，第（1）、（4）、（7）列基于式（4–1）进行估计，发现各个网络中心度指标（Degree$_{it}$、Close$_{it}$ 和 Between$_{it}$）均对风险加权资产比重（RAratio$_{it}$）有显著的正向影响。

分别基于式（4–2）和式（4–3），第（2）列和第（3）列聚焦网络局部广度影响银行风险承担的价格机制。可以看到，在 Panel A 中，第（2）列的 Degree$_{it}$ 与 Ureturn$_{it}$ 有显著的正向关系。第（3）列在（1）的基础上进一步加入中介变量 Ureturn$_{it}$ 后，估计结果显示，Ureturn$_{it}$ 的估计系数在 10% 的统计水平上显著为正，Degree$_{it}$ 的估计系数仍在 1% 的统计水平上显著为正；在 Panel B 中，第（2）列的 Degree$_{it}$ 与 Lreturn$_{it}$ 有显著的正向关系，第（3）列 Lreturn$_{it}$ 和 Degree$_{it}$ 的估计系数在 1% 的统计水平上显著为正。以上结果说明，无论是用预期收益率上限还是下限作为价格机制的中介变量，均存在部分中介效应，前者视角下，Degree$_{it}$ 对 RAratio$_{it}$ 的直接效应和中介效应分别为 0.2989 和 0.0012；后者视角下，Degree$_{it}$ 对 RAratio$_{it}$ 的直接效应和中介效应分别为 0.3063 和 0.0051。

第（5）列和第（6）列关注网络全局深度影响银行风险承担的价格机制。结果显示，在 Panel A 中，第（5）列的 Close$_{it}$ 与 Ureturn$_{it}$ 有显著的正向关系。第（6）列在（4）的基础上进一步加入中介变量 Ureturn$_{it}$ 后，估计结果显示，Ureturn$_{it}$ 和 Close$_{it}$ 的估计系数均在 1% 的统计水平上显著为正；在 Panel B 中，第（5）列的 Close$_{it}$ 与 Lreturn$_{it}$ 有显著的正向关系，第（6）列 Lreturn$_{it}$ 和 Close$_{it}$ 的估计系数均在 1% 的统计水平上显著为正。上述结果说明，无论是用预期收益率上限还是下限作为价格机制的中介变量，均存在部分中介效应，前者视角下，Close$_{it}$ 对 RAratio$_{it}$ 的直接效应和中介效应分别为 24.0442 和 0.7308；后者视角下，Close$_{it}$ 对 RAratio$_{it}$ 的直接效应和中介效应分别为 18.7265 和 2.4492。

第（8）列和第（9）列检验网络中介程度影响银行风险承担的价格机制。不难看出，在 Panel A 中，第（8）列的 Between_{it} 与 Ureturn_{it} 有显著的正向关系。第（9）列在（7）的基础上进一步加入中介变量 Ureturn_{it} 后，估计结果显示，Ureturn_{it} 和 Between_{it} 的估计系数均在1%的统计水平上显著为正；在 Panel B 中，第（8）列的 Between_{it} 与 Lreturn_{it} 有显著的正向关系，第（9）列 Lreturn_{it} 的估计系数在1%的统计水平上显著为负，Between_{it} 的估计系数不再显著。由此看出，如果用预期收益率上限作为中介变量，存在部分中介效应，Between_{it} 对 RAratio_{it} 的直接效应和中介效应分别为23.3512和0.8728；如果用预期收益率下限作为中介变量，存在完全中介效应，大小为1.9782。

上述估计结果表明，第一，无论是局部广度、全局深度还是中介程度，网络中心度的提升均会提升银行发行表外理财产品时的预期收益率；第二，理财产品预期收益率的提高确实显著促进了银行的风险承担；第三，本章的结论支持了"网络中心度提升→表外理财产品预期收益率提高→风险承担水平上升"这一价格机制，即假说 2b 得到验证。

表 4.6　网络中心度与银行风险承担：价格机制（1）

变量名称	RAratio (1)	Ureturn (2)	RAratio (3)	RAratio (4)	Ureturn (5)	RAratio (6)	RAratio (7)	Ureturn (8)	RAratio (9)
				Panel A：平均预期收益率_上限视角					
Degree	0.3194*** (0.0148)	0.0165*** (0.0022)	0.2989*** (0.0122)						
Close				22.8504*** (5.6400)	4.3842* (0.4571)	24.0442*** (5.7530)			
Between							22.3330*** (5.8922)	5.5732*** (1.1475)	23.3512*** (8.5724)
Ureturn			0.0753* (0.0404)			0.1667*** (0.0335)			0.1566*** (0.0293)
L.Ureturn		0.5980*** (0.0062)			0.5830*** (0.0045)			0.6191*** (0.0044)	
L.RAratio	-0.0150*** (0.0043)			0.0001 (0.0017)			-0.0104*** (0.0024)		-0.0121*** (0.0022)
ROE	-0.2559*** (0.0104)	0.0338*** (0.0016)	-0.2647*** (0.0068)	-0.1765*** (0.0144)	0.0247*** (0.0017)	-0.1821*** (0.0129)	-0.3229*** (0.0177)	0.0241*** (0.0018)	-0.3342*** (0.0148)
CAR	-1.2503*** (0.0172)	0.0011 (0.0030)	-1.2573*** (0.0300)	-1.3936*** (0.0168)	-0.0039 (0.0026)	-1.4029*** (0.0252)	-1.3642*** (0.0203)	-0.0080*** (0.0021)	-1.3554*** (0.0193)
Equity_ratio	2.3114*** (0.0404)	0.0182*** (0.0049)	2.3777*** (0.0708)	2.6852*** (0.0489)	0.0392*** (0.0032)	2.6670*** (0.0653)	2.4394*** (0.0479)	0.0280*** (0.0031)	2.4064*** (0.0396)

Panel A: 平均预期收益率上限视角

变量名称	RAratio (1)	Ureturn (2)	RAratio (3)	RAratio (4)	Ureturn (5)	RAratio (6)	RAratio (7)	Ureturn (8)	RAratio (9)
Assert_growth	-6.7436*** (0.1539)	0.0294 (0.0195)	-6.6481*** (0.1504)	-6.8220*** (0.1394)	0.0249** (0.0116)	-6.9113*** (0.2338)	-6.5348*** (0.0715)	0.0049 (0.0053)	-6.5088*** (0.0947)
Noninterest_ratio	0.2751*** (0.0049)	0.0070*** (0.0013)	0.2729*** (0.0092)	0.3004*** (0.0059)	0.0048*** (0.0010)	0.2948*** (0.0081)	0.3466* (0.0057)	0.0031*** (0.0010)	0.3428*** (0.0049)
GDP_growth	4.3319*** (0.8901)	0.6841*** (0.1380)	3.8823*** (0.6251)	-2.5536*** (0.7753)	0.2489*** (0.0632)	-1.5000* (0.7792)	0.7397 (0.7433)	0.4024*** (0.0877)	1.8932*** (0.4028)
Fixassert_growth	0.3648 (0.5715)	-1.8901*** (0.0857)	-0.2794 (0.5836)	-1.0548** (0.4459)	-1.8463*** (0.0476)	-0.4649 (0.4385)	-0.6465* (0.3792)	-1.9623*** (0.0298)	-0.3368 (0.4281)
Fiscal_ratio	32.7638*** (4.6737)	4.0969*** (0.3850)	30.3733*** (4.0584)	23.8489*** (4.8132)	4.3730*** (0.4421)	23.3778*** (4.2750)	23.2777 (3.3152)	4.1135*** (0.3058)	23.9853*** (4.0489)
常数项	55.6657*** (0.6679)	0.1573 (0.1113)	56.1438*** (0.5147)	57.7530*** (0.7206)	0.3251*** (0.1016)	57.4718*** (0.8537)	61.8707*** (0.5627)	0.6510*** (0.0749)	61.7065*** (0.5747)
样本数	742	742	742	742	742	742	742	742	742
Hansen-p值	1.0000	1.0000	1.0000	1.0000	1.0000	1.0000	1.0000	1.0000	1.0000
AR(1)	0.0401	0.0020	0.0380	0.0399	0.0019	0.0364	0.0505	0.0020	0.0494
AR(2)	0.6429	0.5360	0.6480	0.9715	0.5976	0.9542	0.8676	0.5424	0.8493
直接效应		0.2989			24.0442			23.3512	
中介效应		0.0012			0.7308			0.8728	

表 4.6 网络中心度与银行风险承担：价格机制（2）

Panel B：平均预期收益率下限视角

变量名称	RAratio (1)	Lreturn (2)	RAratio (3)	RAratio (4)	Lreturn (5)	RAratio (6)	RAratio (7)	Lreturn (8)	RAratio (9)
Degree	0.3194*** (0.0148)	0.0147*** (0.0016)	0.3063*** (0.0222)						
Close				22.8504*** (5.6400)	5.3900*** (0.1566)	18.7265*** (6.5954)			
Between							22.3330*** (5.8922)	4.0990*** (0.3571)	7.3610 (11.3361)
Lreturn			0.3456*** (0.0338)			0.4544*** (0.0377)			0.4826*** (0.0361)
L. Lreturn		0.7855*** (0.0060)			0.7770*** (0.0025)			0.8067*** (0.0037)	
L.RAratio	−0.0150*** (0.0043)		−0.0181*** (0.0030)	0.0001 (0.0017)		−0.0017 (0.0016)	−0.0104*** (0.0024)		−0.0123*** (0.0022)
ROE	−0.2559*** (0.0104)	0.0033** (0.0014)	−0.2463*** (0.0152)	−0.1765*** (0.0144)	−0.0006 (0.0010)	−0.1495*** (0.0170)	−0.3229*** (0.0177)	−0.0035*** (0.0008)	−0.3079*** (0.0171)
CAR	−1.2503*** (0.0172)	0.0217*** (0.0018)	−1.2562*** (0.0231)	−1.3936*** (0.0168)	0.0182*** (0.0023)	−1.3647*** (0.0225)	−1.3642*** (0.0203)	0.0210*** (0.0025)	−1.3674*** (0.0255)
Equity_ratio	2.3114*** (0.0404)	0.0126*** (0.0038)	2.3480*** (0.0636)	2.6852*** (0.0489)	0.0494*** (0.0014)	2.6019*** (0.0386)	2.4394*** (0.0479)	0.0265*** (0.0026)	2.4467*** (0.0626)

续表

Panel B: 平均预期收益率下限视角

变量名称	RAratio (1)	Lreturn (2)	RAratio (3)	RAratio (4)	Lreturn (5)	RAratio (6)	RAratio (7)	Lreturn (8)	RAratio (9)
Assert_growth	-6.7436*** (0.1539)	-0.0801*** (0.0044)	-6.7204*** (0.1594)	-6.8220*** (0.1394)	-0.0984*** (0.0050)	-6.9772*** (0.2054)	-6.5348*** (0.0715)	-0.0977*** (0.0052)	-6.3502*** (0.0963)
Noninterest_ratio	0.2751*** (0.0049)	0.0058*** (0.0007)	0.2658*** (0.0075)	0.3004*** (0.0059)	0.0083*** (0.0003)	0.3024*** (0.0098)	0.3466*** (0.0057)	0.0090*** (0.0004)	0.3504*** (0.0059)
GDP_growth	4.3319*** (0.8901)	3.7085*** (0.1301)	4.0983*** (0.7890)	-2.5536*** (0.7753)	3.6359*** (0.1137)	-0.2419 (0.5220)	0.7397 (0.7433)	3.5988*** (0.1427)	2.6636*** (0.5631)
Fixasset_growth	0.3648 (0.5715)	-1.0066*** (0.0320)	0.3790 (0.3791)	-1.0548** (0.4459)	-0.7632*** (0.0495)	-0.5348 (0.3820)	-0.6465* (0.3792)	-0.8462*** (0.0599)	-0.0770 (0.2061)
Fiscal_ratio	32.7638*** (4.6737)	1.6974*** (0.2522)	32.2353*** (4.3656)	23.8489*** (4.8132)	1.3967*** (0.2118)	22.4953*** (5.6027)	23.2777*** (3.3152)	0.9102*** (0.1548)	23.5729*** (4.2947)
常数项	55.6657*** (0.6679)	-0.5511*** (0.0610)	55.2434*** (0.5490)	57.7530*** (0.7206)	-0.8192*** (0.0296)	56.6783*** (0.7484)	61.8707*** (0.5627)	-0.3924*** (0.0367)	60.5026*** (0.6019)
样本数	742	742	742	742	742	742	742	742	742
Hansen-p值	1.0000	1.0000	1.0000	1.0000	1.0000	1.0000	1.0000	1.0000	1.0000
AR(1)	0.0401	0.0001	0.0317	0.0399	0.0001	0.0388	0.0505	0.0001	0.0416
AR(2)	0.6429	0.5050	0.6400	0.9715	0.4803	0.9647	0.8676	0.5080	0.8900
直接效应		0.3063			18.7265			7.3610（不显著）	
中介效应		0.0051			2.4492			1.9782	

四、基于"资产配置机制"的中介效应检验

以表外投资汇率产品比重（Exchange$_{it}$）和投资结构性产品比重（Structural$_{it}$）作为"资产配置机制"的中介变量，这两个指标值越大，意味着银行的表外资产配置越偏好高风险。表 4.7 的 Panel A 和 Panel B 分别报告了 Exchange$_{it}$ 和 Structural$_{it}$ 作为中介变量时的资产配置机制检验结果。其中，第（1）、（4）、（7）列基于式（4-1）进行估计，发现各个网络中心度指标（Degree$_{it}$、Close$_{it}$ 和 Between$_{it}$）均对风险加权资产比重（RAratio$_{it}$）有显著的正向影响。

分别基于式（4-2）和式（4-3），第（2）列和第（3）列聚焦网络局部广度影响银行风险承担的资产配置机制。可以看到，在 Panel A 中，第（2）列的 Degree$_{it}$ 与 Exchange$_{it}$ 有显著的正向关系。第（3）列在（1）的基础上进一步加入中介变量 Exchange$_{it}$ 后，估计结果显示，Exchange$_{it}$ 和 Degree$_{it}$ 的估计系数均在 1% 的统计水平上显著为正；在 Panel B 中，第（2）列的 Degree$_{it}$ 与 Structural$_{it}$ 有显著的正向关系，第（3）列 Structural$_{it}$ 和 Degree$_{it}$ 的估计系数在 1% 的统计水平上显著为正。以上结果说明，无论基于投资汇率产品比重视角还是投资结构性产品比重视角，均存在部分中介效应，前者视角下，Degree$_{it}$ 对 RAratio$_{it}$ 的直接效应和中介效应分别为 0.2677 和 0.0189；后者视角下，Degree$_{it}$ 对 RAratio$_{it}$ 的直接效应和中介效应分别为 0.3011 和 0.0138。

第（5）列和第（6）列关注网络全局深度影响银行风险承担的资产配置机制。结果显示，在 Panel A 中，第（5）列的 Close$_{it}$ 与 Exchange$_{it}$ 有显著的正向关系。第（6）列在（4）的基础上进一步加入中介变量 Exchange$_{it}$ 后，估计结果显示，Exchange$_{it}$ 和 Close$_{it}$ 的估计系数均在 1% 的统计水平上显著为正；在 Panel B 中，第（5）列的 Close$_{it}$ 与 Structural$_{it}$ 有显著的正向关系，第（6）列 Structural$_{it}$ 的估计系数在 1% 的统计水平上显著为正。上述结果说明，无论基于投资汇率产品比重视角还是投资结构性产品比重视角，均存在部分中介效应，前者视角下，Close$_{it}$ 对 RAratio$_{it}$ 的直接效应和中介效

应分别为 25.7022 和 2.4469；后者视角下，$Close_{it}$ 对 $RAratio_{it}$ 的直接效应和中介效应分别为 16.4394 和 4.0450。

第（8）列和第（9）列检验网络中介程度影响银行风险承担的资产配置机制。不难看出，在 Panel A 中，第（8）列的 $Between_{it}$ 与 $Exchange_{it}$ 有显著的正向关系。第（9）列在（7）的基础上进一步加入中介变量 $Exchange_{it}$ 后，估计结果显示，$Exchange_{it}$ 的估计系数均在 1% 的统计水平上显著为正，$Between_{it}$ 的估计系数均在 5% 的统计水平上显著为正；在 Panel B 中，第（8）列的 $Between_{it}$ 与 $Structural_{it}$ 有显著的正向关系，第（9）列 $Structural_{it}$ 的估计系数在 1% 的统计水平上显著为正，$Between_{it}$ 的估计系数不再显著。由此看出，如果以投资汇率产品比重作为中介变量，存在部分中介效应，$Between_{it}$ 对 $RAratio_{it}$ 的直接效应和中介效应分别为 20.7692 和 2.2465；如果用结构性产品投资比重作为中介变量，存在完全中介效应，大小为 0.8000。

从上述机制检验结果中不难看出，第一，无论是局部广度、全局深度还是中介程度，网络中心度的提升均会提高银行表外资产的汇率产品投资比重或结构性产品投资比重；第二，汇率或结构性产品投资比重的提高确实显著促进了银行的风险承担；第三，本章的结论支持了"网络中心度提升→表外高风险资产投资比例提高→风险承担水平上升"这一资产配置机制，即假说 2c 得到验证。

表 4.7　网络中心度与银行风险承担：资产配置机制（1）

变量名称	RAratio (1)	Exchange (2)	RAratio (3)	RAratio (4)	Exchange (5)	RAratio (6)	RAratio (7)	Exchange (8)	RAratio (9)
				Panel A: 投资汇率产品比重视角					
Degree	0.3194*** (0.0148)	0.0005*** (0.0000)							
Close			0.2677*** (0.0175)	22.8504*** (5.6400)	0.1572*** (0.0018)	25.7022*** (5.3114)			
Between							22.3330*** (5.8922)	0.2351*** (0.0033)	20.7692** (8.3391)
Exchange		0.4105*** (0.0020)	37.8435*** (5.0270)			15.5658*** (3.2520)			9.5553*** (3.0928)
L.Exchange					0.3874*** (0.0024)			0.2374*** (0.0011)	
L.RAratio	−0.0150*** (0.0043)		−0.0161*** (0.0040)	0.0001 (0.0017)		0.0041 (0.0026)	−0.0104*** (0.0024)		−0.0045* (0.0023)
ROE	−0.2559*** (0.0104)	−0.0002*** (0.0000)	−0.2537*** (0.0148)	−0.1765*** (0.0144)	0.0002* (0.0000)	−0.2066*** (0.0170)	−0.3229*** (0.0177)	0.0000 (0.0000)	−0.3199* (0.0167)
CAR	−1.2503*** (0.0172)	0.0001*** (0.0000)	−1.2052*** (0.0242)	−1.3936*** (0.0168)	−0.0000* (0.0000)	−1.4127*** (0.0253)	−1.3642*** (0.0203)	−0.0000 (0.0000)	−1.3252* (0.0202)
Equity_ratio	2.3114*** (0.0404)	−0.0007*** (0.0000)	2.3064*** (0.0467)	2.6852*** (0.0489)	0.0005*** (0.0000)	2.6913*** (0.0865)	2.4394*** (0.0479)	−0.0001*** (0.0000)	2.3578*** (0.0472)

续表

Panel A: 投资汇率产品比重视角

变量名称	RAratio (1)	Exchange (2)	RAratio (3)	RAratio (4)	Exchange (5)	RAratio (6)	RAratio (7)	Exchange (8)	RAratio (9)
Assert_growth	-6.7436***	-0.0018***	-6.5910***	-6.8220***	-0.0011***	-6.8541***	-6.5348***	-0.0018***	-6.5271***
	(0.1539)	(0.0002)	(0.1650)	(0.1394)	(0.0001)	(0.1906)	(0.0715)	(0.0002)	(0.0828)
Noninterest_ratio	0.2751***	0.0006***	0.2190**	0.3004***	0.0007***	0.2589***	0.3466***	0.0007***	0.3020***
	(0.0049)	(0.0000)	(0.0097)	(0.0059)	(0.0000)	(0.0072)	(0.0057)	(0.0000)	(0.0073)
GDP_growth	4.3319***	0.0226***	1.4963	-2.5536***	0.0162***	-2.5528***	0.7397	0.0156***	-0.2027
	(0.8901)	(0.0007)	(1.0172)	(0.7753)	(0.0003)	(0.9089)	(0.7433)	(0.0004)	(0.6417)
Fixasset_growth	0.3648	-0.0036***	-0.7327*	-1.0548**	-0.0019***	-0.9850**	-0.6465*	-0.0034***	-0.9605**
	(0.5715)	(0.0004)	(0.3980)	(0.4459)	(0.0002)	(0.4049)	(0.3792)	(0.0004)	(0.4031)
Fiscal_ratio	32.7638***	-0.0228***	39.5186***	23.8489***	-0.0164***	27.8812***	23.2777***	-0.0297***	25.7410***
	(4.6737)	(0.0036)	(4.8724)	(4.8132)	(0.0022)	(4.5015)	(3.3152)	(0.0026)	(3.6618)
常数项	55.6657***	-0.0080***	56.7700***	57.7530***	-0.0236***	58.4273***	61.8707***	-0.0100***	62.3803***
	(0.6679)	(0.0003)	(0.7406)	(0.7206)	(0.0004)	(0.7059)	(0.5627)	(0.0002)	(0.5908)
样本数	742	742	742	742	742	742	742	742	742
Hansen-p 值	1.0000	1.0000	1.0000	1.0000	1.0000	1.0000	1.0000	1.0000	1.0000
AR (1)	0.0401	0.0623	0.0392	0.0399	0.0581	0.0312	0.0505	0.0547	0.0422
AR (2)	0.6429	0.8478	0.4636	0.9715	0.8398	0.9149	0.8676	0.9910	0.9421
直接效应		0.2677			25.7022			20.7692	
中介效应		0.0189			2.4469			2.2465	

表 4.7 网络中心度与银行风险承担：资产配置机制（2）

变量名称	RAratio (1)	Structural (2)	RAratio (3)	RAratio (4)	Structural (5)	RAratio (6)	RAratio (7)	Structural (8)	RAratio (9)
					Panel B: 投资结构性产品比重视角				
Degree	0.3194*** (0.0148)	0.0013*** (0.0000)							
Close				22.8504*** (5.6400)	0.3952*** (0.0065)	16.4394** (7.4504)			
Between							22.3330*** (5.8922)	0.1264*** (0.0059)	12.6919 (9.2254)
Structural			10.5916*** (1.9851)			10.2353*** (1.9191)			6.3256*** (1.4634)
L.Structural		0.4772*** (0.0014)			0.4678*** (0.0008)			0.5620*** (0.0010)	
L.RAratio	-0.0150*** (0.0043)		-0.0185*** (0.0054)	0.0001 (0.0017)		0.0000 (0.0014)	-0.0104*** (0.0024)		-0.0098 (0.0017)
ROE	-0.2559*** (0.0104)	-0.0003*** (0.0000)	-0.2952*** (0.0160)	-0.1765*** (0.0144)	-0.0006*** (0.0000)	-0.2120*** (0.0156)	-0.3229*** (0.0177)	-0.0009*** (0.0000)	-0.3606*** (0.0172)
CAR	-1.2503*** (0.0172)	-0.0015*** (0.0000)	-1.2456*** (0.0206)	-1.3936*** (0.0168)	-0.0021*** (0.0000)	-1.3873*** (0.0285)	-1.3642*** (0.0203)	-0.0019* (0.0000)	-1.3918* (0.0309)
Equity_ratio	2.3114*** (0.0404)	-0.0008*** (0.0000)	2.3462*** (0.0444)	2.6852*** (0.0489)	0.0010*** (0.0001)	2.6342*** (0.0555)	2.4394*** (0.0479)	-0.0007*** (0.0001)	2.4049*** (0.0667)

续表

Panel B: 投资结构性产品比重视角

变量名称	RAratio (1)	Structural (2)	RAratio (3)	RAratio (4)	Structural (5)	RAratio (6)	RAratio (7)	Structural (8)	RAratio (9)
Assert_growth	-6.7436***	-0.0037***	-6.7169***	-6.8220***	-0.0041***	-6.8563***	-6.5348***	-0.0051***	-6.2392***
	(0.1539)	(0.0003)	(0.1220)	(0.1394)	(0.0003)	(0.2084)	(0.0715)	(0.0004)	(0.0746)
Noninterest_ratio	0.2751***	0.0009***	0.2111***	0.3004***	0.0009***	0.2606***	0.3466***	0.0010***	0.2973***
	(0.0049)	(0.0000)	(0.0087)	(0.0059)	(0.0000)	(0.0064)	(0.0057)	(0.0000)	(0.0074)
GDP_growth	4.3319***	0.0415**	2.2672**	-2.5536***	0.0491***	-3.0055***	0.7397	0.0373***	0.4437
	(0.8901)	(0.0010)	(0.9241)	(0.7753)	(0.0014)	(0.8446)	(0.7433)	(0.0011)	(0.9929)
Fixasset_growth	0.3648	-0.0163***	-0.1089	-1.0548*	-0.0074***	-0.9427***	-0.6465*	-0.0171***	-0.6609**
	(0.5715)	(0.0005)	(0.5926)	(0.4459)	(0.0004)	(0.4464)	(0.3792)	(0.0006)	(0.2582)
Fiscal_ratio	32.7638***	-0.0586***	29.9437***	23.8489***	-0.0276***	26.2833***	23.2777***	-0.0549***	29.3045***
	(4.6737)	(0.0037)	(4.7381)	(4.8132)	(0.0028)	(4.6269)	(3.3152)	(0.0015)	(3.1375)
常数项	55.6657***	0.0053***	57.6111***	57.7530***	-0.0008	59.2606***	61.8707***	0.0393***	63.4777***
	(0.6679)	(0.0006)	(0.7160)	(0.7206)	(0.0009)	(0.7360)	(0.5627)	(0.0008)	(0.5318)
样本数	742	742	742	742	742	742	742	742	742
Hansen-p 值	1.0000	1.0000	1.0000	1.0000	1.0000	1.0000	1.0000	1.0000	1.0000
AR (1)	0.0401	0.0687	0.0178	0.0399	0.0709	0.0256	0.0505	0.0677	0.0373
AR (2)	0.6429	0.4806	0.4759	0.9715	0.4763	0.9516	0.8676	0.6247	0.8286
直接效应		0.3011			16.4394			12.6919（不显著）	
中介效应		0.0138			4.0450			0.8000	

第六节 稳健性讨论

一、变更网络构建方法和消除规模差异

上文分析所基于的网络为时变增长"银行－股东"网络，该网络将银行和股东分别视为网络成员。若保留银行与股东之间的持股关系，但是进一步聚焦银行之间的直接关联，表 4.8 的 Panel A 变更网络的构建方法后重新进行估计。Panel A 中采用的是时变增长"银行—银行"网络，该网络中的"节点"全部为银行，若两个银行之间至少有一位共同"大股东"，则两节点相连，即拥有共同"大股东"的两个银行之间存在 1 条连边。在此网络下，$Degree\_tgh_{it}$、$Close\_tgh_{it}$ 和 $Between\_tgh_{it}$ 分别衡量了银行与多少银行具有直接关联、与其他银行的平均紧密程度，以及在多大程度上承担了其他银行产生间接关联的中介角色。第（1）—（3）列的结果显示，变更网络的构建方法后，各个中心度指标的估计系数仍在 1% 的统计水平上显著为正，印证了基准估计结果具有较强的稳健性。

时变增长"银行－股东"关系具有的"增长"特征表征的是从初始时刻到当前时刻所有关系的并集，即该网络在刻画每年网络成员关系的同时，也将历年的全部网络成员关系也予以保留。在此构造方法下，网络的规模逐年扩大。考虑到不同年份时变增长"银行－股东"网络成员的数目可能会对估计结果产生一定的规模影响，因此，参考申宇等人（2017）的做法，本章计算出每年关系网络中的节点数目 a，并将 $Degree\_scale_{it}$ 除以（$a-1$）、$Between\_scale_{it}$ 除以（$a-1$）（$a-2$）来消除网络规模差异，新的估计结果汇报在表 4.8 的 Panel B（第（4）至（6）列）中。可以看到，$Degree\_scale_{it}$ 和 $Between\_scale_{it}$ 的估计系数为均在 1% 的统计性水平上显著为正，说明消除网络规模差异后，网络中心度仍显著促进了银行的风险承担。

表4.8 网络中心度与银行风险承担：变更网络构建方法和消除规模差异

变量名称	RAratio					
	Panel A：变更网络构建方法			Panel B：消除网络规模差异		
	（1）	（2）	（3）	（4）	（5）	（6）
Degree_tgh	0.1080***					
	（0.0412）					
Close_tgh		5.3093***				
		（1.5180）				
Between_tgh			100.0418***			
			（13.3343）			
Degree_scale				8.3216***		
				（1.4934）		
Close					22.8504***	
					（5.6400）	
Between_scale						1 387.4635**
						（611.5176）
L.RAratio	0.0093***	0.0047**	−0.0011	−0.0197***	0.0001	0.0254***
	（0.0005）	（0.0020）	（0.0027）	（0.0022）	（0.0017）	（0.0007）
ROE	−0.4393***	−0.3170***	−0.4335***	−0.2534***	−0.1765***	−0.3046***
	（0.0149）	（0.0151）	（0.0171）	（0.0203）	（0.0144）	（0.0171）
CAR	−0.5564***	−1.0810***	−1.0457***	−1.2995***	−1.3936***	−1.2101***
	（0.0384）	（0.0403）	（0.0421）	（0.0249）	（0.0168）	（0.0296）
Equity_ratio	1.2635***	2.3194***	2.3979***	2.5253***	2.6852***	2.2455***
	（0.0656）	（0.0707）	（0.1193）	（0.0679）	（0.0489）	（0.0476）
Assert_growth	−7.1063***	−5.5922***	−4.9689***	−6.7412***	−6.8220***	−7.0236***
	（0.2395）	（0.1425）	（0.1724）	（0.1247）	（0.1394）	（0.2279）
Noninterest_ratio	0.1301***	0.2474***	0.2485***	0.3349***	0.3004***	0.2431***
	（0.0050）	（0.0072）	（0.0079）	（0.0083）	（0.0059）	（0.0051）
GDP_growth	−7.0395***	−4.3126***	−2.5526***	−2.3761***	−2.5536***	−2.7733***
	（0.8942）	（0.7503）	（0.7701）	（0.6965）	（0.7753）	（0.9253）
Fixassert_growth	−1.9165***	−0.9225**	−0.5461	−1.3278***	−1.0548**	−1.6978***
	（0.4763）	（0.4499）	（0.6063）	（0.4150）	（0.4459）	（0.4167）
Fiscal_ratio	32.3556***	39.7056***	38.4736***	27.8158***	23.8489***	33.1871***
	（6.3370）	（4.4066）	（5.3801）	（4.3583）	（4.8132）	（2.9218）
常数项	64.2621***	58.8837***	59.8001***	59.3742***	57.7530***	61.1307***
	（0.8369）	（0.5695）	（0.5539）	（0.7702）	（0.7206）	（0.8506）
样本数	733	733	733	742	742	742
Hansen−p值	1.0000	1.0000	1.0000	1.0000	1.0000	1.0000
AR（1）	0.0036	0.0142	0.0056	0.0554	0.0399	0.0157
AR（2）	0.3908	0.8632	0.7672	0.6227	0.9715	0.7918

二、变更因变量形式和加入更多控制变量

考虑到基准估计中的风险加权资产比重（$RAratio_{it}$）更多是出于规模视角考量银行的表内外风险承担水平，表4.9的Panel A进一步转换视角，从银行风险承担水平的提升速度视角，选择用风险加权资产比重的增长率（$RAratio\_growth_{it}$）作为因变量重新进行估计。表4.9的第（1）—（3）列显示，变更因变量形式后，各个网络中心度指标（$Degree_{it}$、$Close_{it}$和$Between_{it}$）均对风险加权资产比重（$RAratio_{it}$）存在正向影响，且均通过了1%的显著性水平检验。

此外，尽管基准估计从银行财务特征和宏观经济发展两个角度选取了部分可能会对银行效率产生影响的变量，但是不可否认，模型可能还存在一些遗漏变量未能捕捉。基于此，本章进一步添加控制变量，并将结果汇报在表4.9的Panel B（第（4）—（6）列）中。

第一，考虑银行间的交叉持股情况，本章在控制变量中添加第t年银行i是否为其他银行的股东（$Cross\_struc_{it}$）这一虚拟变量。结果显示，$Cross\_struc_{it}$的估计系数显著为正，说明银行间的交叉持股结构会进一步放大风险，促进银行的风险提升。

第二，考虑银行所面临的竞争性扭曲，本章基于式（4-6）构建所有权视角下的竞争性扭曲指标（$Compet\_distortion_{it}$）。其中，第t年银行i面临的竞争银行q的总资产为$Assets_{qt}$，$Assets_t$则为第t年样本中全部银行的总资产。以政府是否为银行的最大控股股东，P_{qt}这一虚拟变量将银行q划分为政府所有权和非政府所有权。相比非政府所有权的银行，如果银行q为政府所有权，其获得政府担保的概率越高，银行i面临的竞争性扭曲越大。不难看出，$Compet\_distortion_{it}$的估计系数显著为正，说明银行面临的竞争性扭曲会促进银行的风险承担。

$$Compet\_distortion_{it} = \sum_{q \neq i}^{N} P_{qt} \times \frac{Assets_{qt}}{Asset_q} \qquad (4\text{-}6)$$

第三，考虑银行所在地区的金融结构，即资本市场的发达程度，本章

在控制变量中添加股票筹资额占总信贷的比值（Financial_struc$_{it}$）这一变量。该变量值越大，意味着银行所在地的资本市场越发达，银行的主导地位相对越强。结果显示，Financial_struc$_{it}$ 的估计系数显著为负，说明资本市场越发达的地区，银行的风险承担水平越弱。

表 4.9 的第（4）—（6）列显示，从银行的交叉持股、面临的竞争性扭曲和所在地金融机构角度进一步加入更多控制变量后，Degree$_{it}$、Close$_{it}$、Between$_{it}$ 和 RAratio$_{it}$ 仍具有显著的正向关系，说明基准估计结果具有一定的稳健性。

表 4.9 网络中心度与银行风险承担：变更因变量形式和加入更多控制变量

变量名称	RAratio_growth Panel A：变更因变量形式			RAratio Panel B：加入更多控制变量		
	（1）	（2）	（3）	（4）	（5）	（6）
Degree	0.6793***			0.2226***		
	（0.1234）			（0.0222）		
Close		370.3978***			18.9666***	
		（21.3244）			（3.4396）	
Between			240.3397***			9.1388***
			（46.9631）			（2.8344）
L.RAratio_growth	−0.2172***	−0.1756***	−0.1475***			
	（0.0053）	（0.0036）	（0.0042）			
L.RAratio				−0.0385***	−0.0312***	−0.0404***
				（0.0035）	（0.0024）	（0.0023）
ROE	−7.6452***	−6.8048***	−6.6840***	−0.2857***	−0.2567***	−0.3451***
	（0.2894）	（0.1594）	（0.2137）	（0.0154）	（0.0082）	（0.0131）
CAR	−1.6297***	−2.6486***	−1.8867***	−1.2362***	−1.3966***	−1.4114***
	（0.0615）	（0.0757）	（0.0457）	（0.0272）	（0.0215）	（0.0224）
Equity_ratio	−4.7510***	−1.2238***	−2.9021***	2.2853***	2.5470***	2.4059***
	（0.3444）	（0.3404）	（0.3946）	（0.0602）	（0.0429）	（0.0356）
Assert_growth	−36.4559***	−33.1388***	−35.3888***	−6.3172***	−6.8452***	−6.3688***
	（1.3572）	（1.5028）	（1.5148）	（0.0704）	（0.1606）	（0.0967）
Noninterest_ratio	2.3321***	2.6473***	3.2865***	0.3217***	0.3327***	0.3538***
	（0.0702）	（0.0579）	（0.1048）	（0.0108）	（0.0089）	（0.0058）

续表

变量名称	RAratio_growth			RAratio		
	Panel A：变更因变量形式			Panel B：加入更多控制变量		
	（1）	（2）	（3）	（4）	（5）	（6）
GDP_growth	264.0076***	244.9436***	251.3386***	11.1630***	7.2659***	7.0149***
	（9.1368）	（3.0985）	（4.6736）	（0.8246）	（0.8567）	（0.6104）
Fixassert_ growth	−20.7442***	−17.3895***	−16.2826***	2.4752***	1.8673***	1.4215***
	（3.2876）	（3.1606）	（3.0047）	（0.4165）	（0.5142）	（0.4403）
Fiscal_ratio	912.6447***	952.0033***	875.1875***	36.8749***	37.8861***	36.3125***
	（22.1993）	（21.9392）	（19.8398）	（3.1697）	（1.8164）	（1.6492）
Cross_struc				0.9129***	0.5925***	0.7513***
				（0.1929）	（0.1910）	（0.1528）
Compet_ distortion				51.3877***	51.2623***	42.0638***
				（2.1083）	（2.0078）	（2.2262）
Financial_ struc				−2.0538***	−2.0912***	−2.3420***
				（0.1398）	（0.0937）	（0.0848）
常数项	73.0867***	30.0264***	43.1815***	13.6908***	16.3252***	28.4538***
	（6.9655）	（5.4437）	（5.2406）	（2.3504）	（1.7088）	（2.2690）
样本数	729	729	729	664	664	664
Hansen−p 值	1.0000	1.0000	1.0000	1.0000	1.0000	1.0000
AR（1）	0.4754	0.4517	0.4504	0.0688	0.0806	0.0789
AR（2）	0.4351	0.4120	0.4312	0.3249	0.5770	0.4026

第七节　本章小结

　　本章基于考虑商业银行间的交叉持股结构的时变增长"银行－股东"网络，尝试从社会网络这一非正式制度视角揭示网络结构影响商业银行风险承担的机制差异及原因。本章的主要发现如下。第一，银行的网络中心度越高，银行的表内风险承担水平越低。若进一步将表外风险纳入考虑，银行网络中心度的提升反而会促进银行风险承担。网络结构对表内外风险的影响差异反映出时变增长"银行－股东"网络风险效应的双面性。第二，为进一步剥离出风险效应双面性背后的不同机制，本章进一步考察网络结构影响银行风险承担的具体路径。若同时考虑表内外风险，本章发现网络结构影响银行风险承担的渠道主要有两类：一是"资源共享机制"这一风险约束渠道，即在时变增长"银行－股东"网络中，商业银行网络中心度的提升通过加强信息共享降低银行风险承担；二是"规模机制""价格机制"和"资产配置机制"等风险激励渠道，即在时变增长"银行－股东"网络中，网络中心度的提升通过扩大表外理财产品规模、提高表外理财产品收益率，以及提升高风险资产投资比例促进银行风险承担。第三，就网络结构对银行风险承担的异质影响而言，若考虑银行类型的异质性，网络中心度对银行风险承担的激励对城市商业银行更大；若考虑产权性质，网络局部广度对银行风险承担的正向影响对国有商业银行更大，网络全局深度和中介程度对银行风险承担的激励对非国有商业银行更大。

基于此得出的政策启示如下：首先，研究表明，若仅考虑银行的表内风险，时变增长"银行－股东"网络对于风险有一定的约束效应，但是若将银行的表外风险考虑在内，银行网络的风险激励效应将会凸显。可见，在银行间交叉持股结构愈加明显、银行间网络愈加复杂的大背景下，如果忽视银行的表外风险，则会低估银行网络结构对银行风险承担的促进效应。基于此，政府等相关部门在对银行风险进行监管时，除了加大对表内不良贷款的约束，还需要创新举措来进一步监管银行的表外风险资产，将表内外风险资产把控在一个合适的范围。其次，考虑到网络中心度的提升对于风险加权资产比重有正向的促进作用，相关部门也应当重点关注与其他银行具有复杂持股关系的银行，防止这些处于网络中心位置的商业银行利用其网络优势过度追求高风险高收益的资产配置方式。

此外，资源共享机制表明，商业银行通过时变增长"银行－股东"网络享受到的资源优势将会降低银行的风险承担水平。这一结论为商业银行的风险管理提供了重要思路。银行在配置资产时，不仅会出于逐利目的的主动提升风险承担水平，而且也会因为信息与人才等资源的稀缺无法有效甄别风险。根据本章的结论，商业银行自身可以通过加强与其他银行的交流和资源共享来获得多元化的信息，也可以加强风控部门对于高技能人才的培养，更加有效地甄别客户信用，更加高效安全地进行资产配置；而政府等相关部门可以提供给银行其所需要的信息，特别是帮助在资源获取上有难度的中小银行，据此来提高商业银行的风险管控意识和风险管理能力。

最后，规模机制、价格机制和资产配置机制表明，表外理财产品的大规模、高定价、高风险资产配置行为均会直接提升银行的整体风险承担水平。近年来，我国影子银行规模不断扩大，发行表外理财产品逐渐成为银行规避监管的重要方式。但是表外理财产品往往存在严重的期限错配问题，且资金的运营管理并不规范，很可能触发银行的风险危机。与此同时，由于各个银行的影子银行业务存在一定的关联性，一旦出现兑付困难，很可能会触发整个银行体系的系统性金融风险，最终对实体经济的稳定运行产生不利影响。因此，加强对影子银行的管控是非常必要且迫切的。基于此，政府等相关部门可以继续限制不规范的金融创新行为，也可以提高表外风险资产的权重来重新评估商业银行的整体风险。针对影子银行出现的违约违法行为，相关部门提高惩治力度的同时，也要充分降低危机事件造成的实际损失。

第五章 "银行－股东"
网络与商业银行效率管理

高效健全的银行体系是实体经济高质量发展的基石，现有研究主要从正式制度角度考察银行效率管理，忽略了社会网络这一非正式制度的影响。此外，银行网络结构的动态变迁、银行间交叉持股问题的凸显也为这一研究带来了新的挑战。本章从社会网络这一非正式制度视角考察网络结构对银行效率的影响和微观机制。研究发现，时变"银行－股东"网络中心度的提升对银行效率具有积极影响，网络位置越中心，网络广度、中介程度越高，银行的效率相对越高；在纳入表内外风险资产作为非期望产出进行效率估算后，网络中心度与银行效率的这一正向关系依然成立，但作用幅度有所降低；银行交叉持股会对网络结构与银行效率间的关系产生异质性影响；在传导机制上，网络中心度的提升通过"竞争机制"和"资源共享机制"改善银行整体效率。此外，若区分不同银行的产权性质，相比国有商业银行，时变"银行－股东"网络对银行效率的积极效应总体上在非国有样本中更为显著。进一步考虑银行类型的异质性，网络结构改善效率的优势在地方商业银行中体现出更为明显的"桥梁"效应。本章的研究结果揭示了银行在社会关系网络中的核心地位对银行效率提升的重要性，但这一作用的发挥也取决于交叉持股水平、商业银行的产权特征与类型。

第一节　商业银行效率管理现状与问题的提出

在经济从数量扩张向质量提升的结构性转型时期，我国金融领域也面临着前所未有之变革。习近平总书记在党的十九大报告中指出，要不断深化金融体制改革，增强金融机构服务实体经济的能力，多层次、多角度促进资本市场更有效率、更可持续的发展。李克强总理也在第十三届全国人民代表大会上强调了"稳金融"的重要性，指出要不断完善资本市场的基础制度，完善各金融机构的内部治理和考核机制，防止资金低效运转或脱实向虚。而在这一过程中，商业银行作为我国金融体系的核心组成部分和货币政策传导的重要中介，其高效率运行不仅对于深化银行业改革、维护金融市场的稳定高效运行有着至关重要的作用（Zha et al.，2016；封思贤、郭仁静，2019），而且对于实体经济发展、提升金融体系服务实体经济的能力有积极的正反馈作用（Ramcharran，2017；余晶晶 等，2019）。但是，新冠肺炎疫情的冲击、利率市场化进程的不断推进、新兴互联网金融企业的蓬勃发展、客户需求和业务模块的日益革新，给传统商业银行带来了巨大的挑战。

在此背景下，如何降低金融体系不确定性带来的风险、调整金融结构、全面提升商业银行的效率和可持续性发展不仅是学术界的一项重要课题，而且对于深化银行体系改革、切实服务实体经济并推动实体经济高质量发展也具有十分重要的意义。已有文献关于银行效率管理的讨论，主要集中在银行内部特征和外部环境特征的讨论上。具体包括银行风险（Sun and Chang，2011）、资产规模（刘孟飞、张晓岚，2013）、所有权结构变更（杨文 等，2015）、参与保险业程度（Peng et al.，2017）、非利息业务水平（申创、赵胜民，2017）、影子银行业务（陈诗一 等，2018），社会责任（Belasri et al.，2020）等银行内部特征视角以及金融开放度（Luo et al.，2016）、市场竞争（Fungáčová et al.，2013；张大永、张志伟，2019）、资本监管水平（Barth et al.，2013；余晶晶 等，2019）与经营环境（李兴华 等，

2014）等外部环境特征视角。然而上述对于商业银行效率管理的考察更多是基于正式制度层面，在中国这一人情关系社会中，非正式的社会关系和制度安排不容忽视，"关系即资本"这一现状和文化背景更应该纳入考虑。因此，通过人际关系的动态互动构建社会网络来考察社会资本这一非正式制度对银行效率的作用，将会是对已有文献的重要补充。

　　社会网络是社会资本的重要组成部分，反映了成员或特定群体之间的相互联系以及各类资源在网络中的流动、传递与共享（Lin，2002；Ferris et al.，2017）。目前关于社会网络的构建更多是基于感情主导的熟人关系，但是对于银行来说，一方面，熟人关系网络很难客观、全面、准确地对社会关系进行识别和量化；另一方面，部分熟人关系较为隐蔽且无法从公开数据中获取（谢德仁、陈运森，2012）。为此，本章选择采用更为公开透明的持股关系来构建银行体系的社会网络。选择将银行这一主体的行为决策放入社会关系网络框架中进行分析的合理性在于：第一，银行虽然是独立法人机构，但是其面临的激烈同业竞争和复杂金融体系环境使其行为决策难免会受到外部者偏好和选择的影响；第二，在中国这一重视人际关系的文化氛围中和银行体系愈发明显的连锁持股背景下，构建社会关系网络能够更好地同现实相呼应。

　　具体来说，本章以2004—2017年商业银行作为研究对象构建时变"银行-股东"网络，并从银行在网络中所处的局部广度、全局深度和中介程度三个层面来考察网络结构与银行效率间的关系。具体来说，本章想要回答以下三个问题：第一，网络结构是否会影响商业银行效率，银行在网络中提升网络中心度是否有利于提高银行效率？这些关系是否会随着风险的纳入而产生变化？第二，若前一个问题的回答是肯定的，网络结构影响银行效率的微观机制和传导渠道又是什么？第三，银行间交叉持股的存在如何影响网络结构与商业银行效率间的关系？网络结构与商业银行效率的关系又会随着产权结构、银行类型等呈现出怎样的异质性？特别地，这部分将重点考察地方性商业银行网络结构变迁对银行效率管理产生的影响。对上述问题的回答，不仅为商业银行进行效率管理提供了来自非正式制度的全新视角，而且为商业银行以及政府等相关部门制定政策以完善银行的发展战略、推动经济高质量发展提供了一定的经验支持和理论依据。

相比既有文献，本章的边际贡献体现在以下四个方面：第一，在研究视角上，不同于已有文献从市场竞争、行业集中度、宏观经济发展水平以及经营环境等方面寻找银行效率的正式制度保障，本章从社会网络这一非正式制度视角讨论了网络结构对效率的影响与传导机制，丰富并拓宽了银行领域的研究范畴。第二，在研究方法上，现有文献在量化或构建商业社会网络时主要聚焦在公司高管或独立董事之间的静态联系上，本章将目光转移至银行这一金融体系的重要参与者，将各银行之间的互动性与关联性纳入同一框架，构建时变"银行－股东"网络，为社会网络在经济金融领域中发挥影响提供了新的微观证据。第三，在效率指标衡量上，不同于已有文献构建的传统无风险约束的效率评价指标（申创、赵胜民，2017；郭晔 等，2020）和仅考虑表内风险约束的效率评价指标（王兵、朱宁，2011；刘孟飞、张晓岚，2013），本章将风险约束纳入银行效率评价指标的构建中，并与无风险约束的效率评价指标进行对比，更好地反映了风险因素，特别是由影子银行参与而带来的表外风险的增加对效率评估的影响。第四，在研究内容上，本章考虑交叉持股对网络结构与商业银行效率间关系的影响，同时区分了不同类型、产权结构的商业银行网络结构对银行效率的异质效应，重点分析了地方性商业银行网络结构变迁对其效率管理所产生的影响，为银行完善社会网络结构以改善自身效率提供了有针对性的理论依据。

本章剩余章节安排如下：第二节进行理论分析并提出本章的研究假设；第三节为实证模型与研究设计，主要对样本、数据、变量和实证模型进行说明；第四节为"银行－股东"网络与银行效率关系的实证研究；第五节为"银行－股东"网络影响银行效率的机制研究；第六节为稳健性检验；第七节为本章小结。

第二节 "银行－股东"网络与银行效率关系的理论基础

一、网络结构对商业银行效率的影响与机制分析

从社会资本理论切入，社会网络由于其特殊性直接产生的积极影响可以归纳为以下三方面：第一，社会网络具有资源配置效应。社会网络作为一种非正式制度和资源再配置的重要渠道，可以弥补正式制度的缺失和不足。特别是当正式制度出现扭曲时，社会网络这一非正式制度能够在一定程度上改善资源的配置效率（申宇 等，2017；王营、张光利，2018）。第二，社会网络具有信任合作效应。在社会网络中，网络成员能够形成较强的信任度和依赖感，有助于成员增加合作来发挥互补优势，加快彼此的接触与交流，同时也会减少由于互相猜忌和违约行为导致的效率损失（万建香、汪寿阳，2016；杨玉龙，2018）。第三，社会网络具有声誉激励效应。由于社会网络中各个网络成员并非独立存在而是相互关联的，网络成员会更加注重自己的声誉和威望。Freeman（1979）指出网络位置是提升社会声誉的重要途径，Kilduff 和 Tsai（2003）将处在网络中心位置的网络成员称为"明星"，认为这些"明星"通过网络位置优势有效改善了自身的声誉和社会地位。从这个角度来说，社会网络会形成一种隐性的非正规合同机制，反过来对网络成员产生激励和监督作用（Granovetter，1985），从源头上约束非效率决策行为的出现并不断规范自身的行为选择（陈运森、谢德仁，2011；马光荣、杨恩艳，2011）。

我们认为，时变"银行－股东"网络作为社会网络的一种，同样具有资源配置效应、信任合作效应与声誉激励效应，商业银行在时变"银行－股东"网络中的中心位置能够对银行效率的提升产生直接影响。Freeman（1979）认为，网络成员的网络中心度越高，其享有的网络正外部性越强。基于此，我们推断，在时变"银行－股东"网络中网络中心度越高的商业银行，不仅在资源配置上拥有更多的话语权，而且可以通过更多与其他网络成员

进行交流合作的机会进行效率改善。与此同时，网络中心度较高的商业银行通过长期积累形成了更高的声望，声誉带来的社会地位的提升以及潜在更大的声誉受损风险均使其有更大的积极性进行公司治理，也更有动力在决策制定和效率管理上约束基于机会主义的低效率行为，以巩固自身在网络中的地位。基于上述分析，我们认为，时变"银行－股东"网络能够利用其所具有的社会网络效应（资源配置效应、信任合作效应和声誉激励效应）直接对银行效率产生正向影响。

除了时变"银行－股东"网络自身产生的直接效应外，我们认为时变"银行－股东"网络改善银行效率的过程中也包含"竞争机制"和"资源共享机制"两类间接渠道。

首先，在银行市场结构不断调整但集中度不断下降的现实背景下，商业银行所面临的市场竞争是阻碍其效率提升的一大关键问题。第一，Matutes 和 Vives（2000）指出，随着银行数量和竞争激烈程度的不断攀升，政府监管难度和任务加重，银行发生风险的概率有所增加（Beck et al.，2006）。同时由于无法获得充足的利润来形成应对风险的资本缓冲，商业银行也更有从事高风险的贷款与投资业务的倾向（杨天宇、钟宇平，2013），即竞争对商业银行具有一定的风险程度激励（汪莉 等，2016），而竞争所引致的风险加大可能会分散银行在效率管理上的时间和精力。第二，Maudos 和 Guevara（2007）认为，市场竞争在很大程度上增加了银行维系老客户和联系新客户的成本，使得商业银行难以和客户之间保持长久稳定的合作与联系，同样会对银行效率产生不利影响。第三，根据 Aiello 和 Bonanno（2016）的观点，竞争所减少的垄断资金会对银行的运营管理造成较大冲击，这一竞争的负面作用也会导致商业银行的效率管理受到一定阻碍。

综上来看，商业银行面临的竞争越大，其效率提升的难度和阻碍可能也相对越大。我们认为，若银行能够增加其在时变"银行－股东"网络中的网络中心度，其面临的竞争性扭曲可能相对越小。一是因为网络中心度的提升能够帮助商业银行享有更多的社会网络优势来提升自身的资产规模，以较快的发展速度在市场中占据优势地位并掌握更多的话语权，进而减小其面临的竞争；二是因为在时变"银行－股东"网络中具有重要地位的网络成员，其在整个银行体系也充当着"枢纽"和"中介"作用，对整个银行体系稳定性的影响不容忽视。在时变"银行－股东"网络中所处重要位置的商业银行也更容易获得政府等相关部门的政策支持和资源支持，进而降低自身面临的竞争。基于上述思路，我们认为，在影响银行效率的过程中，网络中心度存在一种"网络中心度上升→竞争性扭曲减小→银行效率提高"的竞争机制。

其次，在商业银行经营管理与改善效率的过程中，充裕的资金、优质的人才、丰富的金融业务、稳固的行政关系、全面的信息和先进的技术等资源优势都能够对其形成良好的外部保障。而在资源共享方面，时变"银行－股东"网络可能存在以下两方面优势。

第一，时变"银行－股东"网络有助于拓宽网络成员获取资源的渠道，不仅方便网络成员快速获取交易可得到的显性资源，而且银行之间可以通过共享主动获取到难以挖掘的隐性资源和稀缺资源（Wiklund and Shepherd，2009；张玉利 等，2008），使其获得的资源不再局限在某一领域或单一途径（申宇 等，2017）。例如，社会网络拓宽了网络成员的信息来源和渠道（苏冬蔚 等，2017），使其以较低的搜寻成本和交易成本获取到更加多样化和全面化的外部信息（Engelberg et al.，2013），从整体上提升了网络成员获取信息的数量、质量和速度，并极大地降低了信息不对称性（Casella and Rauch，2002）。

第二，时变"银行－股东"网络增加了商业银行进行资源流动、转移和交换的渠道，有助于提升资源的利用效率（杨震宁 等，2013）。网络成员不仅能够通过交换的方式获取对方的资源进行优势互补，而且资源的整合和再配置可以有效提升银行的创新绩效和对各类资源的利用效率（苏冬蔚 等，2017），甚至在这一过程中迸发出创造性的观点和思路（Kogut and Zander，1992）。Berg 等人（2006）指出，网络的建立加速了网络成员之间的技术沟通与知识传递，网络成员之间在资源上的共享会对创新和价值创造产生积极影响。

时变"银行-股东"网络在资源共享方面所发挥的优势,对于网络中心度高的银行更显著(Lin,2002)。具体来说,一方面,网络中心度越高意味着商业银行能够以更广泛的来源、更快的速度获得各类资源,进而满足银行效率管理对于外部资源的要求。例如,在社会网络中,商业银行能够获得充足的资金、人才和金融资源来助力银行开展提升效率的创新与研发活动,掌握更丰富的信息与知识资源来全面了解市场现状和行业技术水平,借助与职能部门和政府部门的行政关系来获取政策优惠以及改善效率所需的稀缺资源,以先进的技术资源增强银行的管理能力和经营效率等。另一方面,网络中心度高的商业银行也能够借助社会网络与其他股东、银行的资源合作,以更高的效率传递、交换和利用资源,从而汲取优质资源和稀缺资源来改善银行的整体效率。因此,我们认为在影响银行效率的过程中,网络中心度同样存在"网络中心度上升→资源共享加强→银行效率提升"的资源共享机制。

综合上述基于时变"银行-股东"网络影响银行效率的直接渠道和间接渠道的讨论,本章分别从总体层面和中介机制层面提出如下假说。

假说1:在时变"银行-股东"网络中,网络中心度的提升对商业银行效率具有积极的促进作用。

假说2:在时变"银行-股东"网络中,网络中心度的提升能够降低银行面临的竞争性扭曲进而促进效率改善,即存在"竞争机制"。

假说3:在时变"银行-股东"网络中,网络中心度的提升有助于加强银行间的资源共享进而促进效率改善,即存在"资源共享机制"。

二、网络结构影响商业银行效率的异质效应分析

基于国内商业银行发展演化的新特征:第一,银行作为股东与其他银行之间的交叉持股问题愈加突出;第二,地方性商业银行在网络系统中的重要性和中心性逐渐攀升。本章分别从股权结构(交叉持股)和银行产权

性质两方面考察网络结构与银行效率间关系的异质性。

首先，从银行的股权结构角度来看，近年来，商业银行之间的紧密性不断增加，不仅体现在频繁的业务往来上，同样也表现在银行之间互相持股这一愈加明显的股权结构变更上。这一股权结构呈现出双重影响：一方面，交叉持股的股权结构有助于加强成员之间在技术、资金和信息上的直接合作（Li et al.，2014）。此外，通过交叉持股关系构建的联盟不仅能够形成隐性约束和惩戒机制，而且能提高成员的市场竞争力（Flath，1996）；另一方面，若股权结构中存在同业的交叉持股现象，出现"合谋"的概率和风险会更大。成员不仅会联结起来打破有序的市场竞争机制，侵占小股东的权益，而且会出于增加管理层利益的目的做出非效率决策，打破治理结构（冉明东，2011）。

其次，就银行的产权性质而言，国有商业银行往往由政府主导，行政色彩更为明显，不仅受到更多的政府干预（孔爱国、卢嘉圆，2010），而且更加注重贷款的安全和经营的稳健性，对风险的容忍程度相对较低（高蓓 等，2020）。与此同时，国有商业银行雄厚的资金实力使其拥有更多的分支机构，内部网络结构更为复杂。得益于悠久的发展历史和丰厚的政策支持，国有商业银行往往拥有更丰富的管理经验、更小的同业竞争压力、更充裕的人才储备、先进技术与资源禀赋（王兵、朱宁，2011；刘莉亚 等，2014）。相比之下，非国有商业银行受到的政府与政策支持相对较少，客户资源有限，往往需要通过寻求业务创新与多元化以谋求发展（洪正 等，2014），更大的同业竞争使其无法享有垄断利润，但却增强了获利能力（姚树洁 等，2011）。在激励约束方面，孔爱国和卢嘉圆（2010）指出非国有商业银行由于市场化程度相对更高，激励手段更为多元且公司治理内部制衡较强。

综上来看，可以发现：第一，由于我国银行业的发展起步较晚，金融体系尚不完善，商业银行进行效率管理时面临着不同程度的正式制度制约；第二，商业银行内部发展水平各异，各个商业银行在资产规模、产品创新、人才技术等内部特征以及同业竞争、业内合作、资源获取、政策支持等外部环境方面具有较大的差异性。在此背景下,时变"银行－股东"网络作为一种非正式制度,虽然在很大程度上补充了正式制度的不足进而对效率改善产生促进作用,但是时变"银行－股东"网络作用的发挥,不仅取决于银行特征与网络结构的协同效应,而且取决于和正式制度的互补程度。因此,时变"银行－股东"网络可能对于不同商业银行进行效率管理具有不同的边际收益。基于此,提出本章的假说4。

假说4:在时变"银行－股东"网络中,网络中心度的提升对银行效率的促进作用会因银行间的交叉持股、产权性质而呈现异质性特征。

综合上文分析,我们认为时变"银行－股东"网络不仅能够通过资源配置效应、信任合作效应和声誉激励效应直接改善银行效率,也能够通过"竞争机制"和"资源共享机制"间接改善银行效率。而时变"银行－股东"网络与银行效率的关系会由于银行交叉持股结构和产权性质的差异而呈现出异质性。本章的分析框架如图5.1所示。

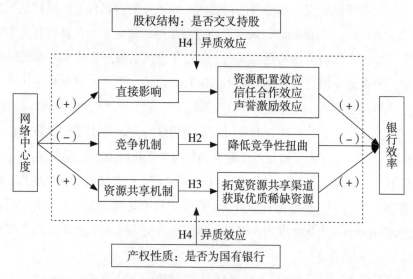

图 5.1 分析框架

第三节 实证模型与研究设计

一、实证模型构建

（一）基础估计模型

为了考察网络结构对商业银行效率的影响（假说 1），我们构建如下固定效应模型予以检验：

$$\text{Efficiency}_{it} = \beta_0 + \beta_1 \text{Centrality}_{it} + \beta_2 \text{Bank\_C}_{it} + \beta_3 \text{Macro\_C}_{it} + \mu_i + \nu_t + \varepsilon_{it}$$

$$(5-1)$$

其中，i 和 t 分别表示银行和年份；因变量银行效率采用纳入表内外风险约束的效率评价指标 Efficiency_{it} 来进行衡量，同时以无风险约束的银行效率评价指标 Eff_nooutput_{it} 作为替代形式以检验估计结果的稳健性；本章核心解释变量 Centrality_{it} 衡量的是银行 i 在时变（非增长）"银行 – 股东"网络中的网络结构，从局部广度、全局深度和中介程度三个维度出发，本章分别引入上文介绍的程度中心度 Degree_{it}、接近中心度 Close_{it} 和中介中心度 Between_{it} 三个指标作为代理指标，为了方便对比分析，时变增长型网络的分析结果将在稳健性检验部分给出；β_1 是本章重点关注的系数，若 β_1 为正，说明商业银行在时变"银行 – 股东"网络的中心度越大，银行效率越高，即本章的假说 1 成立。反之，假说 1 不成立。Bank_C_{it} 和 Macro_C_{it} 分别为银行财务特征和银行所在城市宏观经济发展层面的控制变量；μ_i 和 ν_t 分别是个体固定效应和时间固定效应，ε_{it} 为模型的随机误差项。

进一步地，本章对纳入表内外风险约束的效率评价指标 Efficiency_{it} 进行投入和产出要素的分解，以期从网络结构视角探究银行有效进行规模效率管理和成本效率管理的外部保障。具体来说，以职工效率（Eff_workers_{it}）和固定资产效率（$\text{Eff\_fixedassets}_{it}$）衡量银行规模管理上的效率，以利息支出效率（$\text{Eff\_interest}_{it}$）、营业支出效率（$\text{Eff\_operating}_{it}$）和业务与管理费用效率（$Eff\_administrative_{it}$）衡量银行成本管理上的效率，实证模型构建如下：

$$Factor\_Eff_{it} = \beta_0 + \beta_1 Centrality_{it} + \beta_2 Bank\_C_{it} + \beta_3 Macro\_C_{it} + \mu_i + \nu_t + \varepsilon_{it} \tag{5-2}$$

其中，$Factor\_Eff_{it}$ 代表上述的五类投入产出要素效率，核心解释变量 $Centrality_{it}$、控制变量 $Bank\_C_{it}$ 和 $Macro\_C_{it}$ 等其他设定同式（5-1）。

（二）机制分析模型

为了进一步探究网络结构影响商业银行效率的微观机制（假说2和假说3），本章分别以竞争性扭曲指标（ICB_IM_{it}）和共同股东占比（CSR_{it}）作为中介变量 M_{it}，在 Judd 和 Kenny（1981）、Baron 和 Kenny（1986）提出的依次检验回归系数法的基础上，结合 Sobel（1982）和温忠麟等人（2004）对中介效应检验的补充，采取如下步骤进行检验：（1）检验公式（5-1）中的系数 β_1 的显著性，若 β_1 不显著，说明核心解释变量（$Centrality_{it}$）与因变量（$Efficiency_{it}$）无显著相关性，结束中介效应检验。反之，若 β_1 显著，进入第（2）步的检验；（2）参考 Baron 和 Kenny（1986）提出的部分中介效应检验，依次检验公式（5-3）的 β_{21} 和公式（5-4）的 β_{32} 的系数。若二者均显著，说明核心解释变量（$Centrality_{it}$）对因变量（$Efficiency_{it}$）产生的影响中确实存在中介变量（M_{it}）的渠道，则进行第（3）步的检验，若 β_{21} 和 β_{32} 中至少有一个不显著，进行第（4）步的 Sobel 检验；（3）基于 Judd 和 Kenny（1981）提出的完全中介效应检验对 β_{31} 进行检验，若 β_{31} 显著，说明中介变量（M_{it}）具有部分中介效应，即核心解释变量（$Centrality_{it}$）对因变量（$Efficiency_{it}$）产生的影响中只有一部分是通过中介变量（M_{it}）实现的，若 β_{31} 不显著，说明中介变量（M_{it}）具有完全中介效应，即核心解释变量（$Centrality_{it}$）只能通过中介变量（M_{it}）这一渠道来影响因变量（$Efficiency_{it}$）；（4）根据 Sobel 检验的结果进行判断，若 Sobel 检验的检验统计量 $z = \widehat{\beta_{21}}\widehat{\beta_{32}} / \sqrt{\widehat{\beta_{21}}^2 s_{\beta_{32}}^2 + \widehat{\beta_{32}}^2 s_{\beta_{21}}^2}$（$s_{\beta_{21}}$、$s_{\beta_{32}}$ 为 $\widehat{\beta_{21}}$、

$\widehat{\beta_{32}}$ 的标准误）显著，则说明中介效应显著，反之，说明中介效应不显著。

$$M_{it} = \beta_{20} + \beta_{21}\text{Centrality}_{it} + \beta_{22}\text{Bank\_C}_{it} + \beta_{23}\text{Macro\_C}_{it} + \mu_i + \nu_t + \varepsilon_{it}$$

（5-3）

$$\text{Efficiency}_{it} = \beta_{30} + \beta_{31}\text{Centrality}_{it} + \beta_{32}M_{it} + \beta_{33}\text{Bank\_C}_{it} + \beta_{34}\text{Macro\_C}_{it} + \mu_i + \nu_t + \varepsilon_{it}$$

（5-4）

（三）交叉持股、银行类型的异质效应

根据假说4，网络结构与商业银行效率的关系可能会由于交叉持股关系或银行产权性质的不同而呈现出一定的异质性。为检验这一假说，首先，我们以反映商业银行 i 交叉持股情况的虚拟变量 CS_{it} 进行分样本检验，若在第 t 年商业银行 i 是其他商业银行的大股东，或者银行 i 的直接股东中有其他商业银行，CS_{it} 取值为1，反之为0；其次，聚焦银行的产权性质，我们基于产权性质变量 Stateowned_{it} 划分样本进行检验，若第 t 年商业银行 i 的第一大股东为国有股东，Stateowned_{it} 取值为1，反之为0。若分样本的结果呈现显著差异，则说明交叉持股的存在或者银行的产权性质确实会显著影响网络结构与商业银行效率的关系。

二、主要变量说明

（一）银行效率的估算

1. 估算模型

值得注意的是，本章的效率评价指标有两类：（1）无风险约束的效率评价指标 Eff_nooutput_{it}；（2）纳入风险约束的效率评价指标 Efficiency_{it}。本章构建风险约束评价指标的原因在于，虽然已有文献显示网络中心度的提升可能有利于效率的改善，但从风险角度看，银行也面临着更大的合谋风险、代理风险和同质决策风险。社会网络在增强网络成员联系的同时，也同样加大了其合谋的风险。社会网络的信息获取效应虽然缓解了网络成员面临的信息不对称性，但也增加了信息优势成员侵占信息劣势成员个体利益的概率，会产生一系列权益侵占和代理风险（蔡宁、何星，2015）；此外，由于社会网络中的资源和信息会在不同网络成员之间流动，因此同质资源背景下各个成员在进行决策时可能会诱发羊群效应，通过彼此模仿和学习带来相似的决策（如投资决策和并购决策），破坏内部治理的有效性，进而造成同质决策风险（Fracassi and Tate，2012）。因此，本章将风险约束纳入效率评价指标以更好地反映由于网络结构变化带来的风险因素对效率评价指标的影响。不同于王兵和朱宁（2011）、孟飞和张晓岚（2013）仅考虑表内风险约束的效率评价指标，本章评价指标将同时纳入表内、表外风险约束，并对比分析网络结构对效率的影响在纳入风险约束前后的差异。

在估算方法上，根据 Tone 和 Tsutsui（2010）的研究，本章采用数据包络分析方法（data envelopment analysis，DEA）中的考虑非期望产出的非径向、非导向的 SBM 模型（slack based measure，SBM）对银行效率进行估算。该方法不仅避免了随机前沿法（SFA：stochasticfrontier analysis）等参数估计方法对设定生产函数形式的严格要求，而且克服了传统 DEA 方法无法将非期望产出纳入模型以及存在非零松弛性时容易高估效率的不足。具体来说，本章以"低投入、高期望产出、低非期望产出"为原则来设置线性规划函数，通过将每家商业银行视为一个独立的决策单元（decision making unit，DMU）来构建有效前沿面，进而估算出各个银行的效率。

2. 投入产出要素选取与模型设定

在投入指标的选择上，已有文献对于存款在"生产过程"中扮演的角色这一问题上产生了分歧，以生产法为代表的观点指出存款应视为银行的产出要素，强调存款是银行付出人力物力所获得的产物。而以中介法为代表的观点则认为存款是生产过程中的投入要素，银行通过投入一定量的存款来产出更多的贷款（Avkiran，2009；Paradi and Zhu，2013）。本章更关注银行生产贷款的效率以及风险资产为银行带来的效率风险，因此，本章采用中介法来估算银行效率。同时，借鉴 Paradi 和 Zhu（2013）及 Belasri 等人（2020）等的研究，本章同样将所有者权益、营业支出、固定资产净值、职工人数、业务与管理费用、利息支出作为"生产过程"中的投入要素。

在产出要素的选择上，参考陈诗一等人（2018）的做法，我们采用净利润和正常贷款作为"生产过程"中的期望产出估算各商业银行的基础模型（模型1）效率 $Eff\_nooutput_{it}$，该指标为无风险约束效率指标。$Efficiency_{it}$ 则在 $Eff\_nooutput_{it}$ 的基础上进一步加入风险加权资产作为非期望产出（模型2），该指标为风险约束效率指标。由于风险加权资产同时考虑了表内、表外资产的风险系数和资产额，$Efficiency_{it}$ 在涵盖传统表内风险的同时，也可以很好地反映近年来我国影子银行业务扩张带来的表外风险。模型1和模型2的投入产出设定见表5.1，主要差别在于是否有非期望产出。

表 5.1　银行效率估算模型设定

模型	投入要素	期望产出	非期望产出
模型1（$Eff\_nooutput_{it}$）	存款、所有者权益、营业支出、固定资产净值、职工人数、业务与管理费用、利息支出	净利润、正常贷款	无
模型2（$Efficiency_{it}$）	存款、所有者权益、营业支出、固定资产净值、职工人数、业务与管理费用、利息支出	净利润、正常贷款	风险加权资产

3. 银行效率估算

借鉴 Tone 和 Tsutsui（2010）的思路，我们将第 t 年第 i 个商业银行视为单独的生产决策单元 DMU_{it}，通过公式（5-5）对第 t 年投入要素矩阵 $\boldsymbol{H}$、期望产出要素矩阵 $\boldsymbol{Y}$ 和非期望产出要素矩阵 $\boldsymbol{U}$ 的设定，列出生产可能性集合，见公式（5-6）。

$$\boldsymbol{H}_t=[h_{1t},\cdots,h_{it}]; \quad \boldsymbol{Y}_t=[y_{1t},\cdots,y_{it}]; \quad \boldsymbol{U}_t=[u_{1t},\cdots,u_{it}] \qquad (5\text{-}5)$$

$$P=\{(h,\ y,\ u)\ |\ h\geq \boldsymbol{H}\lambda,\ y\leq \boldsymbol{Y}\lambda,\ u\geq \boldsymbol{U}\lambda,\ \lambda\geq 0\} \qquad (5\text{-}6)$$

其中，λ 为权重系数向量，我们假设规模报酬可变，因此添加了约束条件

$\sum_{i=1}^{n}\lambda_i=1$，使所有决策单元权重系数之和等于1。进一步地，采用公式（5-7）对 DMU_{it} 的效率进行估算。

$$\mathrm{Eff}(h_{it},y_{it},u_{it})=\min\left\{\frac{1-(1/m)\sum_{w=1}^{m}(s_{wt}^{h,-}/h_{wit})}{1+[1/(q_1+q_2)]\left[\sum_{r=1}^{q_1}(s_{rt}^{y,+}/y_{rit})+\sum_{l=1}^{q_2}(s_{lt}^{u,-}/u_{lit})\right]}\right\}$$

$$\mathrm{s.t.}\quad \boldsymbol{H}\boldsymbol{\lambda}+s^{h,-}=h_i;\ \boldsymbol{Y}\boldsymbol{\lambda}-s^{y,+}=y_i;\ \boldsymbol{U}\boldsymbol{\lambda}+s^{u,-}=u_i;\ \lambda,s^{h,-},s^{y,+},s^{u,-}\geqslant 0$$

$$（5-7）$$

上式中，$\mathrm{Eff}(h_{it},y_{it},u_{it})$ 代表银行效率，其取值范围为 [0，1]，当 $\mathrm{Eff}_{it}=1$ 时，意味着 DMU_{it} 是位于有效前沿上的决策单元；m、q_1 和 q_2 分别为投入要素、期望产出和非期望产出的个数。对于模型1而言，$m=7$，$q_1=2$，$q_2=0$；对于模型2而言，$m=7$，$q_1=2$，$q_2=1$；w、r 和 l 分别代表不同的投入要素、期望产出和非期望产出；$s_{wt}^{h,-}$、$s_{rt}^{y,+}$ 和 $s_{lt}^{u,-}$ 分别代表第 t 年投入要素 w、期望产出 r 和非期望产出 l 的松弛变量，代表着可以进一步改进的空间；h_{wit}、y_{rit} 和 u_{lit} 分别表示 DMU_{it} 在投入要素 w、期望产出 r 和非期望产出 l 上的真实取值。

我们进一步通过公式（5-8）的设定将公式（5-7）转化为公式（5-9）的线性规划问题：

$$z=\frac{1}{(q_1+q_2)]\left[\sum_{r=1}^{q_1}(s_{rt}^{y,+}/y_{rit})+\sum_{l=1}^{q_2}(s_{lt}^{u,-}/u_{lit})\right]}\quad（5-8）$$

$$S^{h,-}=zs^{h,-};\ S^{y,+}=zs^{y,+};\ S^{u,-}=zs^{u,-};\ \Lambda=z\lambda$$

$$\mathrm{Eff}(h_{it},y_{it},u_{it})=\min\left\{z-(1/m)\sum_{w=1}^{m}(S_{jt}^{h,-}/h_{wit})\right\}$$

$$\mathrm{s.t.}\quad \boldsymbol{H}\boldsymbol{\Lambda}+S^{h,-}=zh_i;\quad \boldsymbol{Y}\boldsymbol{\Lambda}-S^{y,+}=zy_i;\quad \boldsymbol{U}\boldsymbol{\lambda}+S^{u,-}=zu_i\quad（5-9）$$

$$z+\frac{1}{(q_1+q_2)}\left[\sum_{r=1}^{q_1}(S_{rt}^{y,+}/y_{rit})+\sum_{l=1}^{q_2}(S_{lt}^{u,-}/u_{lit})\right]=1$$

令公式（5-7）的最优解为（Eff_{it}^*，$S_{it}^{h,-*}$，$S_{it}^{y,+*}$，$S_{it}^{u,-*}$，z^*，Λ^*），则公式（5-9）的最优为 $\left(\text{Eff}_{it}^*, s_{it}^{h,-*} = \dfrac{S_{it}^{h,-*}}{z^*}, s_{it}^{y,+*} = \dfrac{S_{it}^{y,+*}}{z^*}, s_{it}^{u,-*} = \dfrac{S_{it}^{u,-*}}{z^*}, \lambda^* = \dfrac{\Lambda^*}{z^*} \right)$。相应地，生产过程中投入要素效率 IE_{it}、期望产出效率 DE_{it} 和非期望产出效率 UE_{it} 的计算公式如下：

$$IE_{it} = (h_{it} - s_{it}^{h,-}) / h_{it}$$
$$DE_{it} = (y_{it} - s_{it}^{y,+}) / y_{it} \qquad (5\text{-}10)$$
$$UE_{it} = (u_{it} - s_{it}^{u,-}) / u_{it}$$

（二）中介变量

基于假说 2 和假说 3 的分析，本章认为网络结构影响商业银行效率的过程中可能存在"竞争机制"和"资源共享机制"。为此，下面将对两类机制中介变量的构造方法予以说明。

首先，参考 Gropp 等人（2011）和汪莉等人（2016）的研究，我们以商业银行 i 的竞争银行的加权受担保概率来衡量其面临的竞争性扭曲程度，同时将其作为"竞争机制"的中介变量。具体来说，我们以各银行的市场份额为权重，构建不同存款规模下的竞争性扭曲指标，具体方法见公式（5-11）：

$$ICB\_IM_{it} = \sum_{f \neq i}^{N} P\_IM_{ft} \frac{AS_{ft}}{AS_t} \qquad (5\text{-}11)$$

在式（5-11）中，AS_{ft} 为银行 f（$f \neq i$）在第 t 年的总资产，AS_t 为第 t 年样本中全部银行的总资产；P_IM_{ft} 是根据银行存款规模赋予的政府担保概率值，具体赋值依据方法见表 5.2。在银行规模视角下，竞争银行 f 的存款规模越大，其获得政府担保的概率（P_IM_{ft}）越高，银行 i 面临的竞争性扭曲（ICB_IM_{ft}）越大。

表 5.2　政府担保概率赋值说明

P_IM$_{ft}$	银行存款规模区间
0	[d0%，d20%）
0.25	[d20%，d40%）
0.50	[d40%，d60%）
0.75	[d60%，d80%）
1	[d80%，d100%]

注：对于 P_IM$_{ft}$ 而言，需要将第 t 年样本内全部银行的存款规模从小到大排序后再依次赋值。

其次，申宇等人（2017）构建高管创新联盟指标来刻画高管在校友关系网络中享有的创新资源共享优势，该指标衡量了高管直接校友中具有专利的高管比例，这一指标反映出高管能够从创新联盟中获得高质量信息的难易程度。类似地，黄灿和李善民（2019）也指出上市公司间的共同股东扮演了"桥"的角色，能够为上市公司带来丰富多元的异质信息。若将目光聚焦于银行业，Li 等人（2014）认为银行间的共同股东或者交叉持股结构均有助于加速银行之间的合作与资源共享。基于此，我们认为，若银行与其他银行的共同大股东越多，这些共同大股东在直接获取异质信息与资源上的优势越明显，银行与其他银行的资源共享程度越高。具体到指标构建上，我们采用共同股东占比（CSR$_{it}$）作为资源共享变量的代理指标和"资源共享机制"的中介变量，该指标衡量了持有其他银行股份的直接股东在银行全部直接股东中的占比，具体构建方法如下：

$$CSR_{it} = CSN_{it} / TS_{it} \qquad (5-12)$$

上式中，CSN$_{it}$ 是同时兼任商业银行 i 和其他银行大股东的直接股东数目，TS$_{it}$ 是银行 i 在时变"银行－股东"网络的直接股东总数。CSR$_{it}$ 数值越大，意味着银行 i 通过直接股东与其他银行进行资源共享的渠道越多且概率越大。

（三）控制变量

参考李兴华等人（2014）、陈诗一等人（2018）、张大永和张志伟（2019）、Belasri 等人（2020）的研究，我们从银行财务特征（Bank_C_{it}）和宏观经济发展（Macro_C_{it}）两个维度选取可能对银行效率产生影响的控制变量。其中，Bank_C_{it} 包括资本充足率 CAR、资产收益率 ROA、总资产增长率 Assert_growth、贷款占存款的比例 LDratio 和非利息收入占比 Noninterest_ratio。Macro_C_{it} 包括银行所在城市的固定资产投资增长率 Fixassert_growth、GDP 增长率 GDP_growth 和财政盈余占 GDP 的比重 Fiscal_ratio[①]。

三、样本选取与特征事实分析

本章以 2004—2017 年 105 家商业银行为样本构建时变"银行－股东"网络，样本中包括 5 家大型商业银行，12 家股份制商业银行，67 家城市商业银行与 21 家农村商业银行，各样本数占总样本的比例分别为 4.76%、11.43%、63.81% 和 20.00%。其中，银行网络构建数据根据前文所述方式进行整理，银行财务数据来源于各银行年度报告、Wind 数据库、Bankscope 数据库与《中国金融年鉴》，银行所在地的宏观经济变量来自《中国城市统计年鉴》和国泰安数据库。

（一）描述性统计

表 5.3 汇报了描述性统计结果。数据显示：（1）因变量银行效率 Eff_nooutput 和 Efficiency 的最大值均为 1，标准差分别为 0.3128 和 0.2980，说明纳入表内外风险约束进行效率评价后，各个商业银行之间的效率差异有所减小。（2）在核心解释变量中，程度中心度 Degree、接近中心度 Close 和中介中心度 Between 的均值分别为 10.0360、0.0387 和 0.0078，标准差分别为 1.0334、0.0305 和 0.0140。（3）在控制变量中，存贷比 LDratio 和非利息收入占比 Noninterest_ratio 的标准差较大，分别为 10.5357 和 13.5531，

---

① 考虑到大型商业银行和股份制商业银行等全国性商业银行在多所城市均设有网点，因此，本章以该类银行在各个省份的网点分布数占比为权重，通过加权的方式计算出宏观经济变量的取值。

说明各银行在资产配置与创新业务上存在很大的差异。（4）中介变量共同股东占比 CSR 的均值为 0.1777，说明在时变"银行－股东"网络中，每家商业银行平均有 17.77% 的直接股东同时也担任其他银行的大股东。

表 5.3　主要变量描述性统计

变量名称	观测值	均值	标准差	最小值	最大值
		因变量			
Eff_nooutput	723	0.6518	0.3128	0.0000	1.0000
Efficiency	723	0.6774	0.2980	0.0000	1.0000
Eff_workers	723	0.8135	0.2227	0.1058	1.0000
Eff_fixedassets	723	0.7303	0.2942	0.0006	1.0000
Eff_interest	723	0.7690	0.3666	−1.7856	1.0000
Eff_operating	723	0.7682	0.3002	−0.7663	1.0000
Eff_administrative	723	0.7821	0.2846	−0.7863	1.0000
		核心解释变量			
Degree	723	10.0360	1.0334	3.0000	14.0000
Close	723	0.0387	0.0305	0.0009	0.1307
Between	723	0.0078	0.0140	0.0000	0.1364
		控制变量			
CAR	723	12.7806	3.0502	0.3900	40.3031
ROA	723	1.1649	1.3761	0.0024	21.3900
Assert_growth	723	0.2808	0.4714	−0.8961	10.5064
LDratio	723	64.3212	10.5357	21.0300	102.1698
Noninterest_ratio	723	17.0666	13.5531	−5.3079	100.0000
Fixassert_growth	723	0.1704	0.1374	−0.3755	1.4560
GDP_growth	723	0.1229	0.0674	−0.2736	0.4811
Fiscal_ratio	723	0.0480	0.0441	−0.0136	0.3121
		中介变量			
ICB_IM	723	0.9513	0.0374	0.7615	0.9799
CSR	723	0.1777	0.2248	0.0000	1.0000

（二）投入产出效率分析

我们进一步基于纳入表内外风险约束的效率评价指标 Efficiency 将投入产出要素的效率进行分解。就各要素的总体时间变化趋势来看，除了净利润效率外，其他要素的效率在样本期内呈现出一定的"U"形趋势，其中，2009—2011年为"U"形的"谷底"，这一现象可以从两方面进行理解：第一，我国商业银行在一定程度上受到了金融危机的影响而未能形成及时应对和效率管理；第二，利率市场化改革加剧了商业银行之间的同业竞争，进一步激化了商业银行效率管理与金融市场化之间的矛盾（朱宁 等，2018）。此外，营业支出效率、业务与管理费用效率、利息支出效率在2016年之后出现了较为明显的下降，从侧面说明近年来各银行有待进一步加强成本管理的现状。对比各类投入产出的整体效率来看，正常贷款效率、存款效率、风险加权资产效率、所有者权益效率和净利润效率在样本期内整体较高；相应地，职工效率、固定资产效率、利息支出效率、营业支出效率和业务与管理费用效率相对较低，成为制约中国商业银行效率提升的主要因素。这一对比也在一定程度上反映出我国商业银行运营过程中重视盈利结构而轻视成本管理的现状。

第四节　"银行－股东"网络与银行效率关系的实证研究

一、基准回归结果

表5.4报告了基于式（5-1）进行估计的结果。其中，第（1）至（3）列以无风险约束效率评价指标 Eff_nooutput 为因变量，分别以程度中心度 Degree、接近中心度 Close 和中介中心度 Between 为核心解释变量。Degree、Close 和 Between 的估计系数分别为0.0258、2.1244和4.2253，且均通过了1%的显著性水平检验，说明商业银行在时变银行网络中所处的局部广度、全局深度和中介程度均和银行效率有显著的正向关系，与假说1的预期相符。本章认为，银行的程度中心度更大意味着其能够以更广的范围获得有价值的信息与资源，同时可以与其他网络成员建立起更广泛的局部"圈层"合作关系来提升自身效率；银行的接近中心度越大意味着其在时变银

行网络中所处的位置越靠近中心且到其他网络成员的平均距离越小，这种与其他成员的紧密联系性能够帮助其以更短的时间和更高的效率获得信息，同时网络中心位置使其积累的声誉也会形成一定的激励和"软约束"，促使其加强监管并抑制非效率行为；银行的中介中心度越大意味着其在时变"银行－股东"网络中充当了更多的"桥梁"作用，这一中介地位不仅使其成为其他网络成员进行沟通的渠道，而且有助于其获得大量异质性信息，缓解效率管理过程中的信息不对称问题并拓宽获得新技术的渠道。因此，整体上来看，网络中心度的提升对商业银行效率具有积极的促进作用。

更进一步地，表5.4的第（4）至（6）列纳入风险约束的效率评价指标 Efficiency 作为因变量。可以看到，Degree、Close 和 Between 的估计系数均在1%的统计性水平下显著为正，说明网络中心度与银行效率的这种正向关系在纳入表内外风险资产作为非期望产出进行效率估算后依然成立。但与 Eff_nooutput 作为因变量的结果相比，网络中心度对银行效率的改善幅度有所减小，估计系数分别减小到 0.0197（Degree）、1.9870（Close）和 3.9121（Between）。可能的原因在于，传统表内风险和我国影子银行业务扩张带来的表外风险不仅会增加银行的监控和管理成本，而且会分散商业银行在日常经营活动花费的时间与精力，从而弱化时变银行网络这一非正式制度为其带来的各类优势。

本章的控制变量结果与现有文献基本保持一致，无论是以无风险约束效率评价指标 Eff_nooutput 为因变量还是以纳入风险约束的效率评价指标 Efficiency 作为因变量，ROA 的估计系数均在1%的统计性水平下显著为正，这可能是因为较高的资产回报率有助于银行投入更多资金与技术来提升效率；LDratio 的估计系数均为正且通过了1%的显著性水平检验，LDratio 越大，说明银行的资产配置与结构安排越合理，效率也相对越高；在宏观层面的经济变量中，Fiscal_ratio 对两类效率平均指标均有显著的正向影响，说明较高的地方政府财政盈余为改善商业银行效率提供了正向的促进作用。Fixassert_growth 和 GDP_growth 均对无风险约束效率评价指标有显著的正向作用，这可能是因为银行所在城市的固定资产投资增长率与 GDP 增速越高，经济活跃度和发展水平越高，其背后的技术推动力也相对较强，而这些均为微观层面的银行效率管理提供了良好的外部支持。

表5.4 网络中心度与银行效率：基准估计

变量名称	Eff_nooutput			Efficiency		
	（1）	（2）	（3）	（4）	（5）	（6）
Degree	0.0258***			0.0197**		
	（0.0082）			（0.0079）		
Close		2.1244***			1.9870***	
		（0.4618）			（0.4431）	
Between			4.2253***			3.9121***
			（0.8245）			（0.7915）
CAR	−0.0011	−0.0011	−0.0017	−0.0007	−0.0006	−0.0012
	（0.0032）	（0.0032）	（0.0032）	（0.0031）	（0.0031）	（0.0031）
ROA	0.0458***	0.0437***	0.0452***	0.0429***	0.0408***	0.0422***
	（0.0088）	（0.0088）	（0.0087）	（0.0085）	（0.0084）	（0.0084）
Assert_growth	0.0315*	0.0243	0.0299*	0.0249	0.0186	0.0238
	（0.0179）	（0.0178）	（0.0177）	（0.0173）	（0.0171）	（0.0170）
LDratio	0.0041***	0.0045***	0.0050***	0.0040***	0.0043***	0.0048***
	（0.0012）	（0.0012）	（0.0012）	（0.0012）	（0.0011）	（0.0011）
Noninterest_ratio	−0.0013*	−0.0011	−0.0009	−0.0010	−0.0009	−0.0007
	（0.0008）	（0.0008）	（0.0008）	（0.0007）	（0.0007）	（0.0007）
Fixassert_growth	0.1789**	0.1315*	0.1418*	0.1300*	0.0870	0.0969
	（0.0783）	（0.0781）	（0.0775）	（0.0753）	（0.0749）	（0.0744）
GDP_growth	0.4198*	0.4395**	0.4960**	0.3252	0.3425	0.3947*
	（0.2244）	（0.2224）	（0.2220）	（0.2157）	（0.2134）	（0.2131）
Fiscal_ratio	2.8285***	2.4345***	2.6462***	2.5615***	2.1917***	2.3915***
	（0.7533）	（0.7519）	（0.7448）	（0.7242）	（0.7213）	（0.7150）
Constant	−0.1162	0.0614	0.0632	0.0043	0.1296	0.1319
	（0.1339）	（0.1102）	（0.1096）	（0.1287）	（0.1058）	（0.1052）
时间固定效应	是	是	是	是	是	是
个体固定效应	是	是	是	是	是	是
样本数	723	723	723	723	723	723
R^2	0.618	0.625	0.628	0.611	0.619	0.622

注：括号内报告了系数估计的标准误；*、** 和 *** 分别代表通过10%、5% 和 1% 的显著性水平检验。下表同此注。

根据前文的讨论与分析，我们发现，在将投入产出要素进行分解后，职工效率（Eff_workers）和固定资产效率（Eff_fixedassets）等规模效率，利息支出效率（Eff_interest）、营业支出效率（Eff_operating）、业务与管理费用效率（Eff_administrative）等成本效率在样本观察期内整体较低，是制约银行整体效率的主要因素。因此，表5.5和表5.6分别以上述要素效率为因变量，基于式（5-2）考察了网络结构与要素效率管理的关系。

　　由表5.5可知，商业银行在网络中的局部广度、全局深度和中介程度均会对固定资产效率产生显著的积极影响（第（1）至（3）列），也全面提升了商业银行职工效率（第（4）至（6）列）。究其原因，近年来，在商业银行对固定资产和员工不断引进的过程中，更多体现在数量规模的扩大这一"粗放式"的发展模式，但是由于设备利用效率低下、人才短缺等原因，固定资产的使用效率和职工效率整体不高，而商业银行通过时变银行网络所获得的资源合作和交换机会、前沿经验与技术等，都将有效增加要素利用率并提升规模效率。

表5.5　网络中心度与规模效率提升

变量名称	Eff_fixedassets			Eff_workers		
	（1）	（2）	（3）	（4）	（5）	（6）
Degree	0.0167*			0.0135**		
	（0.0089）			（0.0067）		
Close		1.3074***			0.9711**	
		（0.5034）			（0.3809）	
Between			3.5141***			3.0379***
			（0.8962）			（0.6755）
CAR	0.0008	0.0008	0.0003	0.0026	0.0026	0.0022
	（0.0035）	（0.0035）	（0.0035）	（0.0026）	（0.0026）	（0.0026）
ROA	0.0301***	0.0289***	0.0294***	0.0340***	0.0332***	0.0334***
	（0.0096）	（0.0096）	（0.0095）	（0.0072）	（0.0072）	（0.0071）
Assert_growth	0.0264	0.0218	0.0255	0.0161	0.0127	0.0155
	（0.0194）	（0.0194）	（0.0192）	（0.0147）	（0.0147）	（0.0145）
LDratio	0.0039***	0.0042***	0.0046***	0.0021**	0.0023**	0.0027***
	（0.0013）	（0.0013）	（0.0013）	（0.0010）	（0.0010）	（0.0010）

续表

变量名称	Eff_fixedassets			Eff_workers		
	（1）	（2）	（3）	（4）	（5）	（6）
Noninterest_ratio	−0.0013	−0.0013	−0.0010	−0.0009	−0.0009	−0.0006
	（0.0008）	（0.0008）	（0.0008）	（0.0006）	（0.0006）	（0.0006）
Fixassert_growth	0.1646*	0.1353	0.1352	0.0260	0.0039	0.0008
	（0.0849）	（0.0851）	（0.0843）	（0.0642）	（0.0644）	（0.0635）
GDP_growth	−0.2342	−0.2219	−0.1720	−0.0309	−0.0215	0.0226
	（0.2430）	（0.2424）	（0.2413）	（0.1838）	（0.1834）	（0.1818）
Fiscal_ratio	0.5293	0.2871	0.3762	0.8029	0.6234	0.6702
	（0.8161）	（0.8196）	（0.8095）	（0.6171）	（0.6201）	（0.6101）
Constant	0.2571*	0.3737***	0.3620***	0.4407***	0.5374***	0.5227***
	（0.1450）	（0.1202）	（0.1191）	（0.1097）	（0.0909）	（0.0898）
时间固定效应	是	是	是	是	是	是
个体固定效应	是	是	是	是	是	是
样本数	723	723	723	723	723	723
R^2	0.493	0.496	0.502	0.494	0.496	0.507

在表5.6的回归结果中，第（1）至（3）列、第（4）至（6）列和第（7）至（9）列依次以利息支出效率（Eff_interest）、营业支出效率（Eff_operating）和业务与管理费用支出效率（Eff_administrative）为因变量，考察了网络结构对成本效率的影响。结果表明：商业银行在网络中所处的全局深度（Close）、中介程度（Between）和利息支出效率、营业支出效率、业务与管理费用支出效率等成本效率均有显著的正向关系，但是商业银行在网络中的局部广度（Degree）对于成本效率的影响并不显著。商业银行对于各类支出的管理与成本的把控离不开合理的规划和成熟的经验，而时变"银行－股东"网络恰能为商业银行带来技术优势与资源优势。特别是当银行在网络中所处的深度和中介程度较高时，银行在与其他网络成员进行沟通合作时，能够取长补短，学习到更加先进的运营管理经验从而提升银行内部的运作效率。

表 5.6 网络中心度与成本效率提升

变量名称	Eff_interest			Eff_operating			Eff_administrative		
	(1)	(2)	(3)	(4)	(5)	(6)	(7)	(8)	(9)
Degree	-0.0023 (0.0115)			0.0024 (0.0095)			0.0060 (0.0086)		
Close		2.4579*** (0.6435)			2.0781*** (0.5328)			1.2509** (0.4873)	
Between			2.6504** (1.1618)			3.0580*** (0.9587)			1.9025** (0.8746)
CAR	0.0097** (0.0045)	0.0100** (0.0045)	0.0094** (0.0045)	0.0112*** (0.0037)	0.0115*** (0.0037)	0.0109*** (0.0037)	0.0069** (0.0034)	0.0070** (0.0034)	0.0067** (0.0034)
ROA	0.0372*** (0.0123)	0.0334*** (0.0122)	0.0360*** (0.0123)	0.0335*** (0.0102)	0.0304*** (0.0101)	0.0323*** (0.0101)	0.0311*** (0.0093)	0.0295*** (0.0093)	0.0306*** (0.0093)
Assert_growth	0.0235 (0.0251)	0.0183 (0.0248)	0.0243 (0.0250)	0.0281 (0.0208)	0.0233 (0.0205)	0.0285 (0.0206)	0.0158 (0.0189)	0.0125 (0.0188)	0.0156 (0.0188)
LDratio	0.0071*** (0.0017)	0.0072*** (0.0017)	0.0074*** (0.0017)	0.0056*** (0.0014)	0.0056*** (0.0014)	0.0059*** (0.0014)	0.0063*** (0.0013)	0.0064*** (0.0013)	0.0066*** (0.0013)
Noninterest_ratio	0.0000 (0.0011)	0.0002 (0.0011)	0.0003 (0.0011)	-0.0011 (0.0009)	-0.0009 (0.0009)	-0.0008 (0.0009)	-0.0009 (0.0008)	-0.0008 (0.0008)	-0.0007 (0.0008)
Fixassert_growth	0.1614 (0.1094)	0.1157 (0.1088)	0.1433 (0.1093)	0.1331 (0.0907)	0.0932 (0.0901)	0.1108 (0.0902)	0.1621** (0.0823)	0.1368** (0.0824)	0.1469* (0.0822)
GDP_growth	0.7469** (0.3135)	0.7620** (0.3099)	0.7903** (0.3128)	0.4139 (0.2596)	0.4277* (0.2566)	0.4652* (0.2581)	0.3135 (0.2358)	0.3229 (0.2347)	0.3465 (0.2354)
Fiscal_ratio	1.1151 (1.0525)	0.6490 (1.0476)	0.9949 (1.0495)	0.5595 (0.8718)	0.1668 (0.8674)	0.4224 (0.8659)	0.5522 (0.7917)	0.3173 (0.7933)	0.4683 (0.7900)
Constant	-0.0146 (0.1870)	-0.1060 (0.1536)	-0.0726 (0.1545)	0.1146 (0.1549)	0.0771 (0.1272)	0.0939 (0.1274)	0.1079 (0.1407)	0.1276 (0.1163)	0.1369 (0.1163)
时间固定效应	是	是	是	是	是	是	是	是	是
个体固定效应	是	是	是	是	是	是	是	是	是
样本数	723	723	723	723	723	723	723	723	723
R^2	0.457	0.469	0.461	0.445	0.458	0.453	0.490	0.495	0.494

二、异质性效应讨论

（一）交叉持股的异质效应

表 5.7 以纳入风险约束的银行效率评价指标 Efficiency 为因变量，汇报了基于交叉持股变量 CS_{it} 分样本进行检验的结果。其中，Panel A 以存在交叉持股结构的银行为样本（$CS_{it}=1$），Panel B 以不存在交叉持股结构的银行作为样本（$CS_{it}=0$）。分样本回归结果显示，商业银行在网络中的局部广度（Degree）、全局深度（Close）、中介程度（Between）与银行效率（Efficiency）的正向关系仅在不存在交叉持股结构的样本中显著存在，在存在交叉持股的样本中并未体现。这说明，相比之下，交叉持股银行中，网络局部广度、全局深度与中介程度提高对其效率的促进作用均不及无交叉持股关系的银行。可能的原因在于，若银行存在交叉持股结构，意味着该银行在网络中并非完全独立，其与其他银行的联系相对紧密，彼此之间的持股关系也使得银行之间的资源共享和业务合作相对较多，故其在效率管理的过程中对于时变银行网络这一信息与资源传递渠道的依赖性相对较低。相比之下，若银行并不存在银行间的交叉持股结构，其从其他银行处获取资源与业务往来的渠道相对匮乏，社会声誉提升与获取信任的过程中也面临更大的阻碍。因此，对于不具备交叉持股结构的银行而言，时变"银行－股东"网络恰能弥补这一缺失。银行在网络中的中心位置有助于其在资源配置和银行间业务合作的过程中占据主动地位，网络中心度积累的社会声誉也能够有效约束低效率行为，进而改善银行效率。

表 5.7　网络中心度与银行效率提升：交叉持股的异质效应

变量名称	Panel A：存在交叉持股样本 Efficiency			Panel B：不存在交叉持股样本 Efficiency		
	（1）	（2）	（3）	（4）	（5）	（6）
Degree	−0.0072 (0.0127)			0.0266[***] (0.0103)		
Close		0.0743 (1.7419)			0.9501[*] (0.5037)	

续表

变量名称	Panel A：存在交叉持股样本 Efficiency			Panel B：不存在交叉持股样本 Efficiency		
	（1）	（2）	（3）	（4）	（5）	（6）
Between			−0.1200			3.6889***
			（1.5769）			（0.9903）
CAR	−0.0128	−0.0130	−0.0132	−0.0020	−0.0026	−0.0028
	（0.0079）	（0.0080）	（0.0080）	（0.0035）	（0.0035）	（0.0034）
ROA	0.2442***	0.2353***	0.2355***	0.0312***	0.0309***	0.0308***
	（0.0700）	（0.0684）	（0.0684）	（0.0082）	（0.0082）	（0.0082）
Assert_growth	0.2070**	0.2153**	0.2145**	0.0204	0.0170	0.0190
	（0.0843）	（0.0833）	（0.0835）	（0.0168）	（0.0169）	（0.0167）
LDratio	0.0057**	0.0056**	0.0056**	0.0041***	0.0044***	0.0046***
	（0.0024）	（0.0024）	（0.0024）	（0.0013）	（0.0013）	（0.0013）
Noninterest_ratio	0.0013	0.0014	0.0014	−0.0019**	−0.0018**	−0.0016**
	（0.0017）	（0.0017）	（0.0017）	（0.0008）	（0.0008）	（0.0008）
Fixassert_growth	0.3128	0.3197	0.3210	0.0702	0.0467	0.0428
	（0.3466）	（0.3469）	（0.3473）	（0.0746）	（0.0753）	（0.0742）
GDP_growth	−0.4318	−0.4424	−0.4520	0.2610	0.2680	0.3114
	（0.9609）	（0.9711）	（0.9631）	（0.2129）	（0.2137）	（0.2118）
Fiscal_ratio	6.8317***	7.1094***	7.1383***	1.2392	1.0844	1.2142
	（2.1462）	（2.0979）	（2.1056）	（0.7737）	（0.7804）	（0.7681）
Constant	0.0176	−0.0617	−0.0524	0.0212	0.2562**	0.2446**
	（0.2609）	（0.2682）	（0.2307）	（0.1550）	（0.1203）	（0.1189）
时间固定效应	是	是	是	是	是	是
个体固定效应	是	是	是	是	是	是
样本数	148	148	148	570	570	570
R^2	0.608	0.607	0.607	0.657	0.655	0.662

（二）产权性质的异质效应

以商业银行第一大股东是否为国有股东为依据，表5.8汇报了基于产权性质划分样本的回归结果。其中，Panel A 为非国有商业银行样本（占总样本68.19%），Panel B 为国有商业银行样本（占总样本31.81%）。分组回归结果显示，在非国有商业银行样本 Panel A 中，Degree、Close 和 Between 的估计系数均显著为正，在国有商业银行样本 Panel B 中，Degree、Close 和 Between 的估计系数并不显著。这一结果说明，若区分不同的产权性质，时变"银行－股东"网络对于银行效率的提升作用在非国有样本中更为显著，这也暗示着，同时利用直接股东与间接股东的优势将成为非国有商业银行进行效率管理的重要因素。究其原因，国有银行发展历史悠久且多数由政府主导，丰厚的管理经验使其在资源的获取、利用和配置上拥有较强的外部保障，大量的政策支持也使其更容易获得其他银行的信任与合作。而非国有银行在人才、资源、技术、政策等方面的优势不及国有银行，其面临的市场竞争较大但是却拥有更高的信息不对称性。因此，社会网络这一非正式制度可以在很大程度上弥补其正式制度的缺失，时变"银行 – 股东"网络自身所具备的资源配置效应、信任合作效应也具有更大的发挥空间，进而使网络的正外部性在非国有商业银行改善银行效率的过程中发挥显著的正向影响。

表 5.8　网络中心度与银行效率提升：产权性质的异质效应

变量名称	Panel A：非国有商业银行样本 Efficiency			Panel B：国有商业银行样本 Efficiency		
	（1）	（2）	（3）	（4）	（5）	（6）
Degree	0.0191* (0.0099)			0.0073 (0.0107)		
Close		1.9651*** (0.4686)			0.1268 (0.9162)	
Between			4.9363*** (0.9729)			0.1306 (1.2474)
CAR	−0.0050 (0.0035)	−0.0040 (0.0035)	−0.0044 (0.0034)	−0.0003 (0.0055)	−0.0003 (0.0056)	−0.0002 (0.0055)
ROA	0.2735*** (0.0292)	0.2755*** (0.0285)	0.2788*** (0.0282)	0.0234*** (0.0085)	0.0234*** (0.0086)	0.0235*** (0.0085)
Assert_growth	0.0974** (0.0495)	0.0804* (0.0483)	0.0961** (0.0479)	0.0336* (0.0174)	0.0330* (0.0176)	0.0333* (0.0174)
LDratio	0.0068*** (0.0015)	0.0067*** (0.0015)	0.0070*** (0.0014)	0.0018 (0.0020)	0.0020 (0.0020)	0.0020 (0.0020)
Noninterest_ratio	−0.0012 (0.0008)	−0.0011 (0.0008)	−0.0009 (0.0008)	0.0012 (0.0016)	0.0012 (0.0016)	0.0012 (0.0017)
Fixassert_growth	0.1819* (0.0980)	0.1516 (0.0963)	0.1453 (0.0954)	−0.1212 (0.1066)	−0.1225 (0.1091)	−0.1199 (0.1068)
GDP_growth	0.2963 (0.2712)	0.3216 (0.2667)	0.3713 (0.2644)	0.3410 (0.3089)	0.3467 (0.3096)	0.3488 (0.3120)

续表

变量名称	Panel A：非国有商业银行样本			Panel B：国有商业银行样本		
	Efficiency			Efficiency		
	（1）	（2）	（3）	（4）	（5）	（6）
Fiscal_ratio	0.3259	−0.0346	0.1452	−0.8310	−0.8141	−0.7903
	（0.9146）	（0.9000）	（0.8899）	（1.2990）	（1.3012）	（1.3095）
Constant	−0.2623	−0.1345	−0.1370	0.4559**	0.5080**	0.5074**
	（0.1592）	（0.1227）	（0.1213）	（0.2133）	（0.1986）	（0.2005）
时间固定效应	是	是	是	是	是	是
个体固定效应	是	是	是	是	是	是
样本数	491	491	491	229	229	229
R^2	0.685	0.695	0.700	0.737	0.736	0.736

（三）基于非国有商业银行类型的进一步讨论

表 5.8 证实了时变"银行－股东"网络中心度的提升显著改善了非国有商业银行的效率。与此同时，就时变"银行－股东"网络的中心度变化趋势来看，2010 年后，非国有商业银行的局部广度、全局深度与中介程度平均水平均超过国有商业银行，说明其在银行体系中的重要性不断增加。不仅如此，鉴于非国有商业银行范围较广，不同银行的内部治理相差较大，故该部分进一步以非国有商业银行样本为重点研究对象，从银行类型（表5.9）的差异入手，就非国有商业银行内部的异质作用展开讨论。

近年来，地方性商业银行面临的竞争和风险日益增加，包商银行事件也再次倒逼地方性商业银行重新审视发展战略与治理策略，而如何改善地方性商业银行的效率管理水平也同样值得我们思考。基于 Local_cb（是否为地方性商业银行）进行分组，本章进一步讨论非国有商业银行内部基于不同银行类型进行检验的异质性结果。其中，非国有地方性商业银行样本（Local_cb=1）的回归结果报告在表 5.9 的 Panel A 中（第（1）至（3）列），非国有全国性商业银行样本（Local_cb=0，包括非国有大型商业银行与非国有股份制商业银行）的结果汇报在表 5.9 的 Panel B 中（第（4）至（6）列）。

结果表明，在非国有商业银行样本中，不同网络中心度指标与银行效率的关系随着银行类型的不同呈现出差异。具体而言，在非国有地方性商业银行样本中，Close 和 Between 的估计系数均呈显著正向关系，而在非国有全国性商业银行样本中，Degree、Close 和 Between 的估计系数均不显著。这说明，时变"银行－股东"网络对地方性商业银行的效率有改善作用，且地方性商业银行效率的改善更多得益于其在时变"银行－股东"网络中全局深度与中介程度的提高，网络结构对于地方性商业银行的效率改善更多体现为间接股东触发的"桥梁"效应。

表 5.9 网络中心度与银行效率提升：银行类型的异质效应

变量名称	Panel A：非国有地方性银行样本			Panel B：非国有全国性银行样本		
	Efficiency			Efficiency		
	（1）	（2）	（3）	（4）	（5）	（6）
Degree	−0.0112			0.0286		
	（0.0140）			（0.0174）		
Close		1.4124***			1.2912	
		（0.5370）			（1.0135）	
Between			5.2656***			2.4712
			（1.4976）			（1.5836）
CAR	0.0008	0.0022	0.0015	−0.0311***	−0.0317***	−0.0305***
	（0.0035）	（0.0035）	（0.0034）	（0.0094）	（0.0094）	（0.0094）
ROA	0.3021***	0.2957***	0.3014***	0.2518***	0.3102***	0.3006***
	（0.0288）	（0.0286）	（0.0283）	（0.0949）	（0.0840）	（0.0844）
Assert_growth	0.0650	0.0533	0.0563	0.1083	0.0960	0.1006
	（0.0682）	（0.0676）	（0.0669）	（0.0795）	（0.0792）	（0.0790）
LDratio	0.0039**	0.0045***	0.0043**	0.0131***	0.0125***	0.0133***
	（0.0017）	（0.0017）	（0.0017）	（0.0032）	（0.0033）	（0.0031）
Noninterest_ratio	−0.0001	−0.0000	−0.0001	−0.0040	−0.0047*	−0.0044*
	（0.0008）	（0.0008）	（0.0008）	（0.0027）	（0.0027）	（0.0027）
Fixassert_growth	0.1570*	0.1546*	0.1453*	0.1117	−0.2439	−0.1355
	（0.0890）	（0.0877）	（0.0870）	（1.0144）	（1.0217）	（1.0099）
GDP_growth	0.1925	0.2055	0.2493	4.6591	5.9006**	5.6009*
	（0.2437）	（0.2411）	（0.2395）	（3.0520）	（2.9728）	（2.9673）
Fiscal_ratio	−0.5132	−0.6976	−0.6369	2.4885	0.8942	1.1688
	（0.8828）	（0.8759）	（0.8662）	（2.9650）	（2.8347）	（2.8255）

续表

变量名称	Panel A：非国有地方性银行样本			Panel B：非国有全国性银行样本		
	Efficiency			Efficiency		
	（1）	（2）	（3）	（4）	（5）	（6）
Constant	0.1119	−0.0789	−0.0557	−0.9153**	−0.7357*	−0.7460*
	（0.1980）	（0.1388）	（0.1353）	（0.4088）	（0.4043）	（0.4018）
时间固定效应	是	是	是	是	是	是
个体固定效应	是	是	是	是	是	是
样本数	366	366	366	125	125	125
R^2	0.764	0.768	0.773	0.489	0.484	0.488

第五节　"银行－股东"网络影响银行效率的机制研究

一、基于"竞争机制"的中介效应检验

表 5.10 报告了以纳入风险约束的效率评价指标 Efficiency 为因变量的竞争机制检验结果。以竞争性扭曲指标 ICB_IM 作为中介变量，第（1）至（3）列、第（4）至（6）列、第（7）至（9）列分别汇报了网络局部广度、全局深度和中介程度改善银行效率过程中的"竞争机制"。其中，由第（1）、（4）和（7）列不难看出，Degree、Close 和 Between 与 Efficiency 均在 1%的水平上显著正相关，说明总效应显著。下面将分别分析局部广度（Degree）、全局深度（Close）和中介程度（Between）对银行效率的具体传导机制。

首先，第（2）列与第（3）列的结果显示，Degree 与中介变量 ICB_IM 有显著的负向关系；当在第（1）列的基础上加入中介变量 ICB_IM（第（3）列）后，不难看出，ICB_IM 的估计系数均显著为负，Degree 的系数显著为正，Sobel-z 检验的 P 值为 0.0305，说明存在部分中介效应。具体到中介效应的大小，计算结果显示，Degree 通过 ICB_IM 产生的中介效应为 0.0037。

其次，第（5）列与第（6）列的结果显示，Close 和竞争性扭曲指标 ICB_IM 在 1%的统计性水平下显著负相关；同时加入中介变量和核心解释

变量 Close 的第（7）列显示，ICB_IM 的估计系数显著为负，Close 的估计系数显著为正，Sobel–z 检验的 P 值为 0.0005，说明存在部分中介效应。经计算，以 ICB_IM 为中介变量时，Close 对 Efficiency 产生的影响中，直接效应为 1.5512，通过 ICB_IM 产生的间接效应为 0.4516。

更进一步地，第（8）列与第（9）列的结果显示，Between 和竞争性扭曲指标 ICB_IM 同样在 1% 的统计水平下显著负相关；同时加入中介变量和核心解释变量的第（9）列结果显示，中介变量 ICB_IM 的估计系数同样显著为负，Between 的估计系数显著为正，Sobel–z 检验的 P 值为 0.0006，证实部分中介效应存在。计算结果进一步说明，以 ICB_IM 为中介变量时，Between 对 Efficiency 的直接效应和间接效应分别为 3.1629 和 0.7884。

综上，网络中心度的提升总体上能够降低银行面临的竞争性扭曲进而促进效率改善，且这一机制同时体现在银行网络局部广度、全局深度和中介地位提升所带来的商业银行效率改善过程中，即假说 2 得到证实。

表 5.10　网络中心度与银行效率提升：竞争机制

变量名称	Efficiency (1)	ICB_IM (2)	Efficiency (3)	Efficiency (4)	ICB_IM (5)	Efficiency (6)	Efficiency (7)	ICB_IM (8)	Efficiency (9)
Degree	0.0197** (0.0079)	-0.0026** (0.0011)	0.0160** (0.0078)						
Close				1.9870*** (0.4431)	-0.3590*** (0.0595)	1.5512*** (0.4500)			
Between							3.9121*** (0.7915)	-0.6433*** (0.1067)	3.1629*** (0.8047)
ICB_IM			-1.4375*** (0.2880)			-1.2578*** (0.2931)			-1.2256*** (0.2923)
CAR	-0.0007 (0.0031)	-0.0018*** (0.0004)	-0.0032 (0.0031)	-0.0006 (0.0031)	-0.0018*** (0.0004)	-0.0028 (0.0031)	-0.0012 (0.0031)	-0.0017*** (0.0004)	-0.0033 (0.0031)
ROA	0.0429*** (0.0085)	-0.0018 (0.0012)	0.0403*** (0.0084)	0.0408*** (0.0084)	-0.0014 (0.0011)	0.0390*** (0.0083)	0.0422*** (0.0084)	-0.0016 (0.0011)	0.0401*** (0.0083)
Assert_growth	0.0249 (0.0173)	0.0049** (0.0023)	0.0317* (0.0170)	0.0186 (0.0171)	0.0059** (0.0023)	0.0257 (0.0169)	0.0238 (0.0170)	0.0050** (0.0023)	0.0297* (0.0168)
LDratio	0.0040*** (0.0012)	0.0009 (0.0002)	0.0053*** (0.0012)	0.0043*** (0.0011)	0.0008*** (0.0002)	0.0054*** (0.0012)	0.0048*** (0.0011)	0.0008*** (0.0002)	0.0057*** (0.0012)
Noninterest_ratio	-0.0010 (0.0007)	-0.0000 (0.0001)	-0.0011 (0.0007)	-0.0009 (0.0007)	-0.0000 (0.0001)	-0.0009 (0.0007)	-0.0007 (0.0007)	-0.0001 (0.0001)	-0.0008 (0.0007)
Fixassert_growth	0.1300* (0.0753)	-0.0249** (0.0103)	0.0894 (0.0746)	0.0870 (0.0749)	-0.0171* (0.0101)	0.0590 (0.0745)	0.0969 (0.0744)	-0.0193* (0.0101)	0.0662 (0.0741)
GDP_growth	0.3252 (0.2157)	-0.0212 (0.0299)	0.3227 (0.2157)	0.3425 (0.2134)	-0.0254 (0.0292)	0.3462 (0.2145)	0.3947 (0.2131)	-0.0342 (0.0292)	0.3922* (0.2145)
Fiscal_ratio	2.5615*** (0.7242)	-1.0489*** (0.0988)	1.0934 (0.7748)	2.1917*** (0.7213)	-0.9836*** (0.0971)	1.0018 (0.7697)	2.3915*** (0.7150)	-1.0231*** (0.0966)	1.1904 (0.7685)
Constant	0.0044 (0.1287)	1.0015*** (0.0175)	1.4377*** (0.3151)	0.1296 (0.1058)	0.9884*** (0.0143)	1.3641*** (0.3081)	0.1319 (0.1052)	0.9872*** (0.0142)	1.3323*** (0.3068)
时间固定效应	是	是	是	是	是	是	是	是	是
个体固定效应	是	是	是	是	是	是	是	是	是
样本数	723	722	722	723	722	722	723	722	722
R^2	0.611	0.544	0.626	0.619	0.565	0.631	0.622	0.565	0.633
直接效应		0.0160			1.5512			3.1629	
中介效应		0.0037			0.4516			0.7884	

二、基于"资源共享机制"的中介效应检验

以银行和其他股东共同股东数目在银行直接大股东中的占比 CSR 作为中介变量，表 5.11 检验了网络中心度对银行效率产生的影响中是否存在资源共享机制。其中，第（1）列、第（4）列和第（7）列考察各个网络中心度指标对 Efficiency 的影响；第（2）列、第（5）列和第（8）列考察各个网络中心度指标对中介变量（共同股东占比 CSR）的影响；第（3）列、第（6）列和第（9）列考察将网络中心度指标和中介变量 CSR 同时加入模型中的结果。

一方面，表 5.11 第（1）至（3）列汇报了网络局部广度改善银行效率过程中的"资源共享机制"。不难看出，Degree 对 CSR 的影响并不显著（第（2）列），且 Sobel-z 检验的 P 值为 0.8554，说明网络局部广度的提高并不能显著提升共同股东占比，证实网络局部广度对于银行效率的影响不存在"资源共享机制"。其次，表 5.11 第（4）至（6）列的结果显示，在"网络中心度提升→共同股东占比增加→银行效率提升"这一路径中，虽然 Close 对 CSR 产生了显著的影响（第（5）列），但是若回归中同时加入 Close 和 CSR，CSR 的系数同样未能通过至少 10% 的显著性水平检验且 Sobel-z 检验的 P 值为 0.6082，说明"资源共享机制"也并非网络全局深度对银行效率的影响渠道。

另一方面，与上述结果不同的是，第（8）列显示，Between 对 Efficiency 产生的影响中存在显著的"资源共享"机制。具体来说，在其他条件不变时，Between 每提升 1 单位，商业银行的共同股东占比平均提升 3.5513%，随着商业银行在时变"银行－股东"网络中的中介程度提升，其拥有的资源共享渠道相对越多。更进一步地，第（9）列的结果显示，Between 和中介变量 CSR 的系数均显著为正，满足了部分中介效应的检验条件，Sobel-z 检验的 P 值为 0.0820。上述结果均说明共同股东占比在网络中介程度影响银行效率的过程中发挥了部分中介传导机制，即"资源共享"机制显著存在。经具体计算可知，Between 对 Efficiency 产生的直接效应为

3.5505，通过 CSR 这一中介变量产生的中介效应为 0.3615。

综上所述，时变"银行－股东"网络的确能够在一定程度上加强银行间的资源共享进而改善效率，但本章的研究结果显示，这一"资源共享机制"更多体现在网络中介地位提升对效率的改善过程中。

表 5.11 网络中心度与银行效率提升：资源共享机制

变量名称	Efficiency (1)	CSR (2)	Efficiency (3)	Efficiency (4)	CSR (5)	Efficiency (6)	Efficiency (7)	CSR (8)	Efficiency (9)
Degree	0.0197** (0.0079)	-0.0010 (0.0057)	0.0199** (0.0078)						
Close				1.9870*** (0.4431)	4.5552*** (0.2657)	1.8317*** (0.5369)			
Between							3.9121*** (0.7915)	3.5513*** (0.5591)	3.5505*** (0.8150)
CSR			0.1630*** (0.0551)			0.0341 (0.0665)			0.1018* (0.0563)
CAR	-0.0007 (0.0031)	0.0051** (0.0022)	-0.0016 (0.0031)	-0.0006 (0.0031)	0.0056*** (0.0018)	-0.0008 (0.0031)	-0.0012 (0.0031)	0.0047** (0.0022)	-0.0017 (0.0031)
ROA	0.0429*** (0.0085)	0.0055 (0.0061)	0.0420*** (0.0084)	0.0408*** (0.0084)	-0.0015 (0.0051)	0.0408*** (0.0084)	0.0422*** (0.0084)	0.0040 (0.0059)	0.0418*** (0.0084)
Assert_growth	0.0249 (0.0173)	-0.0043 (0.0124)	0.0256 (0.0172)	0.0186 (0.0171)	-0.0141 (0.0102)	0.0191 (0.0171)	0.0238 (0.0170)	-0.0034 (0.0120)	0.0242 (0.0170)
LDratio	0.0040*** (0.0012)	-0.0022*** (0.0008)	0.0044*** (0.0012)	0.0043*** (0.0011)	-0.0021*** (0.0007)	0.0044*** (0.0012)	0.0048*** (0.0011)	-0.0018** (0.0008)	0.0049*** (0.0011)
Noninterest_ratio	-0.0010 (0.0007)	0.0003 (0.0005)	-0.0011 (0.0007)	-0.0009 (0.0007)	0.0006 (0.0004)	-0.0009 (0.0007)	-0.0007 (0.0007)	0.0006 (0.0005)	-0.0008 (0.0007)
Fixassert_growth	0.1300* (0.0753)	0.1153** (0.0541)	0.1112 (0.0751)	0.0870 (0.0749)	0.0298 (0.0449)	0.0860 (0.0750)	0.0969 (0.0744)	0.0906* (0.0526)	0.0877 (0.0745)

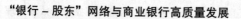

续表

变量名称	Efficiency (1)	CSR (2)	Efficiency (3)	Efficiency (4)	CSR (5)	Efficiency (6)	Efficiency (7)	CSR (8)	Efficiency (9)
GDP_growth	0.3252	0.0602	0.3154	0.3425	0.0888	0.3395	0.3947*	0.1187	0.3827*
	(0.2157)	(0.1550)	(0.2144)	(0.2134)	(0.1280)	(0.2136)	(0.2131)	(0.1505)	(0.2128)
Fiscal_ratio	2.5615***	3.2776***	2.0272***	2.1917***	2.4149***	2.1093***	2.3915***	3.1172***	2.0741***
	(0.7242)	(0.5203)	(0.7421)	(0.7213)	(0.4326)	(0.7394)	(0.7150)	(0.5051)	(0.7349)
Constant	0.0044	0.0685	-0.0068	0.1296	-0.0717	0.1321	0.1319	0.0093	0.1309
	(0.1287)	(0.0925)	(0.1280)	(0.1058)	(0.0634)	(0.1059)	(0.1052)	(0.0743)	(0.1050)
时间固定效应	是	是	是	是	是	是	是	是	是
个体固定效应	是	是	是	是	是	是	是	是	是
样本数	723	723	723	723	723	723	723	723	723
R^2	0.611	0.647	0.616	0.619	0.759	0.619	0.622	0.668	0.624
直接效应		0.0199			1.8317			3.5505	
中介效应		—			—			0.3615	

三、基于异质样本的机制检验

在第四节对于交叉持股和产权结构异质性的讨论中，回归结果表明：第一，在不存在交叉持股的样本中，银行在时变"银行－股东"网络中的局部广度、全局深度越高或是中介地位越突出，银行的效率越高。而网络中心度对于银行效率的影响在存在交叉持股的样本中并不显著。第二，网络局部广度、全局深度和中介地位对于银行效率的积极影响仅在非国有样本中显著存在，在国有样本中并不显著。进一步地，下面将基于异质样本进一步考察"竞争机制"和"资源共享机制"在网络中心度改善银行效率过程中发挥的中介影响。

以是否存在交叉股东作为依据，表 5.12 汇报了不同样本下的"竞争机制"。其中，Panel A 采用存在交叉持股的样本进行估计，第（1）、（4）和（7）列的结果显示，Degree、Close 和 Between 的总效应均不显著，中介效应 Sobel-z 检验的 P 值分别为 0.4532、0.2813 和 0.2945，说明对于存在交叉持股的银行而言，"网络中心度提升→共同股东占比增加→银行效率提升"这一路径并未发挥显著影响。

Panel B 采用不存在交叉持股的样本进行估计，由第（2）、（5）和（8）列可知，Degree 对中介变量 ICB_IM 的影响并不显著，但是 Close 和 Between 对 ICB_IM 均有显著的负向影响。此外，第（6）列同时加入 Close 和 ICB_IM 的估计结果表明，Close 的估计系数不再显著，ICB_IM 的估计系数为 -1.3844 且通过了 5% 的显著性水平检验，Sobel-z 检验的 P 值为 0.0271，说明在不存在交叉持股的样本中，网络全局深度的"竞争机制"在改善银行效率时发挥了完全中介效应；类似地，第（9）列同时加入 Between 和 ICB_IM 的回归结果显示，Between 和 Efficiency 仍然存在显著的正相关关系，ICB_IM 则对 Efficiency 有显著的负向影响，Sobel-z 检验的 P 值为 0.0930，说明存在部分中介效应。经计算，Close 和 Between 对 Efficiency 产生的影响中，通过 ICB_IM 产生的间接效应分别为 0.2612 和 0.2559。

表 5.12 交叉持股的异质效应：竞争机制

变量名称	(1) Efficiency	(2) ICB_IM	(3) Efficiency	Panel A: 存在交叉持股样本 (4) Efficiency	(5) ICB_IM	(6) Efficiency	(7) Efficiency	(8) ICB_IM	(9) Efficiency
Degree	-0.0072 (0.0127)	-0.0021 (0.0021)	-0.0085 (0.0128)						
Close				0.0743 (1.7419)	-1.1951*** (0.2650)	-0.7308 (1.8855)			
Between							-0.1200 (1.5769)	-0.8040*** (0.2490)	-0.6412 (1.6441)
ICB_IM			-0.6185 (0.5622)			-0.6737 (0.6072)			-0.6483 (0.5849)
CAR	-0.0128 (0.0079)	-0.0009 (0.0013)	-0.0134* (0.0079)	-0.0130 (0.0080)	-0.0017 (0.0012)	-0.0142* (0.0080)	-0.0132 (0.0080)	-0.0016 (0.0013)	-0.0142* (0.0080)
ROA	0.2442*** (0.0700)	0.0033 (0.0115)	0.2462*** (0.0700)	0.2353*** (0.0684)	0.0023 (0.0104)	0.2368*** (0.0684)	0.2355*** (0.0684)	0.0018 (0.0108)	0.2367*** (0.0683)
Assert_growth	0.2070** (0.0843)	0.0106 (0.0138)	0.2135** (0.0844)	0.2153** (0.0833)	0.0094 (0.0127)	0.2217*** (0.0834)	0.2145** (0.0835)	0.0089 (0.0132)	0.2203*** (0.0836)
LDratio	0.0057*	0.0022***	0.0071***	0.0056**	0.0021***	0.0071***	0.0056**	0.0021***	0.0070***

续表

Panel A: 存在交叉持股样本

变量名称	(1) Efficiency	(2) ICB_IM	(3) Efficiency	(4) Efficiency	(5) ICB_IM	(6) Efficiency	(7) Efficiency	(8) ICB_IM	(9) Efficiency
	(0.0024)	(0.0004)	(0.0027)	(0.0024)	(0.0004)	(0.0027)	(0.0024)	(0.0004)	(0.0027)
Noninterest_ratio	0.0013 (0.0017)	-0.0005* (0.0003)	0.0010 (0.0017)	0.0014 (0.0017)	-0.0003 (0.0003)	0.0011 (0.0017)	0.0014 (0.0017)	-0.0005** (0.0003)	0.0010 (0.0017)
Fixassert_growth	0.3128 (0.3466)	-0.0815 (0.0569)	0.2624 (0.3493)	0.3197 (0.3469)	-0.0790 (0.0528)	0.2665 (0.3498)	0.3210 (0.3473)	-0.0710 (0.0548)	0.2750 (0.3494)
GDP_growth	-0.4318 (0.9609)	0.0718 (0.1579)	-0.3874 (0.9609)	-0.4424 (0.9711)	-0.0251 (0.1477)	-0.4593 (0.9702)	-0.4520 (0.9631)	0.0407 (0.1521)	-0.4256 (0.9624)
Fiscal_ratio	6.8317*** (2.1462)	-3.1974*** (0.3526)	4.8542* (2.7982)	7.1094*** (2.0979)	-2.9761*** (0.3191)	5.1046* (2.7674)	7.1383*** (2.1056)	-2.9757*** (0.3325)	5.2091* (2.7302)
Constant	0.0176 (0.2609)	0.9564*** (0.0429)	0.6091 (0.5976)	-0.0617 (0.2682)	1.0328*** (0.0408)	0.6341 (0.6820)	-0.0524 (0.2307)	0.9562*** (0.0364)	0.5675 (0.6049)
时间固定效应	是	是	是	是	是	是	是	是	是
个体固定效应	是	是	是	是	是	是	是	是	是
样本数	148	148	148	148	148	148	148	148	148
R^2	0.608	0.818	0.612	0.607	0.843	0.611	0.607	0.831	0.611
直接效应		—			—			—	
中介效应		—			—			—	

续表

Panel B: 不存在交叉持股样本

变量名称	(1) Efficiency	(2) ICB_IM	(3) Efficiency	(4) Efficiency	(5) ICB_IM	(6) Efficiency	(7) Efficiency	(8) ICB_IM	(9) Efficiency
Degree	0.0266*** (0.0103)	0.0010 (0.0009)	0.0283*** (0.0102)						
Close				0.9501* (0.5037)	-0.1887*** (0.0420)	0.7021 (0.5120)			
Between							3.6889*** (0.9903)	-0.1902** (0.0847)	3.4662*** (0.9914)
ICB_IM			-1.6149*** (0.5318)			-1.3844** (0.5453)			-1.3455** (0.5313)
CAR	-0.0020 (0.0035)	-0.0009*** (0.0003)	-0.0034 (0.0035)	-0.0026 (0.0035)	-0.0009*** (0.0003)	-0.0038 (0.0035)	-0.0028 (0.0034)	-0.0009*** (0.0003)	-0.0040 (0.0034)
ROA	0.0312*** (0.0082)	-0.0007 (0.0007)	0.0301*** (0.0082)	0.0309*** (0.0082)	-0.0005 (0.0007)	0.0303*** (0.0082)	0.0308*** (0.0082)	-0.0006 (0.0007)	0.0300*** (0.0081)
Assert_growth	0.0204 (0.0168)	0.0017 (0.0014)	0.0228 (0.0167)	0.0170 (0.0169)	0.0020 (0.0014)	0.0195 (0.0168)	0.0190 (0.0167)	0.0016 (0.0014)	0.0208 (0.0166)
LDratio	0.0041*** (0.0013)	0.0000 (0.0001)	0.0042*** (0.0013)	0.0044*** (0.0013)	0.0000 (0.0001)	0.0045*** (0.0013)	0.0046*** (0.0013)	0.0000 (0.0001)	0.0047*** (0.0013)
Noninterest_ratio	-0.0019** (0.0008)	-0.0000 (0.0001)	-0.0019*** (0.0008)	-0.0018** (0.0008)	-0.0000 (0.0001)	-0.0018** (0.0008)	-0.0016** (0.0008)	-0.0000 (0.0001)	-0.0017** (0.0008)

续表

Panel B: 不存在交叉持股样本

变量名称	(1) Efficiency	(2) ICB_IM	(3) Efficiency	(4) Efficiency	(5) ICB_IM	(6) Efficiency	(7) Efficiency	(8) ICB_IM	(9) Efficiency
Fixassert_growth	0.0702	−0.0083	0.0527	0.0467	−0.0051	0.0348	0.0428	−0.0074	0.0274
	(0.0746)	(0.0064)	(0.0744)	(0.0753)	(0.0063)	(0.0753)	(0.0742)	(0.0064)	(0.0742)
GDP_growth	0.2610	−0.0152	0.2621	0.2680	−0.0174	0.2726	0.3114	−0.0182	0.3198
	(0.2129)	(0.0185)	(0.2158)	(0.2137)	(0.0182)	(0.2172)	(0.2118)	(0.0185)	(0.2154)
Fiscal_ratio	1.2392	−0.3197***	0.7660	1.0844	−0.2905***	0.7281	1.2142	−0.3192***	0.8391
	(0.7737)	(0.0662)	(0.7896)	(0.7804)	(0.0653)	(0.7955)	(0.7681)	(0.0659)	(0.7860)
Constant	0.0212	0.9781***	1.5935***	0.2562**	0.9926***	1.6222***	0.2446**	0.9900***	1.5673***
	(0.1550)	(0.0132)	(0.5425)	(0.1203)	(0.0101)	(0.5545)	(0.1189)	(0.0102)	(0.5392)
时间固定效应	是	是	是	是	是	是	是	是	是
个体固定效应	是	是	是	是	是	是	是	是	是
样本数	570	569	569	570	569	569	570	569	569
R^2	0.657	0.519	0.664	0.655	0.537	0.659	0.662	0.523	0.667
直接效应		0.0283						3.4662	
中介效应		—			0.2612			0.2559	

聚焦"网络中心度提升→共同股东占比增加→银行效率提升"这一路径，表 5.13 的 Panel A 和 Panel B 分别报告了存在交叉持股的银行样本与不存在交叉持股的银行样本下的资源共享机制。其中，Panel A 的回归结果表明，Degree、Close 和 Between 对 Efficiency 的总影响并不显著（第（1）、（4）和（7）列），中介效应也并未通过至少 10% 的 Sobel–z 显著性水平检验（P 值分别为 0.8663、0.9645 和 0.9833）。相比之下，Panel B 的回归结果表明，在不存在交叉持股的样本中，虽然网络中心度对银行效率具有显著的正向影响，但是同时加入中介变量 CSR 和各个网络中心度的估计结果表明（第（3）、（6）和（9）列），CSR 的估计系数均不显著，即共同股东占比增加并不能显著改善不存在交叉持股结构的银行的效率。此外，聚焦 Degree、Close 和 Between 的 Sobel–z 检验的 P 值分别为 0.4919、0.6572 和 0.7719，均未通过至少 10% 的显著性水平检验，再次证实对于不存在交叉持股的银行而言，资源共享机制并非网络中心度影响银行效率的重要渠道。

综合表 5.12 和表 5.13 对于交叉持股异质性效应的讨论，可以看出，交叉持股结构不同，网络中心度对银行效率的影响也会具有异质性，而这一总效应的异质性在一定程度上可以由"竞争机制"在不同样本的差异进行解释。具体来说，对于不存在交叉持股的样本而言，银行全局深度和中介地位的提升能够有效降低其面临的竞争性扭曲进而改善银行效率，而"网络中心度提升→竞争性扭曲减小→银行效率提升"这一路径在存在交叉持股的样本中并不存在。

表 5.13 交叉持股的异质效应：资源共享机制

变量名称				Panel A：存在交叉持股样本					
	（1）Efficiency	（2）CSR	（3）Efficiency	（4）Efficiency	（5）CSR	（6）Efficiency	（7）Efficiency	（8）CSR	（9）Efficiency
Degree	−0.0072 (0.0127)	−0.0259*** (0.0093)	−0.0078 (0.0132)						
Close				0.0743 (1.7419)	5.9158*** (1.1927)	0.1101 (1.9245)			
Between							−0.1200 (1.5769)	0.0722 (1.1879)	−0.1198 (1.5837)
CSR			−0.0214 (0.1271)			−0.0060 (0.1356)			−0.0028 (0.1233)
CAR	−0.0128 (0.0079)	0.0011 (0.0058)	−0.0128 (0.0079)	−0.0130 (0.0080)	0.0034 (0.0054)	−0.0130 (0.0080)	−0.0132 (0.0080)	0.0001 (0.0060)	−0.0132 (0.0080)
ROA	0.2442*** (0.0700)	0.0153 (0.0512)	0.2445*** (0.0704)	0.2353*** (0.0684)	−0.0246 (0.0468)	0.2351** (0.0688)	0.2355*** (0.0684)	−0.0165 (0.0515)	0.2355*** (0.0687)
Assert_growth	0.2070** (0.0843)	0.0557 (0.0615)	0.2082** (0.0849)	0.2153** (0.0833)	0.1029* (0.0570)	0.2159** (0.0848)	0.2145** (0.0835)	0.0854 (0.0629)	0.2147** (0.0845)
LDratio	0.0057** (0.0024)	−0.0046*** (0.0017)	0.0056** (0.0024)	0.0056** (0.0024)	−0.0044*** (0.0016)	0.0056** (0.0025)	0.0056** (0.0024)	−0.0048*** (0.0018)	0.0056** (0.0025)
Noninterest_ratio	0.0013 (0.0017)	0.0011 (0.0012)	0.0013 (0.0017)	0.0014 (0.0017)	0.0004 (0.0012)	0.0014 (0.0017)	0.0014 (0.0017)	0.0013 (0.0013)	0.0014 (0.0017)

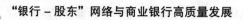

续表

Panel A: 存在交叉持股样本

变量名称	(1) Efficiency	(2) CSR	(3) Efficiency	(4) Efficiency	(5) CSR	(6) Efficiency	(7) Efficiency	(8) CSR	(9) Efficiency
Fixassert_growth	0.3128	0.2021	0.3171	0.3197	0.2251	0.3211	0.3210	0.2264	0.3216
	(0.3466)	(0.2532)	(0.3490)	(0.3469)	(0.2375)	(0.3497)	(0.3473)	(0.2616)	(0.3499)
GDP_growth	-0.4318	-0.4200	-0.4408	-0.4424	-0.0229	-0.4425	-0.4520	-0.4763	-0.4534
	(0.9609)	(0.7019)	(0.9664)	(0.9711)	(0.6649)	(0.9752)	(0.9631)	(0.7255)	(0.9690)
Fiscal_ratio	6.8317***	7.6337***	6.9953***	7.1094***	7.9898***	7.1577***	7.1383***	8.6513***	7.1621***
	(2.1462)	(1.5677)	(2.3635)	(2.0979)	(1.4365)	(2.3692)	(2.1056)	(1.5861)	(2.3683)
Constant	0.0176	0.5947***	0.0303	-0.0617	-0.1549	-0.0626	-0.0524	0.3294*	-0.0515
	(0.2609)	(0.1906)	(0.2727)	(0.2682)	(0.1837)	(0.2702)	(0.2307)	(0.1738)	(0.2353)
时间固定效应	是	是	是	是	是	是	是	是	是
个体固定效应	是	是	是	是	是	是	是	是	是
样本数	148	148	148	148	148	148	148	148	148
R^2	0.608	0.761	0.608	0.607	0.789	0.607	0.607	0.745	0.607
直接效应		—			—			—	
中介效应		—			—			—	

续表

Panel B: 不存在交叉持股样本

变量名称	(1) Efficiency	(2) CSR	(3) Efficiency	(4) Efficiency	(5) CSR	(6) Efficiency	(7) Efficiency	(8) CSR	(9) Efficiency
Degree	0.0266*** (0.0103)	-0.0075 (0.0072)	0.0271*** (0.0103)						
Close				0.9501* (0.5037)	4.6944*** (0.2806)	1.1209* (0.6341)			
Between							3.6889*** (0.9903)	4.4477*** (0.6712)	3.7758*** (1.0355)
CSR			0.0595 (0.0650)			-0.0364 (0.0819)			-0.0195 (0.0673)
CAR	-0.0020 (0.0035)	0.0039 (0.0024)	-0.0022 (0.0035)	-0.0026 (0.0035)	0.0040** (0.0019)	-0.0025 (0.0035)	-0.0028 (0.0034)	0.0038* (0.0023)	-0.0027 (0.0034)
ROA	0.0312*** (0.0082)	0.0011 (0.0058)	0.0312*** (0.0082)	0.0309*** (0.0082)	-0.0032 (0.0046)	0.0308*** (0.0083)	0.0308*** (0.0082)	-0.0002 (0.0055)	0.0308*** (0.0082)
Assert_growth	0.0204 (0.0168)	-0.0006 (0.0118)	0.0204 (0.0168)	0.0170 (0.0169)	-0.0102 (0.0094)	0.0166 (0.0169)	0.0190 (0.0167)	-0.0003 (0.0113)	0.0190 (0.0167)
LDratio	0.0041*** (0.0013)	-0.0006 (0.0009)	0.0042*** (0.0013)	0.0044*** (0.0013)	-0.0005 (0.0007)	0.0044*** (0.0013)	0.0046*** (0.0013)	-0.0004 (0.0009)	0.0046*** (0.0013)
Noninterest_ratio	-0.0019** (0.0008)	0.0003 (0.0006)	-0.0019** (0.0008)	-0.0018** (0.0008)	0.0007 (0.0005)	-0.0017** (0.0008)	-0.0016** (0.0008)	0.0005 (0.0006)	-0.0016** (0.0008)
Fixassert_growth	0.0702 (0.0746)	0.0789 (0.0523)	0.0655 (0.0747)	0.0467 (0.0753)	-0.0027 (0.0419)	0.0466 (0.0754)	0.0428 (0.0742)	0.0557 (0.0503)	0.0439 (0.0743)

续表

Panel B：不存在交叉持股样本

变量名称	（1）Efficiency	（2）CSR	（3）Efficiency	（4）Efficiency	（5）CSR	（6）Efficiency	（7）Efficiency	（8）CSR	（9）Efficiency
GDP_growth	0.2610	0.0375	0.2587	0.2680	0.0756	0.2708	0.3114	0.0993	0.3134
	（0.2129）	（0.1495）	（0.2130）	（0.2137）	（0.1190）	（0.2139）	（0.2118）	（0.1436）	（0.2121）
Fiscal_ratio	1.2392	1.6645***	1.1401	1.0844	0.9096**	1.1175	1.2142	1.6372***	1.2462
	（0.7737）	（0.5432）	（0.7813）	（0.7804）	（0.4347）	（0.7846）	（0.7681）	（0.5206）	（0.7767）
Constant	0.0212	0.0768	0.0167	0.2562**	-0.0997	0.2526**	0.2446**	-0.0348	0.2439**
	（0.1550）	（0.1089）	（0.1551）	（0.1203）	（0.0670）	（0.1207）	（0.1189）	（0.0806）	（0.1190）
时间固定效应	是	是	是	是	是	是	是	是	是
个体固定效应	是	是	是	是	是	是	是	是	是
样本数	570	570	570	570	570	570	570	570	570
R^2	0.657	0.549	0.658	0.655	0.714	0.655	0.662	0.586	0.662
直接效应		0.0271			1.1209			3.7758	
中介效应		—			—			—	

表 5.14 和表 5.15 分别基于竞争机制和资源共享机制考察产权性质的异质影响。其中，表 5.14 的 Panel A 以非国有商业银行为样本，第（1）、（4）和（7）列的检验结果说明，Degree、Close 和 Between 对 Efficiency 的总影响均显著为正；第（2）、（5）和（8）列分别以各个网络中心度指标作为核心解释变量，中介变量（竞争性扭曲 ICB_IM）作为被解释变量进行估计，结果显示，Degree、Close 和 Between 均能够显著降低银行面临的竞争性扭曲；第（3）、（6）和（9）列同时加入网络中心度指标和 ICB_IM 进行估计，ICB_IM 的估计系数均在 1% 的统计水平上显著为负，Sobel–z 检验的 P 值分别为 0.0002、0.0008 和 0.0018，说明中介效应显著。具体来看，Degree 的估计系数不再显著（第（3）列），说明网络局部广度改善银行效率的过程中，"竞争机制"发挥了完全中介效应，中介效应大小为 0.014；Close（第（6）列）和 Between（第（9）列）的估计系数仍然显著为正，说明存在部分中介效应。经计算，由"竞争机制"产生的间接效应大小分别为 0.5809 和 1.0050。

Panel B 聚焦国有商业银行考察"竞争机制"的影响，由回归结果可知，无论是网络中心度对银行效率的总效应（第（1）、（4）和（7）列），还是"竞争机制"主导的中介效应（第（2）、（5）和（8）列），均未通过至少 10% 的显著性水平检验。

表 5.14 产权性质的异质效应：竞争机制

变量名称	Panel A: 非国有商业银行样本								
	(1) Efficiency	(2) ICB_IM	(3) Efficiency	(4) Efficiency	(5) ICB_IM	(6) Efficiency	(7) Efficiency	(8) ICB_IM	(9) Efficiency
Degree	0.0191* (0.0099)	-0.0019*** (0.0003)	0.0051 (0.0102)						
Close				1.9651*** (0.4686)	-0.0937*** (0.0142)	1.3910*** (0.4850)			
Between							4.9363*** (0.9729)	-0.1683*** (0.0303)	3.9536*** (0.9943)
ICB_IM			-7.3566*** (1.5989)			-6.1973*** (1.5893)			-5.9709*** (1.5539)
CAR	-0.0050 (0.0035)	-0.0000 (0.0001)	-0.0053 (0.0034)	-0.0040 (0.0035)	-0.0001 (0.0001)	-0.0043 (0.0034)	-0.0044 (0.0034)	-0.0000 (0.0001)	-0.0045 (0.0034)
ROA	0.2735*** (0.0292)	-0.0023*** (0.0009)	0.2566*** (0.0288)	0.2755*** (0.0285)	-0.0027*** (0.0009)	0.2583*** (0.0284)	0.2788*** (0.0282)	-0.0029*** (0.0009)	0.2611*** (0.0282)
Assert_growth	0.0974** (0.0495)	0.0041*** (0.0015)	0.1274*** (0.0489)	0.0804* (0.0483)	0.0056*** (0.0015)	0.1141** (0.0485)	0.0961** (0.0479)	0.0050*** (0.0015)	0.1247*** (0.0479)
LDratio	0.0068*** (0.0015)	-0.0003*** (0.0000)	0.0047*** (0.0015)	0.0067*** (0.0015)	-0.0003*** (0.0000)	0.0050*** (0.0015)	0.0070*** (0.0014)	-0.0003*** (0.0000)	0.0053*** (0.0015)
Noninterest_ratio	-0.0012 (0.0008)	-0.0000 (0.0000)	-0.0014* (0.0008)	-0.0011 (0.0008)	-0.0000 (0.0000)	-0.0013* (0.0008)	-0.0009 (0.0008)	-0.0000 (0.0000)	-0.0012 (0.0008)

续表

Panel A: 非国有商业银行样本

变量名称	(1) Efficiency	(2) ICB_IM	(3) Efficiency	(4) Efficiency	(5) ICB_IM	(6) Efficiency	(7) Efficiency	(8) ICB_IM	(9) Efficiency
Fixassert_growth	0.1819*	-0.0029	0.1584	0.1516	-0.0006	0.1428	0.1453	-0.0006	0.1353
	(0.0980)	(0.0030)	(0.0969)	(0.0963)	(0.0030)	(0.0957)	(0.0954)	(0.0030)	(0.0949)
GDP_growth	0.2963	-0.0106	0.2305	0.3216	-0.0136	0.2633	0.3713	-0.0153*	0.3129
	(0.2712)	(0.0084)	(0.2749)	(0.2667)	(0.0084)	(0.2725)	(0.2644)	(0.0085)	(0.2706)
Fiscal_ratio	0.3259	-0.0545**	-0.0564	-0.0346	-0.0327	-0.1998	0.1452	-0.0424	-0.0596
	(0.9146)	(0.0276)	(0.9045)	(0.9000)	(0.0275)	(0.8933)	(0.8899)	(0.0278)	(0.8848)
Constant	-0.2623	1.0029***	7.1140*	-0.1345	0.9870***	5.9784***	-0.1370	0.9863***	5.7466***
	(0.1592)	(0.0048)	(1.6111)	(0.1227)	(0.0037)	(1.5734)	(0.1213)	(0.0038)	(1.5373)
时间固定效应	是	是	是	是	是	是	是	是	是
个体固定效应	是	是	是	是	是	是	是	是	是
样本数	491	490	490	491	490	490	491	490	490
R^2	0.685	0.863	0.700	0.695	0.864	0.706	0.700	0.860	0.711
直接效应		—			1.3910			3.9536	
中介效应		0.0140			0.5809			1.0050	

续表

变量名称	(1) Efficiency	(2) ICB_IM	(3) Efficiency	(4) Efficiency	(5) ICB_IM	(6) Efficiency	(7) Efficiency	(8) ICB_IM	(9) Efficiency
				Panel B：国有商业银行样本					
Degree	0.0073 (0.0107)	-0.0011 (0.0019)	0.0070 (0.0108)						
Close				0.1268 (0.9162)	-0.6215*** (0.1531)	-0.0203 (0.9603)			
Between							0.1306 (1.2474)	-0.5060** (0.2147)	0.0126 (1.2697)
ICB_IM			-0.2216 (0.4332)			-0.2367 (0.4533)			-0.2331 (0.4402)
CAR	-0.0003 (0.0055)	-0.0020** (0.0010)	-0.0008 (0.0056)	-0.0003 (0.0056)	-0.0014 (0.0009)	-0.0006 (0.0056)	-0.0002 (0.0055)	-0.0019** (0.0009)	-0.0006 (0.0056)
ROA	0.0234*** (0.0085)	-0.0011 (0.0015)	0.0231*** (0.0085)	0.0234*** (0.0086)	-0.0001 (0.0014)	0.0234*** (0.0086)	0.0235*** (0.0085)	-0.0008 (0.0015)	0.0233*** (0.0085)
Assert_growth	0.0336* (0.0174)	-0.0009 (0.0030)	0.0334* (0.0174)	0.0330* (0.0176)	0.0012 (0.0029)	0.0333* (0.0177)	0.0333* (0.0174)	-0.0004 (0.0030)	0.0332* (0.0174)
LDratio	0.0018 (0.0020)	0.0015*** (0.0004)	0.0021 (0.0021)	0.0020 (0.0020)	0.0014*** (0.0003)	0.0023 (0.0021)	0.0020 (0.0020)	0.0014*** (0.0003)	0.0023 (0.0021)
Noninterest_ratio	0.0012 (0.0016)	-0.0007** (0.0003)	0.0010 (0.0017)	0.0012 (0.0016)	-0.0007** (0.0003)	0.0010 (0.0017)	0.0012 (0.0017)	-0.0008** (0.0003)	0.0010 (0.0017)

续表

Panel B: 国有商业银行样本

变量名称	(1) Efficiency	(2) ICB_IM	(3) Efficiency	(4) Efficiency	(5) ICB_IM	(6) Efficiency	(7) Efficiency	(8) ICB_IM	(9) Efficiency
Fixassert_growth	-0.1212	-0.0212	-0.1259	-0.1225	-0.0060	-0.1239	-0.1199	-0.0193	-0.1244
	(0.1066)	(0.0186)	(0.1072)	(0.1091)	(0.0182)	(0.1093)	(0.1068)	(0.0184)	(0.1073)
GDP_growth	0.3410	-0.0189	0.3368	0.3467	-0.0300	0.3395	0.3488	-0.0363	0.3404
	(0.3089)	(0.0540)	(0.3096)	(0.3096)	(0.0517)	(0.3106)	(0.3120)	(0.0537)	(0.3131)
Fiscal_ratio	-0.8310	-0.9311***	-1.0373	-0.8141	-0.8979***	-1.0267	-0.7903	-0.9982***	-1.0230
	(1.2990)	(0.2271)	(1.3628)	(1.3012)	(0.2174)	(1.3660)	(1.3095)	(0.2253)	(1.3838)
Constant	0.4559**	0.9482***	0.6659	0.5080**	0.9551***	0.7341	0.5074**	0.9543***	0.7299
	(0.2133)	(0.0373)	(0.4631)	(0.1986)	(0.0332)	(0.4765)	(0.2005)	(0.0345)	(0.4657)
时间固定效应	是	是	是	是	是	是	是	是	是
个体固定效应	是	是	是	是	是	是	是	是	是
样本数	229	229	229	229	229	229	229	229	229
R^2	0.737	0.800	0.737	0.736	0.817	0.736	0.736	0.806	0.736
直接效应		—			—			—	
中介效应		—			—			—	

表 5.15 考察不同产权性质样本中"资源共享机制"的影响，无论是以非国有商业银行作为样本的 Panel A 还是以国有商业银行作为样本的 Panel B，Sobel-z 检验的 P 值均大于 0.1，说明"网络中心度提升→共同股东占比增加→银行效率提升"这一路径在以产权性质划分样本进行分组回归后均未发挥出显著影响。

　　综合表 5.14 和表 5.15 聚焦产权性质异质效应的机制检验结果来看，无论是网络局部广度、全局深度还是中介地位，非国有商业银行网络中心度对银行效率的影响中均存在"网络中心度提升→竞争性扭曲减小→银行效率提升"这一"竞争机制"，而这一机制在国有商业银行中并未发挥显著的作用。这一结果也从机制检验的角度为理解网络中心度改善银行效率的异质效应提供了一种新思路，说明相比国有商业银行，非国有商业银行面临了较高的竞争性扭曲，而时变"银行－股东"网络的中心位置有助于银行缓解其面临的竞争性扭曲，进而改善银行效率。

表 5.15 产权性质的异质效应：资源共享机制

Panel A: 非国有商业银行样本

变量名称	(1) Efficiency	(2) CSR	(3) Efficiency	(4) Efficiency	(5) CSR	(6) Efficiency	(7) Efficiency	(8) CSR	(9) Efficiency
Degree	0.0191* (0.0099)	0.0098 (0.0073)	0.0178* (0.0099)						
Close				1.9651*** (0.4686)	4.4892*** (0.2700)	2.2657*** (0.6045)			
Between							4.9363*** (0.9729)	4.7436*** (0.6918)	4.7845*** (1.0273)
CSR			0.1262* (0.0669)			-0.0670 (0.0850)			0.0320 (0.0689)
CAR	-0.0050 (0.0035)	0.0001 (0.0026)	-0.0050 (0.0035)	-0.0040 (0.0035)	0.0032 (0.0020)	-0.0038 (0.0035)	-0.0044 (0.0034)	0.0009 (0.0024)	-0.0044 (0.0034)
ROA	0.2735*** (0.0292)	-0.0109 (0.0213)	0.2748*** (0.0291)	0.2755*** (0.0285)	-0.0189 (0.0164)	0.2743*** (0.0286)	0.2788*** (0.0282)	-0.0089 (0.0201)	0.2791*** (0.0283)
Assert_growth	0.0974* (0.0495)	0.0267 (0.0361)	0.0940* (0.0494)	0.0804* (0.0483)	0.0092 (0.0278)	0.0810* (0.0483)	0.0961** (0.0479)	0.0309 (0.0341)	0.0951** (0.0480)
LDratio	0.0068*** (0.0015)	0.0017 (0.0011)	0.0065*** (0.0015)	0.0067*** (0.0015)	0.0014 (0.0008)	0.0068*** (0.0015)	0.0070*** (0.0014)	0.0019* (0.0010)	0.0070*** (0.0015)
Noninterest_ratio	-0.0012 (0.0008)	0.0009 (0.0006)	-0.0013* (0.0008)	-0.0011 (0.0008)	0.0012*** (0.0004)	-0.0010 (0.0008)	-0.0009 (0.0008)	0.0012** (0.0005)	-0.0010 (0.0008)
Fixassert_growth	0.1819* (0.0980)	0.0409 (0.0715)	0.1767 (0.0977)	0.1516 (0.0963)	-0.0053 (0.0555)	0.1513 (0.0963)	0.1453 (0.0954)	0.0115 (0.0678)	0.1450 (0.0955)

续表

Panel A：非国有商业银行样本

变量名称	（1）Efficiency	（2）CSR	（3）Efficiency	（4）Efficiency	（5）CSR	（6）Efficiency	（7）Efficiency	（8）CSR	（9）Efficiency
GDP_growth	0.2963	0.0367	0.2916	0.3216	0.0611	0.3257	0.3713	0.1003	0.3681
	（0.2712）	（0.1979）	（0.2704）	（0.2667）	（0.1537）	（0.2668）	（0.2644）	（0.1880）	（0.2648）
Fiscal_ratio	0.3259	0.6065	0.2493	-0.0346	-0.0220	-0.0360	0.1452	0.4819	0.1298
	（0.9146）	（0.6672）	（0.9127）	（0.9000）	（0.5187）	（0.9004）	（0.8899）	（0.6327）	（0.8913）
Constant	-0.2623	-0.0990	-0.2498	-0.1345	-0.1468**	-0.1443	-0.1370	-0.0640	-0.1349
	（0.1592）	（0.1162）	（0.1589）	（0.1227）	（0.0707）	（0.1234）	（0.1213）	（0.0863）	（0.1215）
时间固定效应	是	是	是	是	是	是	是	是	是
个体固定效应	是	是	是	是	是	是	是	是	是
样本数	491	491	491	491	491	491	491	491	491
R^2	0.685	0.571	0.687	0.695	0.741	0.695	0.700	0.613	0.701
直接效应		0.0178			2.2657			4.7845	
中介效应		—			—			—	

续表

Panel B: 国有商业银行样本

变量名称	(1) Efficiency	(2) CSR	(3) Efficiency	(4) Efficiency	(5) CSR	(6) Efficiency	(7) Efficiency	(8) CSR	(9) Efficiency
Degree	0.0073 (0.0107)	-0.0225*** (0.0082)	0.0067 (0.0110)						
Close				0.1268 (0.9162)	3.6435*** (0.6566)	0.3094 (0.9957)			
Between							0.1306 (1.2474)	0.2356 (0.9693)	0.1395 (1.2507)
CSR			-0.0250 (0.0995)			-0.0501 (0.1057)			-0.0376 (0.0975)
CAR	-0.0003 (0.0055)	0.0043 (0.0042)	-0.0002 (0.0055)	-0.0003 (0.0056)	0.0004 (0.0040)	-0.0002 (0.0056)	-0.0002 (0.0055)	0.0037 (0.0043)	-0.0000 (0.0055)
ROA	0.0234*** (0.0085)	0.0010 (0.0064)	0.0234*** (0.0085)	0.0234*** (0.0086)	-0.0055 (0.0062)	0.0231*** (0.0086)	0.0235*** (0.0085)	0.0001 (0.0066)	0.0235*** (0.0085)
Assert_growth	0.0336* (0.0174)	0.0002 (0.0132)	0.0336* (0.0174)	0.0330* (0.0176)	-0.0113 (0.0126)	0.0324* (0.0177)	0.0333* (0.0174)	0.0007 (0.0135)	0.0333* (0.0175)
LDratio	0.0018 (0.0020)	-0.0040** (0.0016)	0.0017 (0.0021)	0.0020 (0.0020)	-0.0044*** (0.0014)	0.0018 (0.0021)	0.0020 (0.0020)	-0.0046*** (0.0016)	0.0018 (0.0021)
Noninterest_ratio	0.0012 (0.0016)	-0.0002 (0.0012)	0.0012 (0.0016)	0.0012 (0.0016)	-0.0003 (0.0012)	0.0012 (0.0016)	0.0012 (0.0017)	-0.0002 (0.0013)	0.0012 (0.0017)
Fixassert_growth	-0.1212 (0.1066)	0.1261 (0.0812)	-0.1181 (0.1076)	-0.1225 (0.1091)	0.0293 (0.0782)	-0.1211 (0.1094)	-0.1199 (0.1068)	0.1194 (0.0830)	-0.1154 (0.1077)

续表

Panel B: 国有商业银行样本

变量名称	(1) Efficiency	(2) CSR	(3) Efficiency	(4) Efficiency	(5) CSR	(6) Efficiency	(7) Efficiency	(8) CSR	(9) Efficiency
GDP_growth	0.3410	0.0178	0.3415	0.3467	0.0692	0.3501	0.3488	0.0149	0.3494
	(0.3089)	(0.2353)	(0.3097)	(0.3096)	(0.2219)	(0.3104)	(0.3120)	(0.2424)	(0.3128)
Fiscal_ratio	-0.8310	4.0385***	-0.7299	-0.8141	3.7469***	-0.6264	-0.7903	3.9925***	-0.6401
	(1.2990)	(0.9896)	(1.3630)	(1.3012)	(0.9326)	(1.3629)	(1.3095)	(1.0175)	(1.3692)
Constant	0.4559**	0.3835**	0.4655**	0.5080**	0.1239	0.5142**	0.5074**	0.2061	0.5151**
	(0.2133)	(0.1625)	(0.2172)	(0.1986)	(0.1423)	(0.1995)	(0.2005)	(0.1558)	(0.2020)
时间固定效应	是	是	是	是	是	是	是	是	是
个体固定效应	是	是	是	是	是	是	是	是	是
样本数	229	229	229	229	229	229	229	229	229
R^2	0.737	0.837	0.737	0.736	0.856	0.736	0.736	0.830	0.736
直接效应		—			—			—	
中介效应		—			—			—	

第六节 稳健性讨论

表 5.4 的基准估计结果说明，网络中心度能够显著促进银行效率改善，为了检验这一结论是否具有稳健性，下面分别从变更网络构建方法、处理内生性问题等角度再次进行检验。

一、变更网络构建方法

不同的网络构建方法对于网络成员的选择和社会关系的识别方式有别，进而使得网络结构对于银行效率的影响可能存在差异。在上文中，本章采用的基础网络是时变（非增长）"银行－股东"网络，在此基础上，从网络的节点关系选择和"增长"性质两个角度出发，表 5.16 汇报了另外两种网络构建方法下的回归结果。其中，Panel A 为时变"银行－银行"网络，Panel B 为时变增长"银行－股东"网络，其在时变"银行－股东"网络基础上进一步纳入增长特征。"增长"特征表征的是从初始时刻到当前时刻所有关系的并集，即该网络在刻画每年网络成员关系的同时，也将历年的全部网络成员关系也予以保留。不难发现，在改变网络的构造方法后，各个网络中心度指标（Degree、Close 和 Between）的估计系数均显著为正，说明变更网络构建方法后，基准估计结果具有较强的稳健性。

表 5.16 网络中心度与银行效率提升：变更网络构建方法

变量名称	Panel A：时变"银行－银行"网络 Efficiency			Panel B：时变增长"银行－股东"网络 Efficiency		
	（1）	（2）	（3）	（4）	（5）	（6）
Degree	0.0066*** (0.0025)			0.0039*** (0.0014)		
Close		0.6159*** (0.1519)			1.3483*** (0.3601)	
Between			2.6512*** (0.7714)			3.1103*** (0.6620)

续表

变量名称	Panel A：时变"银行－银行"网络			Panel B：时变增长"银行－股东"网络		
	Efficiency			Efficiency		
	（1）	（2）	（3）	（4）	（5）	（6）
CAR	−0.0012	−0.0008	−0.0005	−0.0013	0.0003	−0.0006
	（0.0031）	（0.0031）	（0.0031）	（0.0031）	（0.0031）	（0.0031）
ROA	0.0419***	0.0407***	0.0428***	0.0427***	0.0404***	0.0412***
	（0.0084）	（0.0084）	（0.0084）	（0.0085）	（0.0085）	（0.0084）
Assert_growth	0.0230	0.0191	0.0232	0.0227	0.0200	0.0221
	（0.0170）	（0.0169）	（0.0170）	（0.0172）	（0.0172）	（0.0170）
LDratio	0.0039***	0.0042***	0.0044***	0.0041***	0.0044***	0.0045***
	（0.0012）	（0.0011）	（0.0011）	（0.0012）	（0.0012）	（0.0011）
Noninterest_ratio	−0.0012	−0.0010	−0.0009	−0.0011	−0.0008	−0.0009
	（0.0007）	（0.0007）	（0.0007）	（0.0007）	（0.0007）	（0.0007）
Fixassert_growth	0.1007	0.0803	0.1072	0.1249*	0.1195	0.1152
	（0.0747）	（0.0745）	（0.0742）	（0.0752）	（0.0748）	（0.0744）
GDP_growth	0.3164	0.3566*	0.3939*	0.3308	0.3150	0.3478
	（0.2138）	（0.2119）	（0.2130）	（0.2154）	（0.2144）	（0.2131）
Fiscal_ratio	2.0589***	2.0709***	2.3922***	2.8472***	2.2868***	2.5616***
	（0.7312）	（0.7179）	（0.7148）	（0.7304）	（0.7237）	（0.7154）
Constant	0.2187**	0.1757*	0.1629	0.1270	0.0928	0.1273
	（0.1055）	（0.1043）	（0.1049）	（0.1082）	（0.1084）	（0.1056）
时间固定效应	是	是	是	是	是	是
个体固定效应	是	是	是	是	是	是
样本数	720	720	720	723	723	723
R^2	0.619	0.624	0.622	0.612	0.616	0.620

二、处理内生性问题

引发内生性的两类常见问题为反向因果和遗漏变量。在本章中，一方面，我们证实了网络中心度能够对银行效率产生显著的积极影响。然而随着银行效率的不断提升，商业银行可能会对外界产生更强的吸引力，并与拥有更多关系网络的银行建立起紧密联系，从而强化其在网络中所处的中心位置,即网络中心度和银行效率之间可能存在反向因果关系;另一方面,尽管我们采用固定效应模型将银行个体和年份的异质影响予以控制,也从银行财务和银行所在城市经宏观经济发展两方面加入了众多控制变量,但是不可否认,模型中仍存在一些遗漏变量未能准确捕捉。为此,我们采用如下三种方法来处理内生性问题。

第一,借鉴萧维嘉等人(2009)、傅代国和夏常源(2014)基于网络特征选取工具变量的思路,我们利用如下步骤处理内生性问题。首先,利用公式(5-13)可以得到各个网络结构指标 Centrality$_{it}$ 的残差 Cen_res$_{it}$,该残差与因变量 Efficiency$_{it}$ 及控制变量不相关,与 Centrality$_{it}$ 本身高度相关。基于此,本章使用残差作为 Centrality$_{it}$ 的工具变量进行估计,工具变量法的第二阶段回归结果汇报在表 5.17 的 Panel A(第(1)至(3)列)中。其次,以残差作为核心解释变量,Degree$_{it}$、Close$_{it}$ 和 Between$_{it}$ 分别作为被解释变量的工具变量回归中,第一阶段回归 F 值分别为 7152.70、2267.13 和 1856.84,均远高于 10,说明工具变量满足相关性。在工具变量法的第二阶段回归中,Degree、Close 和 Between 的估计系数仍然显著为正,大小分别为 0.0279、1.0040 和 2.8102,与基准估计结果基本保持一致。

$$Centrality_{it} = \beta_0 + \beta_1 Efficiency_{it} + \beta_2 Bank\_C_{it} + \beta_3 Macro\_C_{it} + \mu_i + \nu_t + \varepsilon_{it}$$

$$(5-13)$$

第二,表 5.17 的 Panel B(第(4)至(6)列)采用两步系统 GMM 方法进行重新估计来缓解可能存在的内生性问题,从各模型的检验统计量可以看到,AR(2)的 P 值和 Hansen 检验 P 值均大于 0.1,符合两步系统 GMM 对误差项不存在二阶自相关和工具变量外生性的前提要求。滞后一期的因变量(L.Efficiency)的估计系数均在 1% 的统计性水平上显著为正,说明银行的效率管理水平在时间上具有一定的连续性。此外,Degree、Close 和 Between 与银行效率 Efficiency 均在 1% 的统计性水平上和银行效率显著正相关,同样证实了银行在时变"银行－股东"网络中局部广度、全局深度与中介程度的提升能够显著改善银行效率。

表 5.17　网络中心度与银行效率提升：残差工具变量法与系统 GMM

变量名称	Panel A：残差工具变量法 Efficiency			Panel B：系统 GMM 法 Efficiency		
	（1）	（2）	（3）	（4）	（5）	（6）
Degree	0.0279*** （0.0090）			0.0035*** （0.0010）		
Close		1.0040* （0.5162）			0.4927*** （0.0811）	
Between			2.8102*** （0.8424）			2.3465*** （0.2413）
L.Efficiency				0.5411*** （0.0059）	0.5310*** （0.0062）	0.5542*** （0.0058）
CAR	0.0047 （0.0034）	0.0046 （0.0034）	0.0040 （0.0034）	−0.0089*** （0.0003）	−0.0088*** （0.0007）	−0.0073*** （0.0005）
ROA	0.0121 （0.0088）	0.0120 （0.0089）	0.0122 （0.0088）	0.0093*** （0.0015）	0.0097*** （0.0007）	0.0092*** （0.0009）
Assert_growth	−0.0813** （0.0353）	−0.0894** （0.0354）	−0.0827** （0.0352）	0.0035 （0.0022）	0.0118*** （0.0038）	0.0091** （0.0036）
LDratio	0.0034** （0.0016）	0.0042*** （0.0016）	0.0046*** （0.0016）	0.0021*** （0.0001）	0.0019*** （0.0001）	0.0020*** （0.0002）
Noninterest_ratio	−0.0025*** （0.0009）	−0.0026*** （0.0009）	−0.0023** （0.0009）	−0.0013*** （0.0000）	−0.0010*** （0.0001）	−0.0009*** （0.0001）
Fixassert_growth	0.0902 （0.0823）	0.0626 （0.0832）	0.0602 （0.0822）	−0.1962*** （0.0077）	−0.1995*** （0.0099）	−0.2006*** （0.0095）
GDP_growth	0.0468 （0.2409）	0.1039 （0.2422）	0.1355 （0.2404）	0.2338*** （0.0214）	0.1738*** （0.0134）	0.1594*** （0.0108）
Fiscal_ratio	2.7057*** （0.9072）	2.4844*** （0.9164）	2.5779*** （0.9044）	−0.4536*** （0.0505）	−0.4129*** （0.0801）	−0.3143*** （0.0505）
时间固定效应	是	是	是	是	是	是
个体固定效应	是	是	是	是	是	是
样本数	599	599	599	729	729	729
R^2 值	0.093	0.084	0.099	—	—	—
Hansen−p 值	—	—	—	1.0000	1.0000	1.0000
AR（1）−P 值	—	—	—	0.0000	0.0000	0.0000
AR（2）−p 值	—	—	—	0.382	0.418	0.410

注：AR（1）和 AR（2）检验的原假设分别为"随机误差项不存在一阶自相关"和"随机误差项不存在二阶自相关"；Hansen 检验的原假设为"工具变量为外生变量"。

第三，分别以滞后一期网络中心度指标（见表 5.18 的 Panel A）与滞后两期网络中心度指标（见表 5.18 的 Panel B）作为工具变量，我们发现在工具变量法的第一阶段回归中，F 值均高于 10；在工具变量法的第二阶段回归中，Degree（第（1）列与第（4）列）、Close（第（2）列与第（5）列）和 Between（第（3）列与第（6）列）的估计系数在 1% 的统计水平下显著为正，与基准回归结果保持一致。综合考虑三种不同控制内生性问题的回归结果，在考虑并处理潜在的内生性问题后，不同工具变量的回归结果与两步系统 GMM 法的回归结果与基准回归结果相比，核心解释变量的大小和显著性均保持高度的一致性，表明本章的研究结论是稳健的。

表 5.18　网络中心度与银行效率提升：滞后变量工具变量法

变量名称	Panel A：滞后一期网络中心度指标做工具变量 Efficiency			Panel B：滞后两期网络中心度指标做工具变量 Efficiency		
	（1）	（2）	（3）	（4）	（5）	（6）
Degree	0.0479***			0.1050***		
	（0.0147）			（0.0263）		
Close		2.3533***			2.6167***	
		（0.7245）			（0.8779）	
Between			9.5505***			10.1089***
			（2.1169）			（2.3712）
CAR	0.0012	0.0012	0.0005	0.0067	0.0075	0.0062
	（0.0041）	（0.0040）	（0.0041）	（0.0055）	（0.0052）	（0.0054）
ROA	0.0396***	0.0382***	0.0372***	0.0443***	0.0464***	0.0464***
	（0.0098）	（0.0098）	（0.0100）	（0.0128）	（0.0121）	（0.0124）
Assert_growth	0.0098	−0.0001	0.0069	0.0176	0.0002	0.0052
	（0.0185）	（0.0183）	（0.0187）	（0.0198）	（0.0187）	（0.0191）
LDratio	0.0044***	0.0048***	0.0054***	0.0039***	0.0049***	0.0055***
	（0.0012）	（0.0012）	（0.0013）	（0.0014）	（0.0013）	（0.0013）
Noninterest_ratio	−0.0012	−0.0010	−0.0006	−0.0007	−0.0009	−0.0005
	（0.0008）	（0.0008）	（0.0008）	（0.0010）	（0.0009）	（0.0010）
Fixassert_growth	0.2171**	0.1505*	0.1176	0.1920*	0.1131	0.0833
	（0.0902）	（0.0909）	（0.0936）	（0.1112）	（0.1073）	（0.1103）

续表

变量名称	Panel A：滞后一期网络 中心度指标做工具变量 Efficiency			Panel B：滞后两期网络 中心度指标做工具变量 Efficiency		
	（1）	（2）	（3）	（4）	（5）	（6）
GDP_growth	0.7258***	0.7058***	0.8368***	0.5765*	0.4021	0.4875
	（0.2627）	（0.2604）	（0.2684）	（0.3408）	（0.3221）	（0.3305）
Fiscal_ratio	2.8965***	2.3591***	2.3737***	2.0901**	1.7783*	1.8233*
	（0.8418）	（0.8555）	（0.8657）	（0.9738）	（0.9457）	（0.9548）
时间固定效应	是	是	是	是	是	是
个体固定效应	是	是	是	是	是	是
样本数	621	621	621	540	540	540
R^2	0.098	0.113	0.068	0.013	0.117	0.066

第七节　本章小结

高效健全的银行体系是实现金融稳定与发展的基石，同时也是服务实体经济、推动经济高质量发展的重要保障。本章基于近些年我国银行业呈现的新特征和非正式制度视角，以 2004—2017 年 105 家商业银行为样本，构建银行层面的时变"银行－股东"网络并考察网络结构变迁对商业银行效率的影响与传导机制。研究发现，时变"银行－股东"网络中心度提升对银行效率具有积极影响，这一积极影响在加入以风险加权资产作为非期望产出进行效率估算后依然成立，但作用幅度有所降低；银行网络的积极影响在交叉持股结构、产权性质和银行类型等方面存在异质性；机制检验结果表明，提升银行间的资源共享与降低银行面临的竞争性扭曲是时变"银行－股东"网络改善银行效率的两条重要传导渠道。

在银行体系规模不断扩张但整体效率有待提升的大背景下，我们的研究为改善银行效率提供了非正式制度的新视角，本章的研究结论可以引申出以下政策建议。

第一，鉴于时变"银行－股东"网络改善银行效率的积极影响以及纳入表内外风险估算效率后这一积极影响有所降低，一方面，商业银行应当合理评估其在银行网络中所处的网络位置，结合自身的内部性质与外部环境，制定特色化与差异化的发展战略以充分发挥其在银行网络中的位置优势。同时，银行管理层应当密切关注网络中银行风险的形成和传播，完善银行治理机制并强化风险管控能力；另一方面，政府与金融部门应当降低银行之间的信息不对称程度，提供政策支持来加速银行体系多层次的网络构建，科学化、合理化地引导银行网络的布局，为银行网络位置优势发挥效率改善作用提供良好的外部保障。

第二，扩大商业银行的资源共享渠道，优化网络结构以降低银行面临的竞争性扭曲。"增共享"与"降扭曲"是时变"银行－股东"网络改善银行效率的重要渠道。但目前国内的银行体系资源共享渠道有限且存在较为明显的结构性扭曲。为改善这一现状，首先，政府应当有效引导银行之间开展多元合作，增强银行在信息、资源、技术等资源上的交流与共享，防止金融资源错配和过剩；其次，相关监管部门也应该注重银行竞争生态的建设和改善，健全金融市场的发展并防止银行间的过度竞争，从源头上帮助银行克服改善效率过程中由于竞争性扭曲带来的障碍，进而增强商业银行服务实体经济的能力。

第三，政策的引导与制定要充分考虑到银行产权结构与类型的异质性。鉴于银行网络对于非国有银行的效率提升更为明显，政府应该加快完善非国有银行的网络布局，鼓励并支持其与国有银行的业务往来，促使非国有银行进一步向银行网络中心靠拢；鉴于网络结构对于地方性商业银行的效率改善更多体现为"桥梁"效应，政府要积极引导全国性商业银行与其他银行形成广泛的互动与联系，要提高地方性商业银行的资源管理与利用效率，提供其发挥中介作用所需要的政策与技术支持，保障银行网络发挥出更加明显的积极影响。

第六章 "银行－股东"
网络与商业银行董事会治理

银行治理水平的提升是金融供给侧改革的基石，本章重点考察"银行－股东"网络与银行董事会治理之间的关系和影响机理。研究发现，"银行－股东"网络与银行董事会治理之间呈现显著正向关系，说明银行在股东网络中所处位置越有利，越有助于提高董事会治理水平；在异质性效应上，"银行－股东"网络对银行董事会治理的影响会随着银行类型、产权性质等呈现异质性特征；在影响机制上，"银行－股东"网络中心度的提升可以通过信息共享、声誉激励、有效联结等三条作用机制来提高银行董事会治理水平。本章的研究结论能够为进一步完善银行治理体系提供一定的借鉴思路。

第一节 商业银行治理现状与问题的提出

银行治理的完善是银行业高质量发展的重要保证。自 2013 年《商业银行公司治理指引》出台至今，我国在不断深化银行改革、完善金融机构建设方面取得了巨大成效的同时，部分银行在股权关系不规范、内部风控机制不健全、"三会一层"治理有效性不足等方面的问题也逐渐显现。

2020年10月公开征求意见的《中华人民共和国商业银行法（修改建议稿）》专门新设"商业银行的公司治理"相关章节，通过立法方式来完善商业银行公司治理要求[①]，央行在《2020年第三季度中国货币政策执行报告》也指出，"进一步推进金融机构改革，不断完善公司治理，优化金融供给"[②]。在这一背景下，银行治理问题的研究不仅对于完善商业银行内部治理结构，而且对于推动银行业可持续发展、优化金融供给侧改革具有十分重要的理论和实践意义。本章将基于银行间共同股东关系构成的"银行－股东"关系网络，探讨股东网络与银行董事会治理之间的关系。当由共同股东连接的社会网络根植于各个银行间的日常往来及经营决策中时，厘清商业银行股权关系以及股东网络对商业银行治理的影响，是亟待解决的问题。

　　Rainie 和 Wellman（2012）在 *Networked: The New Social Operating System* 一书中曾写道，社会网络革命、移动革命与互联网革命是新时代影响人类社会的三大革命，而社会网络革命恰恰是最先出现却最被人类忽视的。社会网络中的个体可以通过亲友关系、商业交往等关系被连接起来，通过网络这一复杂结构，个体间在情感上、利益上产生交流，个体行为将会随之受到影响（Granovetter，1973）。现有关于社会网络的研究（如陈运森、谢德仁，2011；Larcker et al.，2013；Engelberg et al.，2013；张敏 等，2015；申宇 等，2016，2017；Fracassi，2016；Kang et al.，2018；马连福、杜博，2019；Bajo et al.，2020）均支持社会网络对企业发展存在积极影响这一观点。股东关系网络作为社会网络的一种构建形式，相较于其他社会网络，其在企业行为方面具有更大的研究价值（万丛颖，2019），这是因为股东作为企业所有者、最终受益人，比其他利益相关者更加关注企业所能创造的价值，股东的行为和决策会更直接地影响企业的经营活动、内部治理水平以及未来的战略规划，能够最大化体现社会关系网络的价值。

　　现有关于股东网络的研究（李善民 等，2015；Yang et al.，2018；Riccaboni，

[①]　资料来源为 http://www.gov.cn/xinwen/2020-10/16/content_5551867.htm。

[②]　资料来源为 http://www.pbc.gov.cn/goutongjiaoliu/113456/113469/4133903/index.html。

2019；黄灿、李善民，2019；潘越 等，2020；Li and Zhang，2020），更多围绕的是其对企业投资效率、企业绩效等企业行为的影响及作用机制。如李善民等人（2015）、Li 和 Zhang（2020）等认为股东网络会影响企业并购行为并能对并购绩效产生积极影响。股东在社会网络中的中心度越强，公司的并购决策倾向越强，并且环境不确定性越高，这种促进作用越显著。Riccaboni（2019）同样认为股东网络的中心度与公司绩效之间存在积极关系，随着集团规模的扩大，这种积极关系的显著性会降低。Yang 等人（2018）发现股东在网络中的程度中心度和特征向量中心度越高，组织绩效越高，进而得出股东维权网络可以赋予股东更大权力并放大其话语权的结论。黄灿和李善民（2019）证明了上市公司的股东关系网络是弱关系而不是强关系，因此他们认为股东网络的作用机理更多是信息优势而不是资源效应。股东网络的信息优势可以提升企业经营效率并促进企业扩张行为的发生，进而有利于提升公司绩效。潘越等人（2020）认为连锁股东为避免所持股的同行业公司因竞争激烈而造成两败俱伤的局面，会选择对持股的同行业企业施加影响，达成合谋，进而降低企业的投资效率，造成投资不足。

遗憾的是，上述文献大都基于非金融企业样本进行分析，鲜有文献讨论"银行－股东"网络对于商业银行董事会治理的影响。虽然 Li 等人（2018，2019）以银行样本为研究对象，但他们的关注焦点在于股东网络对放贷行为、银行绩效、银行风险等的影响，并未从治理层面回答共同股东可能产生的作用。共同股东作为不同银行之间的连接纽带，通过其构建的社会网络可能会对银行董事会治理能力产生影响。首先，股东网络为银行获取信息资源拓宽了渠道、降低了搜寻和获取成本，有效缓解了信息不对称。其次，股东网络作为一种社会资本，成为银行的一种隐性担保，良好的声誉在网络中得以传播，有利于声誉激励作用的发挥。此外，随着地方性商业银行蓬勃发展，其在网络系统中的重要性和中心性逐渐攀升，Li 等人（2019）基于一年数据所构建的静态银行网络无法解释这一动态变迁对于商业银行治理带来的机遇与挑战。Li 等人（2018）虽然考察了 2005、2010、2015 三个年份银行网络的变化对商业银行管理的影响，但在构建银行网络时忽略了对网络中原有成员及关系的保留，割裂了三个年份网络之间的动态关联。

为此，本章以2004—2017年100家大型商业银行、全国性股份制商业银行、城市商业银行以及农村商业银行作为研究样本，基于构建的时变增长型"银行－股东"关系网络，深入考察"银行－股东"网络与银行董事会治理水平之间的关系。本章致力于回答以下问题：第一，"银行－股东"网络位置的改善是否有利于银行董事会治理水平的提高。第二，"银行－股东"网络将通过何种途径影响银行董事会治理水平，信息共享机制是否可以完全解释"银行－股东"网络对银行董事会治理水平影响的作用渠道，是否还存在其他渠道。第三，对于不同辐射范围、不同所有权性质下的银行，"银行－股东"网络对银行董事会治理的影响是否存在异质性特征。这些问题的回答不仅有利于弥补现有研究的不足，也为银行如何完善内部治理建设，为我国深化金融供给侧改革和加强银行监管提供了重要启示。

相比现有文献，本章的边际贡献体现为以下三个方面：第一，在研究视角上，不同于现有关于银行网络的文献重点将目光聚焦于银行风险，本章致力于透过表象洞察本质，重点考察商业银行内部治理问题，讨论"银行－股东"网络对银行董事会治理的影响及传导机制，丰富并拓宽了银行领域的研究范畴。第二，在研究方法上，现有文献中公司社会网络主要围绕于公司高管、独立董事之间的静态联系，而本章将目光聚焦于银行这一金融体系的重要参与者，重点考察银行与银行、银行与股东之间的动态关联，基于时变增长型"银行－股东"关系网络，为社会网络在经济金融领域的应用提供了新的微观证据。第三，在研究内容上，本章在寻找股东网络对银行董事会治理影响的传导机制上不局限于社会网络的信息效应，还考察了声誉激励以及有效联结等传导机制。此外，本章区分了不同辐射范围、产权性质的商业银行，讨论网络结构对董事会治理的异质性，为银行完善社会关系网络以及提高内部治理能力提供了有针对性的启示。

本章剩余章节安排如下：第二节进行理论分析并提出本章的研究假设；第三节为实证模型与研究设计，主要对样本、数据、变量和实证模型进行说明；第四节为"银行－股东"网络与银行董事会治理关系的实证研究；第五节为"银行－股东"网络影响银行董事会治理的机制研究；第六节为稳健性检验；第七节为本章小结。

第二节 "银行－股东"网络与商业银行董事会治理关系的理论基础

一、网络结构对商业银行董事会治理的影响与机制分析

（一）网络结构对商业银行董事会治理的影响

目前，网络中心度是度量网络结构和网络成员位置的常用指标（Zaheer and Bell，2005；陈运森、谢德仁，2011），可以分别从局部广度（程度中心度）、中介程度（介数中心度）、接近网络中心程度（接近中心度）、全局核心程度（向量中心度）四个维度刻画网络特征。通过对社会网络相关文献的回顾，不难看出，股东网络对企业行为、公司治理等多表现为积极影响，且网络中心度越高，越能够发挥股东网络的积极影响。

一般而言，程度中心度越大说明企业在网络中能够直接联结的其他企业越多，其社会关系广度越大，越有利于获取多元化资源，而中介中心度越大则说明企业与其他节点的间接关联越多，越有可能处在其他个体相连的路径中，因此在网络中的控制能力也越强，这对企业获取异质性信息有着极大助益。同时，基于代理、资源依赖理论，"银行－股东"网络在多元化、异质性资源和信息的获取上存在着巨大优势，特别是对于那些信息需求大的以及治理不善的企业来说，"银行－股东"网络所展现出的这一特质更有利于改善企业信息不对称、代理问题等，从而有效提高公司治理和公司绩效的水平（Amin et al.，2020）。

此外，接近中心度越大说明企业距离其他个体的平均距离越短，在资源交换、信息获取、业务往来等方面更能节约成本与时间，而向量中心度

越大则表明企业在网络中整体的位置越优越,与其直接或间接关联的"明星"公司越多,越有利于产生优质合作,且其良好声誉和名望也得以传播。当某企业与其他声誉好、网络位置优越的公司存在联系甚至是较为紧密的关联时,网络的正外部性得以发挥(高凤莲、王志强,2016)。企业会将这一关系纽带作为重要信息释出,从而侧面反映了该企业同样具有一定地位和名望,有了地位优越且声誉良好公司的"背书支持"(连燕玲 等,2020),更有助于企业接触外部知识(Ramos-Rodríguez,2010),促进商业交流(俞鸿琳,2013),拓宽企业发展的边界(Coleman,1988)。

综上分析,基于"银行－股东"网络的结构特征,不难发现,网络中心度的提升在改善公司治理水平、提高企业投资水平等方面有积极影响。然而,与非金融企业相比,银行董事会治理是一种更为重要的治理机制(Li and Song,2013),是连接股东与管理层的桥梁。股东作为商业银行的最终受益人和控制人,其行为决策与银行治理息息相关,且这一关系随着银行间"银行－股东"网络的扩张和共同股东的存在而变得更为复杂。"银行－股东"网络结构和银行在网络中所处的位置同样是影响银行董事会治理的重要因素。因此,"银行－股东"网络结构也可能对银行董事会治理水平产生积极影响。为此,得到本章的第一条假说。

假说1:"银行－股东"网络对银行董事会治理具有积极效应,网络中心度的提升有利于董事会治理水平的提高。

(二)机制分析

1.信息共享机制

银行的核心活动大多依赖于信息且高度不透明(Srivastav and Hagendorff,2016),信息资源的获取对于银行管理与决策发挥着至关重要的作用。网络中心度高的银行,在内部信息资源获取上更具有竞争优势(Granovetter,1973),主要表现为以下两方面。

一是,"银行－股东"网络有助于拓宽内部信息获取的渠道。对于一些难以量化和传递的"软信息",银行很难从外部获取(尹筑嘉 等,

2018）。而与其他信息获取渠道相比，"银行－股东"网络更具私密、隐性特征，共同股东作为网络中的节点，与其控股的银行间能够相互传递内部信息，产生知识外部性以及系统性的网络效应（慕继丰 等，2002）。这一特征有利于网络成员通过信息共享获取到难以搜寻和挖掘的私有信息和稀缺资源（张玉利 等，2008），有更大概率及时掌握合作银行以及竞争银行的内部动向和重要决策，实现银行运营与决策信息在银行间的共享，有利于将单一银行信息优势转化为网络中多家银行的联合信息优势（万丛颖，2019），降低信息不对称。

二是，"银行－股东"网络降低了外部信息搜寻和获取的成本。股东关系网络作为一种非正式制度，具有资源配置效应（张敏 等，2015）。网络中的交流与信息共享更为灵活、便捷，这能够帮助网络成员付出更少的时间成本和物质成本搜寻并获取到多样化的外部信息（Engelberg et al.，2013），如"银行－股东"网络有助于银行及时获取市场动态、了解各行业发展趋势，从而有利于银行把握有利的投资机会（游家兴、刘淳，2011）。此外，"银行－股东"网络属于一种弱关系联结，弱关系作为网络节点间的纽带，充当了"信息桥"的角色（黄灿、李善民，2019），为银行获取大量异质性信息提供了便利。

现实中，信息更新速度飞快，董事会倾向于在关键决策上更加频繁地召开临时会议，利用更多时间去履行职责，进而提高董事会在任期间的勤勉程度（Lipton and Lorsch，1992）。与此同时，有利的信息可以帮助银行及时掌握关联银行或竞争银行的内部人事变动，从战略决策和监督角度出发，及时调整自身董事会结构，适当提高执行董事和独董比例，进一步强化董事会内部决策、监督和咨询能力（Kang et al.，2018）。

通过上述分析，不难发现，"银行－股东"网络在信息共享方面存在极大优势。为此，提出本章的第二个假说。

假说2："银行－股东"网络中，中心度的提升通过增强共同股东信息共享能力改善董事会治理水平，即存在"信息共享"机制。

2. 声誉激励机制

从博弈论的角度来看，声誉对理性经济人（企业）的决策会产生显著的影响（Weigelt and Camerer，1988）。在多期重复博弈中，博弈双方的行为选择会对其未来的支付产生影响，那么博弈者就有动力去建立一个良好的声誉形象来获取更大的收益（Mailath and Samuelson，2006）。反之，当博弈中的一方产生了负面消息，严重影响了其当期声誉，在未来多期的收益将下降。基于这一思路，我们将分析银行如何通过"银行－股东"网络实现声誉激励机制。

在中国这一传统的关系型社会中，不论是人际交互抑或是企业往来大多是局限于某一特定的生活、工作、利益连带区域内，因此，陌生人在交际中很难产生较高的信任度（张维迎、柯荣住，2002）。而社会关系网络则为交际双方提供了一个交流平台，以社会关系网络内的声誉为担保，对违约等行为进行威慑（杨玉龙 等，2017），陌生企业间也可以进行利益往来，更容易促使交易达成。由此可见，社会关系网络有利于传播网络成员的良好声誉，进而为其经营管理决策提供便利。

同时，社会资本是一种根植于社会关系网络的优势。基于 Coleman（1988）、高闯和关鑫（2008）等对于社会资本的理解，"银行－股东"网络恰恰满足了"资源、社会连带和动员"这三个社会资本的核心概念。"银行－股东"网络本身是一种现实或潜在的资源，它是从嵌入社会网络的资源中获得的，根源于处在社会结构中的股东关联。因此，"银行－股东"网络也可看作是一种银行的社会资本，这种社会资本有利于银行赢得良好声誉，进而发挥声誉激励作用。

具体地，从声誉动机角度来看。网络中心度高的银行拥有更多的社会资本优势，因此更有利于声誉激励的发挥。银行的社会资本越高，越容易获得利益相关者、投资者以及潜在客户的信任（Lins et al.，2017），得益于"银行－股东"网络提供的传播渠道，良好的声誉被继续扩大，最终依托于"银行－股东"网络的声誉激励回报更强（Fama and Jesen，1983），为取得更有利的投资机会等经营活动提供了便利。从银行角度出发，为了维护已建立的良好声誉并获得更高的声誉激励回报,网络中心度越高的银行越倾向于加强内部治理建设,提升董事会治理水平。

此外,从声誉成本角度来看。由于社会资本具有较强的传染效应(高凤莲、王志强,2016),网络中心度越高的银行在获得更高声誉激励回报的同时也面临着潜在的巨大声誉成本(尹筑嘉 等,2018),一旦银行董事会内部出现无效工作甚至决策失误进而影响银行的经营状况,受损的声誉也会以更快的速度传播,潜在受损或解约的业务活动将大幅增多,这将干扰银行的正常经营。同时,声誉对银行未来的发展前景具有长期影响,一旦出现负面声誉,修复声誉将会是一个漫长的过程,不利于银行长期发展的需要(朱沛华,2020)。因此,网络中心度越高的银行越有动力维护在网络中的良好形象,主动提升董事会内部治理水平。

通过上述分析,不难发现,"银行 – 股东"网络在声誉激励方面具有积极影响。为此,不难得出本章的第三个假说。

假说3:"银行 – 股东"网络中,中心度的提升通过声誉激励优势改善董事会治理水平,即存在"声誉激励"机制。

3.有效联结机制

实际上,"银行 – 股东"网络是一种弱关系联结,股东之间的交流仅在重大决议或是股东大会时才会发生。中小股东通常会选择搭便车(黎文靖 等,2012),较少参与信息的交流与银行的管理和决策,因此只有大股东才能够在网络关系中真正起到有效联结的作用(万丛颖,2019)。在有效联结方面,"银行 – 股东"网络可能存在如下两方面优势。

一是,"银行 – 股东"网络拓宽了大股东行使权力的途径,有效增强了银行实际股权结构的集中性,进而有助于大股东有效联结作用的发挥。在不完全契约理论中,物质资产不再是唯一的银行权力的来源(Rajan and Zingales,1997),"银行 – 股东"网络作为一种非正式制度,其在银行的"隐性控制链"中发挥着重要作用(赵晶、郭海,2014)。资源依赖理论也强调,那些能够提供更多资源,尤其是稀缺资源的参与者,往往会在组织中获得更大话语权。通过"银行 – 股东"网络的联结,同属于共同股东的大股东拥有更多稀缺资源，其实际控制权得以提高，在管理、决策中拥有更大的话语权，进而刺激其更充分地发挥获取信息资源、寻求更优发展的作用（Dahl and Pedersen，2005）。同时，股权结构作为银行治理的核心，它是内生于股东利益最大化的结果（Demsetz，1983），处在网络中的股东更倾向于拥有较为集中的股权结构，从而有利于大股东有效联结作用的发挥。

二是，"银行－股东"网络有助于稀释政府股权，减弱政府对商业银行的控制力和影响力，充分发挥大股东在网络中的有效联结作用（Ferri，2009；赵尚梅 等，2012）。银行的政府股权之于银行发展并非"扶持之手"，而更多的是"攫取之手"（洪正 等，2017），政府股权对银行的发展存在负面影响（Megginson，2005）。而"银行－股东"网络为其他股东提供了联结通道，这有助于股东联合起来共同发挥网络优势，以此消除政府股权带来的负面影响。

基于股权传递和稀释政府股权两方面的优势，银行在"银行－股东"网络中的关系联结更加稳固，大股东能够发挥的优势作用更加突出，这更有利于银行通过信息优势以及声誉激励作用改善董事会治理水平。通过上述分析，不难发现，"银行－股东"网络在股权有效联结方面具有积极影响。为此，提出如下假说。

假说4："银行－股东"网络中，中心度的提升通过增强大股东的有效联结能力改善董事会治理水平，即存在"有效联结"机制。

二、网络结构影响商业银行董事会治理的异质性效应分析

在商业银行内部治理的过程中，丰富的社会关系、有效的同业信息、良好的社会声誉等均能够帮助商业银行更好地达成治理目标。然而，在"银行－股东"网络之外，银行自身的类型特征也是影响其内部治理的关键因素，不同类型的银行在市场定位、经济活动目标等方面具有天然的差异。

就银行类型而言，商业银行可以分为两大类：一是以大型商业银行和

全国性股份制商业银行为代表的全国性银行；二是以城市商业银行和农村商业银行为主要成员的地方性商业银行，它们在银行治理方面各有特色。一方面，全国性商业银行自创办以来有着较长的发展历史，无论从银行规模还是从内部治理经验来看，都要优于地方性商业银行（王兵、朱宁，2011）。与此同时，这也可能加剧了全国性商业银行规模不经济的问题，而地方性商业银行则存在着规模经济效应（刘琛 等，2004）。另一方面，城市商业银行和农村商业银行的前身多为城市信用社以及农村信用社，其主要依附地方政府来发展壮大（雷光勇、王文，2014），中国人民银行对其提出的"立足地方经济建设"的市场定位更是奠定了其与地方政府存在千丝万缕关系的基础。同时，地方政府的财政压力、地方官员的政绩压力也加剧了地方政府对地方性商业银行的影响。相比之下，全国性商业银行在全国范围内开展业务，地方政府对其不会产生过多牵制作用（纪志宏 等，2014）。

就产权性质而言，国有银行股权高度集中在政府及其附属机构，而非国有银行股权相对分散，它们在经济社会中承担的责任也各有不同。作为国有银行大股东的政府不仅要扮演追求利益最大化的投资者角色，而且是经济社会建设的领导者以及公众利益的维护者。因此，国有银行需要承担更多的政治性任务（孔爱国、卢嘉圆，2010），更容易受到政府干预。对于一些盈利能力较差但具有良好社会发展前景的项目，国有银行需要加以照顾扶持，而非国有银行的经济活动更多受到经济利益驱动。此外，由于我国银行业对国有银行的政治倾斜，占据主导地位的国有银行很有可能制约着其以外的其他银行的发展（齐兰、王业斌，2013），导致了不同所有权结构下银行表现存在很大差异（姚树洁 等，2011；杨文 等，2015）。

综上所述，可以发现：第一，不同类型的商业银行的创设背景不同，基于不同的市场定位以及政治任务，银行的经济行为存在较大差异。第二，无论从银行规模、经营驱动等内部特征，还是政府干预、政策扶持等外部环境来看，银行所处的内外环境对其产生的影响较为复杂，无法一言而论。在这种背景下，"银行－股东"网络对银行董事会治理水平的影响，不仅取决于网络结构特征，也取决于银行内外环境特征。因此，"银行－股东"网络对于不同类型银行的董事会治理水平的影响程度可能不同。基于此，不难得出本章的第五个假说。

假说 5："银行－股东"网络对银行董事会治理的影响随着银行类型、产权等的不同而呈现异质性特征。

第三节 实证模型与研究设计

一、实证模型构建

（一）基准估计模型

为了检验"银行－股东"网络对银行董事会治理是否存在激励效应，本章建立如下模型：

$$\text{Gov}_{i,t} = \beta_0 + \beta_1 \text{Cen}_{i,t} + \beta_2 \text{Macro}_{i,t} + \beta_3 \text{Bank}_{i,t} + \beta_4 \text{Board}_{i,t} + u_i + \upsilon_t + \varepsilon_{i,t}$$

$$(6-1)$$

其中，被解释变量 $\text{Gov}_{i,t}$ 表示董事会治理水平，本章从勤勉性（$\text{Meeting}_{i,t}$）、执行性（$\text{Exe}_{i,t}$）以及独立性（$\text{Inde}_{i,t}$）三个维度来衡量董事会治理水平。核心解释变量 $\text{Cen}_{i,t}$ 为网络结构变量，可以用来反映网络中心度，本章分别从局部广度、中介程度、接近中心程度、全局核心程度四个维度出发，依次引入程度中心度（$\text{Degree}_{i,t}$）、中介中心度（$\text{Between}_{i,t}$）、接近中心度（$\text{Close}_{i,t}$）以及向量中心度（$\text{Eigenvector}_{i,t}$）指标进行度量。$\text{Macro}_{i,t}$ 为宏观经济层面控制变量，包括财政盈余规模 $\text{Fis}_{i,t}$ 和经济增速 $\text{N\_GDP}_{i,t}$；$\text{Bank}_{i,t}$ 为银行层面控制变量，包括资本充足率 $\text{CAR}_{i,t}$、股权制衡度 $\text{SHO}_{i,t}$ 和成长能力 $\text{Growth}_{i,t}$；$\text{Board}_{i,t}$ 为董事会层面控制变量，包括两职合一 $\text{Dual}_{i,t}$ 和董事会规模 $\text{BS}_{i,t}$。u_i 和 υ_t 分别是个体固定效应和时间固定效应，$\varepsilon_{i,t}$ 为随机干扰项。模型中 i 代表银行，t 代表年份。

（二）机制检验模型

为了进一步检验"银行－股东"网络对银行董事会治理的影响机制，需要把握好两点。以"信息共享"机制为例：一是网络位置的差异是否会对共同股东信息共享能力产生显著影响，即较高的网络中心度是否会提升共同股东信息共享的能力；二是共同股东信息共享能力是否是影响银行董事会治理水平的重要变量。因此为了验证假说2，本章还需要进行如下两个阶段的回归：在第一阶段回归中，对"银行－股东"网络中心度和信息共享能力之间的关系进行实证检验，若网络中心度对信息共享能力存在显著影响，则表明信息共享可能是"银行－股东"网络影响银行董事会治理水平的中介变量；在第二阶段回归中，将网络中心度和中介变量纳入同一回归模型中，若网络中心度的系数显著性降低或变得不再显著，则可验证假说2中"信息共享"机制的存在性。基于上述讨论，本章建立如下机制检验模型，假说3和假说4的验证思路同假说2。

第一阶段回归：

$$\mathrm{MV}_{i,t} = \gamma_0 + \gamma_1 \mathrm{Cen}_{i,t} + \gamma_2 \mathrm{Macro}_{i,t} + \gamma_3 \mathrm{Bank}_{i,t} + \gamma_4 \mathrm{Board}_{i,t} + u_i + \upsilon_t + \varepsilon_{i,t}$$

（6-2）

第二阶段回归：

$$\mathrm{Gov}_{i,t} = \delta_0 + \delta_1 \mathrm{Cen}_{i,t} + \delta_2 \mathrm{MV}_{i,t} + \delta_3 \mathrm{Macro}_{i,t} + \delta_4 \mathrm{Bank}_{i,t} + \delta_5 \mathrm{Board}_{i,t} + u_i + \upsilon_t + \varepsilon_{i,t}$$

（6-3）

其中，$\mathrm{MV}_{i,t}$ 表示中介变量，对应假说2至假说4，分别为信息共享变量 $\mathrm{CSR}_{i,t}$、声誉激励变量 $\mathrm{Repu}_{i,t}$ 和有效联结变量 $\mathrm{Top10}_{i,t}$。第一阶段回归中的网络中心度系数 γ_1 为关键系数，若其显著，说明信息共享、声誉激励和有效联结确实是"银行－股东"网络影响银行董事会治理的中介变量；同时，我们预期第二阶段回归中网络中心度的系数 δ_1 相较于式（6-1）中的系数 β_1 显著性降低或变得不显著。

二、主要变量说明

本章核心解释变量网络中心度指标的构建见前文网络模型部分，其他变量定义如下。

（一）被解释变量

参考潘敏和李义鹏（2008）、徐沛勋（2020）的研究，本章以董事会勤勉性、董事会执行性以及董事会独立性三个指标作为董事会治理的代理变量。第一，董事会勤勉性衡量的是各年度董事会会议频次，董事会会议频次在一定程度上可以反映董事会的活动状况。第二，董事会执行性衡量的是董事会除非执行董事以外的比例，董事会人员结构可以较为直观地反映董事会治理过程中的内部执行性。第三，董事会独立性衡量的是董事会独董占比，独立董事可以起到董事会内部监管、咨询等作用，是董事会治理水平的一个重要体现。

（二）中介变量

（1）信息共享变量。$CSR_{i,t}$ 表示共同股东占比，其反映了银行通过共同股东获取信息资源的能力，是信息共享变量的代理变量，也是"信息共享"机制的中介变量。该指标衡量了在年份 t 内，同时持有其他银行股份的银行 i 的直接股东在银行 i 全部直接股东中的占比，具体计算方式如下：

$$CSR_{i,t} = CSN_{i,t} / TS_{i,t} \qquad （6-4）$$

其中，$CSN_{i,t}$ 表示同时兼任其他银行大股东的银行 i 的直接股东数目，$TS_{i,t}$ 是银行 i 在"银行－股东"网络中的直接股东总数。$CSR_{i,t}$ 数值越大，说明银行 i 通过共同股东获取信息资源的能力越强。

（2）声誉激励变量。为获得声誉激励变量，我们需要建立银行声誉评价体系。参考国际信用评级机构银行评级方法[①]，结合本章已建立的实

[①] 本章参考标普银行评级方法和穆迪银行评级方法，两种评级方法均分为两大维度，一是个体信用评估，二是外部支持评估。其中个体信用评估主要考察宏观经济环境、个体经营状况、盈利性、风险情况以及流动性等因素，外部支持评估主要考察政府、相关机构等的支持意愿。在本章中，我们重点考察银行流动性和风险情况，将其作为声誉评价的核心因素。

证模型的特点，我们主要考察银行在风险防控能力上的声誉水平。一方面，式（6-1）控制了年份和地区固定效应，这在一定程度上消除了由于银行所处经营环境等不同而导致的声誉评级差异；另一方面，银行规模、财务指标等反映银行盈利能力的因素已囊括在式（6-1）的控制变量中，且这些因素主要会对正面声誉水平产生影响，而我们更多关注的是可能造成负面声誉影响的潜在风险因素。因此，我们选取 23 个底层指标来构建银行声誉评价指标体系，并根据主成分分析法挑选累计解释总方差超过 80% 的公因子来测算声誉激励变量 $Repu_{i,t}$。

（3）有效联结变量。$Top10_{i,t}$ 为银行前十大股东持股比例之和，是有效联结变量的代理变量，也是"有效联结"机制的中介变量，该指标的数值越大，说明银行大股东通过"银行－股东"网络起到的有效联结作用越强。

（三）控制变量

（1）宏观层面变量包括财政盈余规模 $Fis_{i,t}$ 和经济增速 $N\_GDP_{i,t}$。首先，财政盈余规模可以反映一个地区的政府对银行经济活动的干预程度。财政收入激励是推动一个地方经济增长的重要动因，同时也是选拔、提升地方官员的一个重要考核指标。为了保证政绩要求，地方政府很可能会通过干预国有企业及银行的经济活动，甚至通过转让国有企业及银行的部分控制权来增加财政收入以解决财政赤字问题（江轩宇，2016）。因此，地方政府对银行经济活动的干预很可能影响银行内部治理水平。其次，经济增速可以反映一个地区的整体经济发展水平，同时也是衡量银行经济实力的较为常用的综合性指标（王兵、朱宁，2011）。在经济发展过程中，金融需要支持并推动实体经济发展，相应地，实体经济的不断变化很可能影响金融部门的发展方向。参照陈诗一等（2018）的做法，本章选取政府财政收入和财政支出的差额与 GDP 之比来衡量一个地区的 GDP 增速。

（2）银行层面变量包括资本充足率 $CSR_{i,t}$、股权制衡度 $SHO_{i,t}$ 和成长能力 $Growth_{i,t}$。其中，资本充足率为资本净额与风险加权资产之比；股权制衡度由第 2 至第 10 股东持股比例之和与第一大股东持股比例之比表示；成长能力用总资产增长率表示。

（3）董事会层面变量包括两职合一变量 $Dual_{i,t}$ 和董事会规模 $BS_{i,t}$。其中，若董事长兼任银行行长，$Dual_{i,t}=1$，否则取 0；$BS_{i,t}$ 为董事会规模，由董事会总人数的自然对数表示。

表 6.1　变量定义

变量名		变量符号	含义及计算方法
因变量			
董事会治理	董事会勤勉性	Meeting	各年内董事会会议总次数的自然对数
	董事会执行性	Exe	1 减去董事会非执行董事占比
	董事会独立性	Inde	董事会内独立董事比例
核心解释变量			
网络中心度	程度中心度	Degree	侧重反映网络成员的局部广度
	中介中心度	Between	侧重反映网络成员的中介程度和控制能力
	接近中心度	Close	侧重反映网络成员接近中心的程度
	向量中心度	Eigenvector	侧重反映网络成员在全局位置优势
控制变量			
宏观经济层面	财政盈余规模	Fis	银行所在地的财政收入与财政支出的差额占 GDP 比重
	经济增速	N_GDP	银行所在地的名义 GDP 增长率
银行层面	资本充足率	CAR	资本净额与风险加权资产之比
	股权制衡度	SHO	2-10 股东持股比例之和与第一大股东持股比例之比
	成长能力	Growth	用各年银行总资产增长率表示
董事会层面	两职合一	Dual	若董事长兼任行长，则取之为 1；否则，为 0
	董事会规模	BS	董事会人数的自然对数

三、样本选取与单变量分析

本章主要研究 2004—2017 年我国商业银行样本中的 "银行 - 股东" 网络，由于部分银行董事会数据缺失，最终选用了 100 家银行样本进行实证分析，样本包括 5 家大型商业银行，11 家股份制商业银行，71 家城市商业银行以及 13 家农村商业银行，样本数分别占总样本的 6.56%、15.53%、

66.35% 和 11.46%。银行层面数据来源于各银行年度报告、Wind 数据库、Bankscope 数据库与《中国金融年鉴》，包括银行财务报表数据、银行公司治理数据与银行董事会数据。宏观层面数据来自《中国城市统计年鉴》以及国泰安数据库。表 6.2 为相应的描述性统计结果。

表 6.2 描述性统计

	Obs	Mean	Std	Medium	Min	Max
因变量						
Meeting	715	1.994	0.478	1.946	0.693	3.761
Exe	691	0.526	0.117	0.533	0.125	0.889
Inde	838	0.258	0.112	0.273	0	0.500
核心解释变量						
Degree	838	17.166	7.353	16	10	68
Between	838	0.014	0.021	0.008	0.000	0.231
Close	838	0.064	0.045	0.077	0.004	0.155
Eigenvector	838	0.036	0.084	0.001	0.000	0.696
控制变量						
Fis	838	0.052	0.052	0.039	−0.014	0.398
N_GDP	838	0.112	0.068	0.100	−0.274	0.481
CAR	838	12.572	2.714	12.280	0.390	40.303
SHO	838	3.094	1.789	2.816	0.067	8.625
Growth	838	0.259	0.438	0.210	−0.896	10.506
Dual	838	0.053	0.223	0	0	1
BS	838	2.570	0.233	2.639	1.609	3.136
中介变量						
CSR	743	0.171	0.223	0.100	0	1
Repu	768	0.011	1.019	−0.202	−1.811	10.742
Top10	838	64.506	18.887	67.255	10.780	98.160

本章参考申宇等人（2017）的方法，将各中心度指标根据分位数从低到高分为四组并进行单变量实证检验（表 6.3）。其中，Q1 组为网络中心度最低组，Q4 组为网络中心度最高组。本章依次计算出四组董事会治理的勤勉性、执行性与独立性均值，并对这些指标进行组间对比分析。如表 6.3 所示，Panel A 至 Panel C 分别从董事会勤勉性、执行性和独立性角度反映

了网络中心度与董事会治理水平间的关系。在 Panel A 中，程度中心度最低的 Q1 组董事会年度会议次数均值为 6.23 次（对数值为 1.835），随着关系网络强度增大，会议次数上升，程度中心度最高的 Q4 组董事会年度会议次数均值为 8.40 次（对数值为 2.128），Q4 与 Q1 组的差异为 2.17 次，且这一组间差异在 1% 的显著性水平下通过了 Willcoxson 检验和 T 检验，这说明程度中心度与董事会勤勉性之间存在显著正相关性。此外，介数中心度、接近中心度、向量中心度与董事会勤勉性之间均存在显著的正相关关系。类似地，通过 Panel B 和 Panel C 的分析，同样可以得到网络中心度与董事会执行性、独立性之间的正相关关系。

表 6.3 单变量分析

	Q1	Q2	Q3	Q4	Q4–Q1	Willcox.P	t 值
Panel A：网络中心度与董事会勤勉性							
Degree	1.835	1.900	1.957	2.128	0.292	0.000***	5.576***
Between	1.751	1.782	2.052	2.156	0.405	0.000***	9.233***
Close	1.784	1.784	2.037	2.158	0.374	0.000***	8.792***
Eigenvector	1.751	1.823	2.026	2.165	0.414	0.000***	9.828***
Panel B：网络中心度与董事会执行性							
Degree	0.493	0.497	0.534	0.547	0.054	0.000***	3.980***
Between	0.454	0.498	0.539	0.556	0.102	0.000***	8.015***
Close	0.470	0.475	0.541	0.561	0.091	0.000***	7.281***
Eigenvector	0.467	0.482	0.531	0.566	0.099	0.000***	9.193***
Panel C：网络中心度与董事会独立性							
Degree	0.213	0.229	0.254	0.296	0.084	0.000***	7.853***
Between	0.191	0.205	0.268	0.316	0.125	0.000***	12.865***
Close	0.208	0.186	0.261	0.326	0.118	0.000***	12.966***
Eigenvector	0.191	0.202	0.258	0.327	0.136	0.000***	15.123***

注：Willcox.P 是非参数秩和检验的 P 值，*、**、*** 分别表示 10%、5%、1% 的显著性水平检验。

第四节　"银行－股东"网络
与商业银行董事会治理关系的实证研究

一、基准回归结果

单变量分析初步反映了"银行－股东"网络对董事会治理水平存在积极影响，即网络中心度越高，董事会治理水平越高，董事会的勤勉性、执行性、独立性也越强。为了更准确地对两者之间的关系进行研判，验证假说1是否成立，本章对基准回归模型（1）进行实证估计。表6.4报告了网络中心度与董事会勤勉性、执行性、独立性关系的回归结果。

在表6.4的第（1）至（4）列中网络中心度四个指标的估计系数分别为0.002、0.697、1.486和0.416，其中程度中心度和中介中心度在统计上不显著，而接近中心度和向量中心度的估计系数均通过了5%的显著性水平检验。这表明在"银行－股东"网络中，越接近中心、整体位置关系越好，银行的董事会治理水平越高。同时，相较于局部广度和中介程度，与网络中心的接近程度以及全局位置关系对董事会勤勉性的积极影响更显著。银行越接近网络中心、能够与其他影响力强的银行获取连接的能力越强，声望越高，董事会勤勉性越强。在第（5）至（8）列中网络中心度四个指标的估计系数分别为0.002、0.047、0.460、0.098，且程度中心度、接近中心度和向量中心度的估计系数分别通过了1%、1%和5%的显著性水平检验，仅中介中心度的估计系数在统计上不显著。这表明程度中心度、接近中心度、向量中心度的提升均有利于董事会执行性的提高。在第（9）至（12）列中网络中心度四个指标的估计系数分别为0.002、0.524、0.560、0.117且均通过了1%的显著性水平检验，表明网络中心度的提升有利于董事会独立性的提高。因此，在"银行－股东"网络中，银行拥有越广泛的关系连带、对于路径控制的能力越强、与网络中心越接近、在网络全局的位置越优越，董事会独立性越强，且接近中心度对董事会独立性的提升作用也越强。

　　综上所述，"银行－股东"网络对银行董事会治理具有积极效应，网络中心度的提升有利于董事会勤勉性、执行性和独立性的提高。本章认为，银行的程度中心度越大，说明其拥有越广泛的社会联结关系，通过这一关系纽带可以获取到更多有价值的信息资源，及时掌握其他银行内部治理上采取的措施与改进之处，从而更好地在董事会治理中发挥积极作用。银行的中介中心度越大，意味着其在网络中有着更好的控制能力，作为连接其他银行间的"桥梁"，可以在拓宽资源渠道的同时获取到更多有效的异质信息，缓解信息不对称带来的压力，进而提高董事会治理水平。银行的接近中心度越高，说明其越靠近网络中心，到达其他银行的平均距离越小，能够以更低的成本和更快的速度获取到更多的信息资源，有利于银行在治理决策方面的把握。银行的向量中心度越高，意味着其在网络中的整体位置越优越，能够连接到更多在网络中影响力大的其他银行，在网络中的声誉越好。同时在社会网络的监督下，银行为了维护已建立的良好声誉会更加努力完善内部治理体系，有助于董事会治理水平的提高。至此，所有回归结果均支持假说1。

表 6.4 "银行－股东"网络影响董事会治理的基准回归

变量名称	勤勉性				执行性				独立性			
	(1)	(2)	(3)	(4)	(5)	(6)	(7)	(8)	(9)	(10)	(11)	(12)
Degree	0.002 (0.003)				0.002*** (0.001)				0.002*** (0.001)			
Between		0.697 (0.926)				0.047 (0.229)				0.524*** (0.194)		
Close			1.486** (0.634)				0.460*** (0.165)				0.560*** (0.120)	
Eigenvector				0.416** (0.197)				0.098** (0.050)				0.117*** (0.043)
CAR	0.009* (0.005)	0.009* (0.005)	0.010* (0.005)	0.009* (0.005)	-0.001 (0.002)	-0.000 (0.002)	-0.000 (0.002)	-0.001 (0.002)	-0.001 (0.001)	-0.001 (0.001)	-0.001 (0.001)	-0.001 (0.001)
Dual	-0.185*** (0.059)	-0.186*** (0.059)	-0.188*** (0.059)	-0.176*** (0.059)	-0.024 (0.015)	-0.024 (0.015)	-0.025* (0.015)	-0.022 (0.015)	-0.027*** (0.013)	-0.028** (0.013)	-0.031** (0.013)	-0.026** (0.013)
BS	0.330*** (0.096)	0.325*** (0.096)	0.288*** (0.097)	0.339*** (0.096)	0.050** (0.024)	0.050** (0.024)	0.036 (0.024)	0.052** (0.024)	0.111*** (0.019)	0.106*** (0.019)	0.086*** (0.020)	0.113*** (0.019)
SHO	-0.010 (0.011)	-0.010 (0.011)	-0.001 (0.011)	-0.004 (0.011)	-0.001 (0.003)	-0.003 (0.003)	-0.001 (0.003)	-0.001 (0.003)	-0.012*** (0.002)	-0.013*** (0.002)	-0.011*** (0.002)	-0.012*** (0.002)
Growth	0.133* (0.077)	0.139* (0.076)	0.133* (0.076)	0.134* (0.076)	0.007 (0.007)	0.007 (0.007)	0.007 (0.007)	0.007 (0.007)	0.009 (0.006)	0.009 (0.006)	0.009 (0.006)	0.010 (0.006)
Fis	-0.747 (0.957)	-0.804 (0.956)	-0.889 (0.953)	-0.886 (0.954)	0.451** (0.224)	0.390* (0.226)	0.351 (0.225)	0.376* (0.226)	0.280 (0.176)	0.214 (0.176)	0.183 (0.174)	0.232 (0.176)
N_GDP	-0.062 (0.338)	-0.071 (0.337)	-0.050 (0.336)	-0.084 (0.336)	0.049 (0.076)	0.043 (0.077)	0.056 (0.077)	0.041 (0.077)	0.087 (0.064)	0.082 (0.064)	0.088 (0.063)	0.080 (0.064)
Constant	1.042*** (0.269)	1.074*** (0.264)	1.049*** (0.263)	1.022*** (0.264)	0.333*** (0.067)	0.383*** (0.067)	0.382*** (0.066)	0.371*** (0.067)	-0.025 (0.053)	0.013 (0.052)	0.029 (0.051)	-0.004 (0.052)
Year_FE	YES	YES	YES	YES	YES	YES	YES	YES	YES	YES	YES	YES
City_FE	YES	YES	YES	YES	YES	YES	YES	YES	YES	YES	YES	YES
R^2	0.597	0.598	0.601	0.600	0.615	0.606	0.610	0.608	0.645	0.643	0.650	0.643
观测值	751	751	751	751	704	704	704	704	838	838	838	838

注：括号内是标准误差；*、**、*** 分别代表通过了 10%、5%、1% 的显著性水平检验。下同。

二、异质性效应讨论

（一）银行类型的异质性效应

我们将 Local_cb（是否为地方性商业银行）和各个网络中心度的交互项加入基准回归中，重点分析交互项的估计结果。表 6.5 分别报告了基于不同银行类型进行检验的异质性结果。

首先，第（1）至（4）列为董事会勤勉性的回归结果，对于不同类型的银行，各个网络中心度指标与银行董事会勤勉性的异质性关系大致相同。以程度中心度为例，Degree 前的估计系数为 –0.001，Local_Degree 的估计系数为 0.020 且通过了 1% 的显著性水平检验，说明相比全国性商业银行，网络局部广度对地方性商业银行董事会勤勉性的影响主要表现为显著的积极影响，且每单位网络局部广度对于地方性商业银行董事会勤勉性的改善作用平均高出 0.020 个单位。类似地，Local_Between、Local_Close 和 Local_Eigenvector 的估计系数分别为 4.315、3.694、4.077 且均至少通过了 5% 的显著性水平检验，说明相比全国性商业银行，中介中心度、接近中心度和向量中心度对地方性商业银行董事会勤勉性的积极影响更显著且改善作用更强。

其次，第（5）至（8）列为董事会执行性的回归结果，对于不同类型的银行，尽管程度中心度、接近中心度和向量中心度仍然对银行董事会执行性产生显著的积极影响，但是不同网络中心度指标与银行董事会执行性的异质性关系会随不同银行类型呈现出差异性。具体而言，Local_Degree 的估计系数为 0.003 且通过了 5% 的显著性水平检验，说明相比全国性商业银行，每单位网络局部广度对地方性商业银行董事会执行性的改善作用平均高出 0.003 个单位；Local_Close 的估计系数为 –0.930，且通过了 5% 的显著性水平检验，说明相比全国性商业银行，每单位网络全局深度（即与网络中心的接近程度）对地方性商业银行董事会执行性的改善作用平均减小 0.930 个单位；Local_Eigenvector 的估计系数在统计意义上不显著，说明中介中心度对银行董事会执行性的改善作用在不同类型银行之间无显著差异。

最后，第（9）至（12）列为董事会独立性的回归结果，对于不同类型的银行，尽管不同网络中心度总体上均会对银行董事会独立性产生显著的积极影响，但是不同网络中心度指标与银行董事会独立性的异质性关系会随不同银行类型呈现出差异性。具体而言，Local_Degree 和 Local_Eigenvector 的估计系数分别为 0.002 和 0.573 且通过了 5% 的显著性水平检验，说明相比全国性商业银行，每单位网络局部广度和网络全局地位对于地方性商业银行董事会独立性的改善作用分别平均高出 0.002 和 0.573 个单位；而 Local_Between 和 Local_Close 的估计系数并未在统计意义上显著，说明中介中心度和接近中心度对银行董事会独立性的改善作用在不同类型银行之间并无显著差异。

综上所述，本章发现，"银行－股东"网络仅对地方性银行董事会勤勉性存在显著的积极影响，且"银行－股东"网络对银行董事会独立性的积极影响在地方性银行中体现更为明显。此外，"银行－股东"网络对银行执行性的积极影响从不同网络结构角度分析会呈现出明显差异，即与直接股东的亲密关系更能改善地方性银行的董事会执行性，而靠近网络中心更能改善全国性银行的董事会执行性。这可能是因为地方性银行的第一大股东大多为地方政府或固有企业，出于地方财政压力及官员政绩压力，地方政府对其具有较强的影响力和控制力（祝继高 等，2020），进而在董事会勤勉性以及独立性上有更强的积极影响力，在董事会监督、咨询作用发挥优势的同时加大董事会召开会议频次，以满足银行经济活动需求。而对于全国性银行，一方面总行对分行的垂直管理可能限制了地方政府命令的下达（刘志彪，2013），从而在董事会治理方面受限较少；另一方面较大的董事会规模、较为复杂的组织结构、自身良好声誉的历史优势，都有可能使得网络中心度对董事会治理水平的影响更为复杂。

表 6.5 "银行－股东"网络影响董事会治理的异质性效应：银行类型

变量名称	勤勉性				执行性				独立性			
	(1)	(2)	(3)	(4)	(5)	(6)	(7)	(8)	(9)	(10)	(11)	(12)
Degree	-0.001				0.002***				0.001**			
	(0.003)				(0.001)				(0.001)			
Local_Degree	0.020***				0.003*				0.002**			
	(0.005)				(0.001)				(0.001)			
Between		-0.122				-0.033				0.443**		
		(1.012)				(0.244)				(0.210)		
Local_Between		4.315**				0.553				0.490		
		(2.177)				(0.586)				(0.483)		
Close			-1.590				1.212***				1.000***	
			(1.430)				(0.357)				(0.308)	
Local_Close			3.694**				-0.930**				-0.509	
			(1.540)				(0.391)				(0.328)	
Eigenvector				0.322				0.094*				0.100**
				(0.197)				(0.050)				(0.043)
Local_Eigenvector				4.077***				0.164				0.573**
				(1.078)				(0.280)				(0.232)
CAR	0.009*	0.010*	0.012**	0.011**	-0.001	-0.000	-0.001	-0.000	-0.002	-0.001	-0.001	-0.001
	(0.005)	(0.005)	(0.005)	(0.005)	(0.002)	(0.002)	(0.002)	(0.002)	(0.001)	(0.001)	(0.001)	(0.001)

续表

变量名称	勤勉性				执行性				独立性			
	(1)	(2)	(3)	(4)	(5)	(6)	(7)	(8)	(9)	(10)	(11)	(12)
Dual	-0.203***	-0.185***	-0.191***	-0.176***	-0.024	-0.024	-0.024	-0.023	-0.028***	-0.028***	-0.030***	-0.028***
	(0.058)	(0.059)	(0.058)	(0.058)	(0.015)	(0.015)	(0.015)	(0.015)	(0.013)	(0.013)	(0.013)	(0.013)
BS	0.255***	0.312***	0.283***	0.321***	0.039	0.048**	0.037	0.052**	0.102***	0.104***	0.087***	0.111***
	(0.097)	(0.096)	(0.097)	(0.095)	(0.024)	(0.024)	(0.024)	(0.024)	(0.019)	(0.019)	(0.020)	(0.019)
SHO	-0.013	-0.010	-0.005	-0.000	-0.002	-0.003	0.001	-0.001	-0.013***	-0.013***	-0.010***	-0.012***
	(0.011)	(0.011)	(0.011)	(0.011)	(0.003)	(0.003)	(0.003)	(0.003)	(0.002)	(0.002)	(0.002)	(0.002)
Growth	0.107	0.133*	0.104	0.111	0.006	0.007	0.008	0.007	0.009	0.009	0.009	0.009
	(0.077)	(0.076)	(0.077)	(0.076)	(0.007)	(0.007)	(0.007)	(0.007)	(0.006)	(0.006)	(0.006)	(0.006)
Fis	-0.939	-0.858	-0.703	-0.765	0.420*	0.378*	0.326	0.378*	0.245	0.206	0.167	0.250
	(0.950)	(0.954)	(0.953)	(0.945)	(0.224)	(0.227)	(0.225)	(0.226)	(0.176)	(0.176)	(0.175)	(0.175)
N_GDP	0.047	-0.037	0.003	-0.129	0.061	0.048	0.043	0.042	0.094	0.085	0.083	0.080
	(0.336)	(0.337)	(0.336)	(0.333)	(0.076)	(0.077)	(0.076)	(0.077)	(0.063)	(0.064)	(0.063)	(0.063)
Constant	1.050***	1.073***	1.104***	1.013***	0.335***	0.383***	0.367***	0.368***	-0.025	0.014	0.019	-0.008
	(0.267)	(0.264)	(0.263)	(0.262)	(0.067)	(0.067)	(0.067)	(0.067)	(0.052)	(0.052)	(0.052)	(0.052)
Year_FE	YES	YES	YES	YES	YES	YES	YES	YES	YES	YES	YES	YES
City_FE	YES	YES	YES	YES	YES	YES	YES	YES	YES	YES	YES	YES
R^2	0.606	0.600	0.604	0.608	0.618	0.606	0.614	0.608	0.647	0.644	0.651	0.646
观测值	751	751	751	751	704	704	704	704	838	838	838	838

（二）产权性质的异质性效应

我们将 Stateowned$_i$（是否为国有商业银行）和各个网络中心度的交互项加入基准回归中，重点分析交互项的估计结果。表 6.6 报告了基于不同产权性质进行检验的异质性结果。

首先，第（1）至（4）列为董事会勤勉性的回归结果，对于不同产权的银行，尽管中介中心度、接近中心度和向量中心度均对银行董事会勤勉性产生显著的积极影响，但是不同网络中心度指标与银行董事会勤勉性的异质性关系会随不同产权性质呈现出差异性。具体而言，Stateowned_Between 和 Stateowned_Close 的估计系数分别为 –3.615 和 –1.887 且均至少通过了 5% 的显著性水平检验，说明相比非国有银行，每单位中介中心度和向量中心度对国有银行董事会勤勉性的改善作用分别平均减少 3.615 和 1.887 个单位；而 Stateowned_Eigenvector 的估计系数并未在统计意义上显著，说明向量中心度对银行董事会勤勉性的改善作用在不同产权银行之间并无显著差异。

其次，第（5）至（8）列为董事会执行性的回归结果，对于不同产权性质的银行，尽管程度中心度和接近中心度仍然对银行董事会执行性产生显著的积极影响，但是两种网络中心度指标与银行董事会执行性的异质性关系会随不同产权性质呈现出差异性。具体来说，Stateowned_Degree 的估计系数为 0.003 且通过了 5% 的显著性水平检验，说明相比非国有银行，网络局部广度对于国有银行董事会执行性的改善作用平均高出 0.003 个单位；而 Stateowned_Close 的估计系数为 –0.357，且通过了 10% 的显著性水平检验，说明相比非国有银行，网络全局深度（即与网络中心的接近程度）对于国有银行董事会执行性的改善作用平均减小 0.357 个单位。

最后，第（9）至（12）列为董事会独立性的回归结果，所有交互项的估计系数均未在统计意义上显著，说明对于不同产权性质的银行，不同网络中心度指标对银行董事会独立性的改善作用不存在异质性特征。

综上所述，本章发现，"银行－股东"网络对银行董事会勤勉性和执行性的积极影响在非国有银行中体现出更为明显的"补短"效应，即在网络中存在控制能力或靠近中心更能改善非国有银行的董事会勤勉性以及执行性；而与直接股东的亲密关系更能改善国有银行的董事会执行性。这可能是因为目前我国非国有商业银行的直接大股东的数目和社会关系相较于国有银行依旧较少，且在政府扶持方面也受益较少，若能在网络中更具中心性，可以增强银行在资源配置效应中的话语权，从而对自身银行治理产生助益。与之相对，国有银行虽然更能从政府扶持中获益，但也面临着巨大的牵制作用与依赖作用。对于内部治理受政府影响且承担更多政治性任务的国有银行而言，由于受直接股东的影响，它们很难将间接股东等其他网络优势充分发挥在董事会治理中。此外，对于不同产权性质的银行，"银行－股东"网络对董事会独立性的积极影响不存在异质性效应。

表 6.6 "银行－股东"网络影响董事会治理的异质性效应：产权性质

变量名称	勤勉性				执行性				独立性			
	(1)	(2)	(3)	(4)	(5)	(6)	(7)	(8)	(9)	(10)	(11)	(12)
Degree	0.002				0.002***				0.001***			
	(0.003)				(0.001)				(0.001)			
Stateowned_Degree	-0.005				0.003**				0.001			
	(0.004)				(0.001)				(0.001)			
Between		2.065*				-0.089				0.577***		
		(1.052)				(0.256)				(0.219)		
Stateowned_Between		-3.615***				0.158				-0.152		
		(1.361)				(0.333)				(0.283)		
Close			2.256***				0.553***				0.632***	
			(0.692)				(0.179)				(0.130)	
Stateowned_Close			-1.887**				-0.357*				-0.239	
			(0.768)				(0.186)				(0.145)	
Eigenvector				0.424*				0.063				0.112**
				(0.218)				(0.054)				(0.047)
Stateowned_Eigenvector				0.137				0.055				-0.001
				(0.359)				(0.088)				(0.073)
Stateowned	0.056	0.034	0.103	-0.065	-0.016	0.028**	0.059***	0.024*	-0.009	0.008	0.022	0.004
	(0.088)	(0.047)	(0.073)	(0.047)	(0.022)	(0.012)	(0.018)	(0.012)	(0.018)	(0.009)	(0.014)	(0.009)
CAR	0.013**	0.015**	0.016***	0.012**	-0.002	-0.002	-0.001	-0.002	-0.002*	-0.002	-0.001	-0.002
	(0.006)	(0.006)	(0.006)	(0.006)	(0.002)	(0.002)	(0.002)	(0.002)	(0.001)	(0.001)	(0.001)	(0.001)

续表

变量名称	勤勉性				执行性				独立性			
	(1)	(2)	(3)	(4)	(5)	(6)	(7)	(8)	(9)	(10)	(11)	(12)
Dual	-0.185***	-0.186***	-0.190***	-0.170***	-0.022	-0.021	-0.025*	-0.021	-0.027**	-0.029**	-0.033**	-0.026**
	(0.059)	(0.059)	(0.059)	(0.059)	(0.015)	(0.015)	(0.015)	(0.015)	(0.013)	(0.013)	(0.013)	(0.013)
BS	0.349***	0.341***	0.277***	0.373***	0.055**	0.051**	0.031	0.054**	0.113***	0.108***	0.085***	0.114***
	(0.099)	(0.098)	(0.100)	(0.099)	(0.024)	(0.024)	(0.025)	(0.024)	(0.019)	(0.019)	(0.020)	(0.019)
SHO	-0.011	-0.014	-0.003	-0.006	0.001	-0.001	0.001	0.000	-0.013***	-0.013***	-0.012***	-0.012***
	(0.011)	(0.011)	(0.012)	(0.011)	(0.003)	(0.003)	(0.003)	(0.003)	(0.002)	(0.002)	(0.002)	(0.002)
Growth	0.133*	0.128	0.110	0.144*	0.007	0.007	0.006	0.007	0.009	0.008	0.008	0.009
	(0.079)	(0.078)	(0.079)	(0.080)	(0.007)	(0.007)	(0.007)	(0.007)	(0.006)	(0.006)	(0.006)	(0.006)
Fis	-0.305	-0.129	0.285	-0.725	0.217	0.227	0.352	0.194	0.167	0.137	0.172	0.151
	(1.026)	(1.018)	(1.062)	(1.067)	(0.234)	(0.237)	(0.243)	(0.246)	(0.181)	(0.182)	(0.182)	(0.187)
N_GDP	-0.131	-0.094	-0.024	-0.158	0.033	0.026	0.048	0.025	0.094	0.091	0.098	0.090
	(0.344)	(0.342)	(0.342)	(0.344)	(0.075)	(0.077)	(0.076)	(0.077)	(0.064)	(0.064)	(0.064)	(0.064)
Constant	0.937***	0.938***	0.907***	0.919***	0.350***	0.396***	0.385***	0.385***	-0.012	0.020	0.029	0.005
	(0.276)	(0.270)	(0.269)	(0.272)	(0.067)	(0.067)	(0.067)	(0.068)	(0.053)	(0.053)	(0.052)	(0.053)
Year_FE	YES	YES	YES	YES	YES	YES	YES	YES	YES	YES	YES	YES
City_FE	YES	YES	YES	YES	YES	YES	YES	YES	YES	YES	YES	YES
R^2	0.598	0.602	0.605	0.600	0.609	0.596	0.602	0.597	0.653	0.651	0.659	0.651
观测值	724	724	724	724	684	684	684	684	807	807	807	807

第五节 "银行－股东"网络影响银行董事会治理的机制研究

一、基于"信息共享"机制的中介效应检验

对于信息不对称严重的银行业来说，获取更多信息资源是影响董事会内部治理水平的重要因素。"银行－股东"网络为信息获取提供了一种新的渠道，它可能通过信息共享水平的改变进而影响董事会治理水平。表6.7报告了信息共享机制的回归结果，第（1）列考察了中介中心度对信息共享变量的影响，结果显示，中介中心度对信息共享水平存在显著正向关系，且通过了1%显著性水平的检验，即银行在"银行－股东"网络中能够拥有越多控制能力，其对信息获取及共享能力的提升越有利，这说明信息共享变量确实是"银行－股东"网络影响银行董事会治理水平的中介变量。

第（2）至（3）列给出了纳入中介变量后中介中心度与董事会勤勉性之间的回归结果，经计算，中介中心度对董事会勤勉性的直接效应为0.378，通过信息共享机制产生的间接效应为0.319。类似地，第（4）至（5）列给出了纳入中介变量后中介中心性与董事会执行性之间的回归结果，中介中心度对董事会执行性的直接效应为－0.125，通过信息共享机制产生的间接效应为0.172。第（6）至（7）列给出了纳入中介变量后中介中心度与董事会独立性之间的回归结果，中介中心度对董事会独立性的直接效应为0.415，通过信息共享机制产生的间接效应为0.109。上述结果均说明中介中心度可以通过信息共享渠道影响董事会治理水平，本章假说2得到证实。

需要说明的是，本阶段回归仅证明了中介中心度与董事会治理之间存在着信息共享机制，其他三个指标（Degree、Close、Eigenvector）与董事会治理间的信息共享渠道没有得到证实。可能的原因是，中介中心度侧重衡量银行在网络中的控制能力，该指标越大，说明银行在网络中的位置越重要，它是越多银行搭建联系的桥梁，处在该位置上的银行越有能力率先获得更多信息，且在信息共享的过程中银行可以花费较少的成本。

表 6.7 "银行－股东"网络影响董事会治理的机制分析:"信息共享"机制

变量名称	信息共享	勤勉性		执行性		独立性	
	(1)	(2)	(3)	(4)	(5)	(6)	(7)
Between	1.279***	0.697	0.378	0.047	−0.125	0.524***	0.415**
	(0.377)	(0.926)	(0.958)	(0.229)	(0.232)	(0.194)	(0.201)
CSR		0.009*	0.175*		0.047*		0.033*
		(0.005)	(0.096)		(0.024)		(0.020)
CAR	0.007***		0.010*	−0.000	−0.001	−0.001	−0.001
	(0.002)		(0.006)	(0.002)	(0.002)	(0.001)	(0.001)
Dual	0.005	−0.186***	−0.200***	−0.024	−0.016	−0.028**	−0.027*
	(0.025)	(0.059)	(0.065)	(0.015)	(0.017)	(0.013)	(0.014)
BS	0.087**	0.325***	0.318***	0.050**	0.071***	0.106***	0.097***
	(0.038)	(0.096)	(0.105)	(0.024)	(0.026)	(0.019)	(0.021)
SHO	−0.034***	−0.010	0.002	−0.003	−0.002	−0.013***	−0.014***
	(0.005)	(0.011)	(0.012)	(0.003)	(0.003)	(0.002)	(0.003)
Growth	−0.008	0.139*	0.166**	0.007	0.008	0.009	0.010
	(0.012)	(0.076)	(0.081)	(0.007)	(0.007)	(0.006)	(0.006)
Fis	1.074***	−0.804	−1.467	0.390*	0.311	0.214	0.187
	(0.353)	(0.956)	(1.025)	(0.226)	(0.238)	(0.176)	(0.187)
N_GDP	0.142	−0.071	−0.095	0.043	0.068	0.082	0.121*
	(0.125)	(0.337)	(0.361)	(0.077)	(0.081)	(0.064)	(0.067)
Constant	−0.129	1.074***	1.054***	0.383***	0.320***	0.013	0.034
	(0.104)	(0.264)	(0.288)	(0.067)	(0.072)	(0.052)	(0.056)
Year_FE	YES	YES	YES	YES	YES	YES	YES
City_FE	YES	YES	YES	YES	YES	YES	YES
R^2	0.598	0.657	0.596	0.606	0.621	0.643	0.651
观测值	751	779	657	704	611	838	741
直接效应		0		0		0.415	
间接效应		0		0		0.109	

二、基于"声誉激励"机制的中介效应检验

在"银行－股东"网络中处于良好地位的银行具备较高的社会资本，容易获得利益相关者和投资者的信任。一般而言，在"银行－股东"网络中处于较好位置的银行面临着潜在的巨大声誉成本，为了维护已建立的良好声誉，银行更倾向于加强内部治理建设，主动提升董事会内部治理水平。而向量中心度恰恰是侧重衡量银行在整体网络中位置的一个指标，该指标值越大，说明银行声望越高。因此，我们将通过式（6–2）和式（6–3）对假说 3 进行检验。

表 6.8 报告了声誉激励机制的回归结果，第（1）列给出了向量中心度对声誉激励的回归结果，向量中心度对声誉水平存在显著正向关系，即银行在"银行－股东"网络中的整体位置越好，能够获得越多的声誉与信任，这说明声誉激励确实是"银行－股东"网络影响银行董事会治理水平的中介变量。第（2）至（3）列给出了纳入中介变量后向量中心度与董事会勤勉性之间的回归结果，中介变量的估计系数不显著，说明不存在"银行在网络中全局位置提高→声誉激励增强→董事会勤勉性增强"这一传导机制。第（4）至（5）列给出了纳入中介变量后向量中心度与董事会执行性之间的回归结果，向量中心度对董事会执行性的直接效应为 0.085，通过声誉激励机制产生的间接效应为 0.013。第（6）至（7）列给出了纳入中介变量后向量中心度与董事会独立性之间的回归结果，向量中心度对董事会独立性的直接效应为 0.105，通过声誉激励机制产生的间接效应为 0.012。上述结果均说明向量中心度可以通过声誉激励渠道影响董事会执行性水平、独立性水平，本章假说 3 得到部分证实。

表6.8 "银行－股东"网络影响董事会治理的机制分析："声誉激励"机制

变量名称	声誉激励	勤勉性		执行性		独立性	
	(1)	(2)	(3)	(4)	(5)	(6)	(7)
Eigenvector	0.760*	0.416**	0.355*	0.098*	0.085	0.117***	0.105**
	(0.415)	(0.197)	(0.198)	(0.050)	(0.050)	(0.043)	(0.043)
Repu			0.027		0.013***		0.007*
			(0.018)		(0.005)		(0.004)
CAR	0.049***	0.009*	0.006	-0.001	-0.001	-0.001	-0.002*
	(0.011)	(0.005)	(0.005)	(0.002)	(0.002)	(0.001)	(0.001)
Dual	-0.080	-0.176***	-0.182***	-0.022	-0.016	-0.026**	-0.023*
	(0.122)	(0.059)	(0.061)	(0.015)	(0.016)	(0.013)	(0.013)
BS	-0.346*	0.339***	0.356***	0.052**	0.062**	0.113***	0.120***
	(0.188)	(0.096)	(0.099)	(0.024)	(0.026)	(0.019)	(0.020)
SHO	0.038	-0.004	-0.011	-0.001	0.000	-0.012***	-0.014***
	(0.024)	(0.011)	(0.012)	(0.003)	(0.004)	(0.002)	(0.003)
Growth	0.214*	0.134*	0.115	0.007	0.001	0.010	0.001
	(0.112)	(0.076)	(0.077)	(0.007)	(0.014)	(0.006)	(0.012)
Fis	3.803**	-0.886	-1.091	0.376*	0.390*	0.232	0.279
	(1.726)	(0.954)	(0.962)	(0.226)	(0.235)	(0.176)	(0.180)
N_GDP	1.780***	-0.084	-0.190	0.041	0.032	0.080	0.077
	(0.607)	(0.336)	(0.340)	(0.077)	(0.079)	(0.064)	(0.065)
Constant	-0.321	1.022***	1.074***	0.371***	0.349***	-0.004	-0.007
	(0.511)	(0.264)	(0.271)	(0.067)	(0.071)	(0.052)	(0.054)
Year_FE	YES	YES	YES	YES	YES	YES	YES
City_FE	YES	YES	YES	YES	YES	YES	YES
R^2	0.600	0.592	0.612	0.608	0.607	0.643	0.649
观测值	751	802	695	704	635	838	768
直接效应		0.416		0.085		0.105	
间接效应		0		0.013		0.012	

三、基于"有效联结"机制的中介效应检验

根据假说 4，"银行－股东"网络实际上是一种弱关系联结，只有处于网络中的大股东才能起到真正的联结作用。接近中心度指标值越大，说明银行越容易联系到其他银行。接近中心度恰恰与银行在网络中的有效联结密切相关。为此，我们以银行前十大股东持股比例之和作为中介变量，通过式（6-2）和式（6-3）对检验假说 4 进行检验。

表 6.9 报告了有效联结机制的回归结果，第（1）列给出了接近中心度对银行前十大股东持股比例之和的回归结果，接近中心度对有效联结变量存在显著正向关系，且通过了 1% 显著性水平的检验，即银行在"银行－股东"网络中越处于中心位置，与其他银行的平均距离越小，前十大股东的持股比例之和越大，有效联结能力越强，这说明"有效联结"确实是"银行－股东"网络影响银行董事会治理水平的中介变量。第（2）至（3）列给出了纳入中介变量后接近中心度与董事会勤勉性之间的回归结果，接近中心度对董事会勤勉性的直接效应为 1.330，通过"有效联结"机制产生的间接效应为 0.156。第（4）至（5）列给出了纳入中介变量后接近中心度与董事会执行性之间的回归结果，"有效联结"变量的估计系数不显著，说明不存在"银行在网络的中心程度提高→有效联结增强→董事会执行性增强"这一传导机制。第（6）至（7）列给出了纳入中介变量后接近中心度与董事会独立性之间的回归结果，接近中心度对董事会独立性的直接效应为 0.529，通过"有效联结"机制产生的间接效应为 0.031。上述结果说明接近中心度可以通过有效联结渠道影响董事会勤勉性水平、独立性水平，本章假说 4 得到部分证实。

表 6.9　"银行－股东"网络影响董事会治理的机制分析："有效联结"机制

变量名称	有效联结 (1)	勤勉性 (2)	勤勉性 (3)	执行性 (1)	执行性 (3)	独立性 (1)	独立性 (3)
Close	53.720*** (19.102)	1.486** (0.634)	1.330** (0.636)	0.460*** (0.165)	0.452*** (0.166)	0.560*** (0.120)	0.529*** (0.121)
Top10		0.010* (0.005)	0.002** (0.001)		0.000 (0.000)		0.000*** (0.000)
CAR	0.597*** (0.177)		0.008 (0.005)	-0.000 (0.002)	-0.000 (0.002)	-0.001 (0.001)	-0.001 (0.001)
Dual	-1.113 (1.953)	-0.188*** (0.059)	-0.187*** (0.058)	-0.025* (0.015)	-0.025 (0.015)	-0.031** (0.013)	-0.030** (0.013)
BS	-8.807*** (3.085)	0.288*** (0.097)	0.299*** (0.097)	0.036 (0.024)	0.036 (0.024)	0.086*** (0.020)	0.091*** (0.020)
SHO	-2.743*** (0.361)	-0.001 (0.011)	0.005 (0.012)	-0.001 (0.003)	-0.000 (0.003)	-0.011*** (0.002)	-0.010** (0.002)
Growth	-0.242 (0.971)	0.133* (0.076)	0.140* (0.076)	0.007 (0.007)	0.007 (0.007)	0.009 (0.006)	0.009 (0.006)
Fis	83.719*** (28.236)	-0.889 (0.953)	-1.148 (0.958)	0.351 (0.225)	0.333 (0.228)	0.183 (0.174)	0.143 (0.175)
N_GDP	15.239 (9.983)	-0.050 (0.336)	-0.101 (0.336)	0.056 (0.077)	0.054 (0.077)	0.088 (0.063)	0.080 (0.063)
Constant	78.527*** (8.180)	1.049*** (0.263)	0.900*** (0.271)	0.382*** (0.066)	0.372*** (0.069)	0.029 (0.051)	-0.009 (0.054)
Year_FE	YES	YES	YES	YES	YES	YES	YES
City_FE	YES	YES	YES	YES	YES	YES	YES
R^2	0.670	0.601	0.603	0.610	0.611	0.650	0.652
观测值	876	751	751	704	704	838	838
直接效应		1.330		0.460		0.529	
间接效应		0.156		0		0.031	

第六节 稳健性讨论

一、更换网络构建方法

时变网络的布局会随着时间的推演不断改变，除了已有节点与连接之间会发生时变，关系网络也会在时间的推进中不断产生新的节点和新的连接关系。在上文中，我们采用的基础网络是时变增长型"银行－股东"关系网络，该网络将银行和股东均视为网络中的节点，且考虑了不同时刻连接关系的突变性以及每年新增的网络节点及其连接关系，并保留了原有的全部网络成员关系。考虑到网络构建方式的不同会使得网络成员的选择以及社会关系的识别略有不同，进而可能造成"银行－股东"网络与董事会治理之间关系存在差异，因此本章构建了时变增长型"银行—银行"关系网络用于进行稳健性检验，相应的回归结果如表6.10所示。

回归结果显示，接近中心度和特征向量中心度对董事会勤勉性的估计系数分别在10%、1%的显著性水平上显著为正；接近中心度和特征向量中心度对董事会执行性的估计系数至少在5%的显著性水平上显著为正，程度中心度的系数虽然不显著但仍然为正；四个中心度指标对董事会独立性的回归系数均显著为正。综上分析，在变更网络构建方式后，结果与前文基本一致，本章结论依然成立。

表6.10 "银行－股东"网络与董事会治理：更换网络构建方法

时变增长 "银行—银行" 关系网络

变量名称	勤勉性				执行性				独立性			
	(1)	(2)	(3)	(4)	(5)	(6)	(7)	(8)	(9)	(10)	(11)	(12)
Degree	0.005 (0.004)				0.001 (0.001)				0.003*** (0.001)			
Between		1.346 (0.948)				-0.261 (0.233)				0.716*** (0.200)		
Close			0.513* (0.287)				0.301*** (0.073)				0.330*** (0.055)	
Eigenvector				0.826*** (0.242)				0.155** (0.061)				0.297*** (0.050)
CAR	0.009 (0.005)	0.009* (0.005)	0.009* (0.005)	0.008 (0.005)	-0.000 (0.002)	-0.000 (0.002)	-0.000 (0.002)	-0.000 (0.002)	-0.001 (0.001)	-0.001 (0.001)	-0.001 (0.001)	-0.002 (0.001)
Dual	-0.175*** (0.061)	-0.177*** (0.061)	-0.185*** (0.061)	-0.167*** (0.061)	-0.015 (0.016)	-0.015 (0.016)	-0.018 (0.016)	-0.013 (0.016)	-0.022 (0.013)	-0.021 (0.013)	-0.028** (0.013)	-0.019 (0.013)
BS	0.331*** (0.097)	0.323*** (0.097)	0.306*** (0.098)	0.294*** (0.097)	0.055** (0.024)	0.058** (0.024)	0.034 (0.025)	0.047 (0.024)	0.108*** (0.019)	0.106*** (0.019)	0.080*** (0.020)	0.096*** (0.019)
SHO	-0.007 (0.011)	-0.011 (0.011)	-0.003 (0.011)	-0.000 (0.011)	-0.003 (0.003)	-0.004 (0.003)	-0.000 (0.003)	-0.002 (0.003)	-0.012** (0.002)	-0.014** (0.002)	-0.010** (0.002)	-0.011** (0.002)
Growth	0.140* (0.076)	0.135* (0.076)	0.139* (0.076)	0.158* (0.076)	0.007 (0.007)	0.007 (0.007)	0.005 (0.007)	0.008 (0.007)	0.010* (0.006)	0.009 (0.006)	0.007 (0.006)	0.010* (0.006)
Fis	-0.869 (0.957)	-0.750 (0.956)	-0.868 (0.955)	-1.171 (0.954)	0.373 (0.228)	0.374 (0.227)	0.338 (0.224)	0.312 (0.228)	0.219 (0.175)	0.246 (0.175)	0.121 (0.173)	0.106 (0.174)
N_GDP	-0.125 (0.339)	-0.088 (0.338)	-0.094 (0.337)	-0.149 (0.336)	0.039 (0.077)	0.039 (0.077)	0.049 (0.076)	0.037 (0.077)	0.075 (0.064)	0.089 (0.064)	0.079 (0.063)	0.074 (0.063)
Constant	1.038*** (0.267)	1.080*** (0.267)	1.057*** (0.266)	1.102*** (0.265)	0.367*** (0.068)	0.363*** (0.068)	0.383*** (0.067)	0.381*** (0.068)	-0.005 (0.052)	0.014 (0.052)	0.049 (0.052)	0.029 (0.051)
Year_FE	YES	YES	YES	YES	YES	YES	YES	YES	YES	YES	YES	YES
City_FE	YES	YES	YES	YES	YES	YES	YES	YES	YES	YES	YES	YES
R^2	0.600	0.601	0.601	0.606	0.608	0.608	0.618	0.612	0.647	0.647	0.658	0.657
观测值	743	743	743	743	695	695	695	695	829	829	829	829

二、消除规模差异

如上文所述，随着时间的推移，各年度的"银行－股东"网络规模不断扩大，网络中心度的整体水平也不断提高。为了消除各年份网络规模带来的差异，本章参考陈运森和谢德仁（2011）的做法，分别对程度中心度和中介中心度的计算方法进行调整，利用模型（1）重新检验"银行－股东"网络是否推进银行董事会的治理水平。具体做法如下：

重新定义程度中心度为：$\text{Degree\_scale} = \sum_{i \neq j} X_{i,j} / (g-1)$

重新定义中介中心度为以下两种形式：

$$\text{Between\_scale1} = \frac{\sum_{j<k} b_{jk}(i) / b_{jk}}{g-1}$$

$$Between\_scale2 = \frac{\sum_{j<k} b_{jk}(i) / b_{jk}}{(g-1)(g-2)}$$

其中，g 为网络中银行节点总数。

重新回归的结果如表 6.11 所示，首先分析董事会勤勉性，接近中心度和向量中心度的系数仍在 5% 的显著性水平上显著为正，与基准回归结果表现一致。其次分析董事会执行性，程度中心度、接近中心度和向量中心度的系数分别在 1%、1% 和 5% 的显著性水平上显著为正，且以两种形式表现的中介中心度依然在统计上不显著，同样与基准回归结果表现一致。最后分析董事会独立性，网络中心度的四个指标系数分别在 5%、1%、1% 和 1% 的显著性水平上显著为正，虽然显著性水平与基准回归略有差异，但整体上来看依然可以得出"银行－股东"网络对银行董事会治理水平有着正向影响的结论，本章结论依然成立。

表 6.11 "银行－股东"网络与董事会治理：消除规模差异

变量名称	勤勉性			执行性			独立性		
	(1)	(2)	(3)	(4)	(5)	(6)	(7)	(8)	(9)
Degree_scale	0.312 (0.215)			0.142*** (0.053)			0.117** (0.045)		
Between_scale1		12.390 (19.354)			2.775 (4.611)			11.654*** (3.798)	
Between_scale2			145.193 (262.690)			31.264 (62.564)			144.208*** (51.151)
CAR	0.009* (0.005)	0.009* (0.005)	0.009* (0.005)	-0.000 (0.002)	-0.000 (0.002)	-0.000 (0.002)	-0.001 (0.001)	-0.001 (0.001)	-0.001 (0.001)
EB	-0.007 (0.011)	-0.011 (0.011)	-0.011 (0.011)	-0.001 (0.003)	-0.003 (0.003)	-0.003 (0.003)	-0.012*** (0.002)	-0.013*** (0.002)	-0.014*** (0.002)
GRO	0.125 (0.077)	0.140* (0.076)	0.140* (0.076)	0.007 (0.007)	0.007 (0.007)	0.007 (0.007)	0.009 (0.006)	0.009 (0.006)	0.009 (0.006)
DUAL	-0.183*** (0.059)	-0.185*** (0.059)	-0.185*** (0.059)	-0.023 (0.015)	-0.024 (0.015)	-0.024 (0.015)	-0.027* (0.013)	-0.028** (0.013)	-0.028** (0.013)
BS	0.333*** (0.096)	0.327*** (0.096)	0.328*** (0.096)	0.051** (0.024)	0.049** (0.024)	0.050** (0.024)	0.111*** (0.019)	0.108*** (0.019)	0.109*** (0.019)
FIS	-0.658 (0.958)	-0.778 (0.956)	-0.774 (0.956)	0.451* (0.226)	0.393* (0.226)	0.393* (0.226)	0.287 (0.176)	0.215 (0.176)	0.221 (0.176)
N_GDP	-0.052 (0.337)	-0.074 (0.337)	-0.075 (0.338)	0.047 (0.076)	0.043 (0.077)	0.042 (0.077)	0.085 (0.064)	0.078 (0.064)	0.077 (0.064)
Year_FE	Yes	Yes	Yes	Yes	Yes	Yes	Yes	Yes	Yes
City_FE	Yes	Yes	Yes	Yes	Yes	Yes	Yes	Yes	Yes
R^2	0.598	0.597	0.597	0.610	0.606	0.606	0.643	0.644	0.644
观测值	751	751	751	704	704	704	838	838	838

三、处理内生性问题

考虑到董事会治理水平高的银行可能会自动地在网络中拓宽关系渠道、赢得良好的声誉，从而在网络中处于有利位置，存在反向因果问题。为此，本章对网络中心度进行滞后一期处理以缓解内生性问题，表 6.12 汇报了相应的实证结果。向量中心度滞后一期对董事会勤勉性的拟合系数是正向显著的，程度中心度、接近中心度和向量中心度的滞后一期对董事会执行性的拟合系数也是正向显著的，四个中心度指标的滞后一期对董事会独立性的拟合结果全部为正数且在 1% 水平上显著。由此可见，在考虑内生性问题后，本章研究结论依然成立。

表 6.12 "银行－股东"网络与董事会治理：处理内生性问题

变量名称	勤勉性				执行性				独立性			
	(1)	(2)	(3)	(4)	(5)	(6)	(7)	(8)	(9)	(10)	(11)	(12)
L.Degree	0.000 (0.003)				0.002*** (0.001)				0.002*** (0.001)			
L.Between		-0.123 (0.858)				0.042 (0.204)				0.477*** (0.182)		
L.Close			0.825 (0.681)				0.304* (0.170)				0.452*** (0.128)	
L.Eigenvector				0.358* (0.188)				0.106** (0.045)				0.115*** (0.040)
CAR	0.007 (0.007)	0.007 (0.007)	0.008 (0.007)	0.006 (0.007)	0.001 (0.002)	0.001 (0.002)	0.001 (0.002)	0.000 (0.002)	0.001 (0.001)	0.001 (0.001)	0.001 (0.001)	0.000 (0.001)
Dual	-0.174*** (0.064)	-0.174*** (0.064)	-0.175*** (0.064)	-0.164** (0.064)	-0.014 (0.015)	-0.016 (0.016)	-0.016 (0.016)	-0.014 (0.016)	-0.018 (0.014)	-0.020 (0.014)	-0.020 (0.014)	-0.017 (0.014)
BS	0.305*** (0.103)	0.307*** (0.103)	0.283*** (0.104)	0.313*** (0.102)	0.024 (0.024)	0.027 (0.025)	0.019 (0.025)	0.029 (0.024)	0.095*** (0.020)	0.092*** (0.020)	0.079*** (0.021)	0.099*** (0.020)
SHO	-0.014 (0.011)	-0.015 (0.011)	-0.009 (0.012)	-0.009 (0.012)	-0.002 (0.003)	-0.004 (0.003)	-0.002 (0.003)	-0.002 (0.003)	-0.011*** (0.002)	-0.012*** (0.002)	-0.010*** (0.002)	-0.011*** (0.002)
Growth	0.138* (0.080)	0.139* (0.079)	0.147* (0.079)	0.126 (0.079)	0.011* (0.007)	0.012* (0.007)	0.013* (0.007)	0.012* (0.007)	0.016*** (0.006)	0.016*** (0.006)	0.018*** (0.006)	0.016** (0.006)
Fis	-0.252 (1.076)	-0.269 (1.069)	-0.307 (1.068)	-0.355 (1.067)	0.592** (0.247)	0.473* (0.249)	0.452* (0.248)	0.461* (0.247)	0.339** (0.198)	0.241 (0.197)	0.224 (0.196)	0.247 (0.197)
N_GDP	0.075 (0.369)	0.073 (0.369)	0.085 (0.369)	0.059 (0.368)	0.069 (0.082)	0.062 (0.083)	0.071 (0.083)	0.059 (0.083)	0.045 (0.071)	0.036 (0.072)	0.040 (0.071)	0.033 (0.072)
Constant	1.138*** (0.289)	1.145*** (0.285)	1.123*** (0.285)	1.115*** (0.284)	0.385*** (0.068)	0.430*** (0.068)	0.424*** (0.068)	0.420*** (0.068)	-0.013 (0.056)	0.029 (0.056)	0.031 (0.055)	0.014 (0.056)
Year_FE	YES	YES	YES	YES	YES	YES	YES	YES	YES	YES	YES	YES
City_FE	YES	YES	YES	YES	YES	YES	YES	YES	YES	YES	YES	YES
R^2	0.591	0.591	0.592	0.594	0.606	0.596	0.598	0.600	0.650	0.647	0.650	0.648
观测值	681	681	681	681	637	637	637	637	759	759	759	759

第七节 本章小结

社会网络影响着网络内部个体的经济行为,本章从"银行－股东"网络这一全新视角来讨论银行董事会治理状况,本章利用四种网络中心度指标衡量银行在"银行－股东"网络的位置,重点考察"银行－股东"网络对于银行董事会治理的影响及作用机理,实证研究发现:第一,"银行－股东"网络与董事会治理水平之间呈现显著正相关关系,说明银行在网络中所处位置越有利,越有助于提高董事会治理水平;第二,不同的网络中心度指标对于银行所处位置的衡量侧重不同,各个指标对于董事会勤勉性、执行性以及独立性的作用效果略有差异,需要具体问题具体分析,不能一概而论;第三,通过消除网络规模差异、变更网络构建方法、考虑内生性问题等多种稳健性检验方法,均能够得到类似的结论;第四,"银行－股东"网络对银行董事会治理的影响会随着银行类型、产权性质等的不同而呈现异质性特征,并呈现出明显的"补短"效应;第五,在"银行－股东"网络中,网络位置的提升可以通过信息共享、声誉激励、有效联结等渠道提高董事会治理水平。

本章的结论不仅有利于理解和认识"银行－股东"网络与银行董事会治理之间的关系及作用机制,而且为"银行－股东"网络的研究提供了新思路和新依据。基于上述研究发现,本章可以得出如下四点启示。第一,共同股东应积极发挥自身在社会网络中的信息优势,努力提升银行内部治理能力。同时,股东应具备并提高甄别信息真伪的能力,切实增强"银行－股东"网络带来的信息优势,扬长避短,尽量减少社会网络天然缺点对银行发展的负面影响。第二,针对不同方面的董事会治理问题,银行应做到具体问题具体分析,切实将治理目标落到实处,避免出现因过度利用网络效应而造成治理效率低下的情况。如为提升董事会工作勤勉水平,银行应重点关注在"银行－股东"网络中的全局位置是否有利以及是否靠近网络中心,而非聚焦于如何提高直接关联银行数量。第三,针对不同类型、产权的银行，政府应给予不同程度的扶持与干预力度。对于地方性银行而言，地方政府扶持行为确实有利于银行内部治理能力的改善，但如何把握政府扶持与政府干预的适度性，是地方政府和地方性商业银行双方需要积极思考的话题。对于非国有银行而言，政府则不应进行过度干预，要给予其适度的内部治理空间，更好地发挥"银行－股东"网络在非国有银行中的优势效应。第四，股权结构变化以及共同股东的私利行为也有可能对银行内部治理产生消极影响，因此"银行－股东"网络对银行董事会治理的积极效应有赖于多方机构的共同规范与监管。银保监会应重视股权结构变化对商业银行可能带来的"双刃剑"影响，严格规范共同股东的经济行为，充分发挥"银行－股东"网络的优势效应。

第七章　商业银行高质量发展中的
新挑战

在当今数字化和信息化浪潮的背景下，深入研究银行数字化转型对银行风险和流动性创造的影响，并考察其如何推动金融高质量发展，具有不可忽视的重要意义。本章旨在深入分析商业银行数字化转型如何影响银行风险和流动性创造，并探讨宏观审慎政策在此过程中的作用。研究表明，银行数字化转型在风险管理方面表现出双重效应。具体来说，它在表内风险管理中起到了显著的抑制作用，减少了政府担保竞争扭曲，有效控制了银行的表内风险。这一现象可以视为表内担保竞争效应的体现。相反，在表外风险管理方面，银行数字化显著促进了风险承担，尤其是对于那些理财产品平均委托期限较长的银行，这表现为表外价格竞争效应。在流动性创造方面，银行数字化转型整体上促进了流动性的生成，尤其是对表内流动性的创造。此外，研究发现数字化转型通过"盈利"和"风险"两个渠道促进流动性的创造。特别是在金融监管较为严格、金融业较为发达且金融脱媒程度较高的地区，数字化转型的促进作用更为显著。在积极的宏观审慎政策环境下，数字化转型对流动性创造的正向效应更强。本章的结论为银行数字化转型的作用及其对金融高质量发展的推动提供了重要的政策启示。这表明，适当的宏观审慎政策与有效的数字化转型策略相结合，能够有效提升商业银行的风险管理能力和流动性创造能力，从而为经济的稳健发展提供坚实的金融支持。

第一节 数字化转型与商业银行高质量发展

一、数字化转型背景下的商业银行风险管理

中国共产党第二十次全国代表大会报告明确指出，需要健全和完善金融风险的防范、预警和处置机制，并持续加强金融风险防控能力。在中央经济工作会议中，防范化解金融风险被多次提及为重要议题，强调"防风险"是关系中国经济社会发展全局的重大事项。中国人民银行发布的《金融科技发展规划（2022—2025 年）》提出了全面加强数据能力建设、健全安全高效的金融科技创新体系、加快监管科技应用以及强化数字化监管能力的目标。鉴于当前美国银行业面临的系统性错配问题和全球流动性危机可能的持续蔓延，深入研究商业银行数字化对银行风险管理的影响，以及加强银行风险治理在深化数字技术金融应用中的重要性，显得尤为重要。

近年来，以大数据、人工智能等为代表的数字技术在金融领域引发了巨大变革（邱晗 等，2018）。在数字技术支撑下的数字支付、网络、智能投顾等新金融服务的不断出现，推动着银行通过数字化转型提升自身竞争力和客户服务能力（Cappa et al.，2021；梁方 等，2022）。数字化转型已成为商业银行的核心任务，并受到广泛关注（谢绚丽、王诗卉，2022）。作为金融体系的重要组成部分，商业银行的风险管理对金融稳定至关重要（孙志红、琚望静，2022）。然而，研究表明，商业银行在运用数字技术寻求业务增长和流程创新的过程中可能面临传统金融系统所不具备的风险（陈收 等，2021）。这些风险可能因数字化趋势的不可逆性（翟胜宝，2023）而加剧，尤其是当业务增长与银行基础支撑及风险管理能力不匹配时（刘忠璐，2016；顾海峰、杨立翔，2018；郭品、沈悦，2019）。此

外，有研究指出，银行数字化转型可能促进影子银行的增长，增加银行体系的尾部风险（Gennaioli et al.，2013），加剧风险传染（Hsu and Moroz，2009；Claessens et al.，2012；Buchak et al.，2018），甚至可能引发系统性金融危机（Plantin，2015）。

目前国内外对银行数字化转型的研究尚处于探索阶段，且现有研究大多集中于非金融企业（陈剑 等，2020；吴非 等，2021），对金融领域特别是银行业的研究较少，关于银行业数字化转型的测算更是鲜有提及（李真 等，2023）。银行数字化转型与普遍的数字金融概念有所不同，后者更多地描述了包括非金融主体在内的一种新兴金融模式（钱海章 等，2020），而金融科技则更侧重于技术层面（Pierri and Timmer，2020）。然而，银行的数字化转型并不仅仅是对数字技术的应用，它的内涵还包括了新的业务形态、管理方式以及组织结构的变化。已有研究大多是从金融科技、数字金融、互联网金融等角度进行分析，这些研究得出的结论存在一定的差异。部分学者发现金融科技能够提高与客户之间的良性便利互动（Stulz，2019），对银行稳健经营具有积极影响，可以促进我国商业银行数字化转型（郭丽虹、朱柯达，2021）。也有学者得出互联网金融在系统性金融风险（Kero，2013）和金融监管（Hoque et al.，2015）等方面产生了诸多问题和挑战，甚至导致风险向银行转移（郭品、沈悦，2015；Stoica et al.，2015），使资金、信息、渠道和客户关系等要素加速脱离银行（刘忠璐，2016）。刘忠璐（2016）和 Wang 等人（2021）的研究则表明，金融科技、互联网金融对银行风险承担的影响可能呈现非线性关系。

二、数字化转型背景下的商业银行流动性管理

随着大数据、人工智能、云计算等前沿科技在金融领域的广泛渗透与融合，新技术革命正塑造着银行业的发展新纪元。数字技术的普及引发客户需求的根本变化和金融服务的多样化和智能化，数字金融产品和数字服务创新正重塑新的竞争格局，推动传统银行业数字化转型。《中华人民

共和国国民经济和社会发展第十四个五年规划和2035年远景目标纲要》（2021）中明确提出加快数字化发展，以塑造数字经济新优势。《金融科技发展规划（2022—2025年）》（2022）、《关于银行业保险业数字化转型的指导意见》（2022）等政策的相继出台确立了金融数字化转型的具体思路和目标，突显创新驱动和高质量发展的核心要义，为银行业数字化改革提供系统性的框架指引。尽管数字化转型的必要性和紧迫性已经被广泛认识到，其对银行流动性创造能力的具体影响尚未得到充分研究。鉴于银行流动性的创造对于稳定金融系统、促进经济增长和提高社会福利的重要性，深入研究银行业数字化转型对流动性创造的影响，对于理解和优化金融市场的运作机制具有重要的理论和实践意义。

Diamond和Dybvig（1983）的金融中介理论强调商业银行通过利用流动性的时间差异，为市场提供必要的流动性，这一功能在促进经济增长、稳定金融系统方面发挥着核心作用。在以商业银行为主体的金融体系中，银行的流动性创造不仅是金融体系稳定性和可持续发展的关键，也是实体经济高质量发展的重要推动力（Fidrmuc et al.，2015; 韩扬、何建敏，2018；张博雅，2020）。已有研究致力于探索影响银行流动性创造的因素，Chatterjee（2018）、Wang（2022）等学者分别从资产市场流动性（Chatterjee，2015）、行业竞争（Horvath et al.，2016）、利率市场化（Zhang and Deng，2020）、经济政策不确定性（李双建、田国强，2020）和政府治理质量（Wang et al.，2022）等角度展开探讨。如Chatterjee（2015）将资产市场流动性和信用利差视为银行流动性创造的主导因素，并指出经济衰退和危机事件会对银行的流动性创造产生显著的负面影响。田国强和李双建（2020）、Zhang和Deng（2020）揭示了经济政策不确定性和利率市场化与银行流动性创造间的非对称"U形"关系。与以上学者从宏观政策与中观市场角度的分析不同，李硕和侯晓辉（2020）、宋科等（2022）、Kayani等（2021）、Kinini等（2023）则从微观视角探索银行流动性创造调整的原因与思路。金融脆弱性挤出假说（Horváth et al.，2014；Nguyen et al.，2020）、风险吸收理论（Kayani et al.，2021）揭示了资本充足与流动性创造可能存在反向或正向关系的原因。多元化－流动性收缩假说（Tran，2020）认为银行非传统业务的参与会降低流动性创造。邓伟等（2022）、Tan（2023）则肯定了银行内控制度和创新借贷便利工具对流动性创造的积极影响。

然而，现有研究对银行数字化转型在流动性创造中作用和角色的扮演探索较少，部分探讨数字化转型问题的文献侧重于其对银行经营效率（Zuo et al.，2021；王书华，2023）或风险承担水平（Chen et al.，2023；蒋海 等，2023；何小钢 等，2023）的影响，并在宏观层面探讨政策调控效率与协调机制（Ma，2023；曾燕 等，2023）。学者贺水金和胡灵（2022）、Hao 等（2023）、宋科等（2023）、Guo 和 Cheng（2023）尝试探讨金融科技或数字金融发展对银行流动性创造的影响。Hao 等（2023）、宋科等（2023）等发现金融科技的外部竞争效应可能会在资产端和表内业务上对银行流动性创造产生负面影响，或呈现出"先市场挤出，后技术溢出"的 U 形特点（贺水金、胡灵，2022）。Guo 和 Cheng（2023）则支持银行金融科技对流动性创造的积极影响。然而这部分文献大多基于区域性的数字普惠金融指数度量金融科技发展（贺水金、胡灵，2022），缺乏微观数字化基础，无法探讨产品、技术、管理、生态和风险等不同维度数字化影响的异质性特征。此外，已有研究均忽略了情绪和预期因素的作用，随着叙事经济学的兴起（Shiller，2017），情绪和预期被认为是影响金融体系和经济整体运行的重要因素（Angeletos and La'O，2013；Beaudry and Portier，2014；Acharya et al.，2021）。央行主动沟通也存在信息效应，从而影响商业银行行为决策和股票价格（邹文理 等，2020；隋建利、刘碧莹，2023）。特别地，在央行"双支柱"调控框架下，宏观审慎政策在维护金融稳定和促进经济健康发展中的重要性日益增强，央行的沟通策略及其频率的提升不仅是对市场和经济环境变化的应对，也是为了更有效地施行政策并塑造市场主体的行为和预期（王宇伟，2019）。据此，深入分析央行沟通策略的信息传递效应及其在金融市场和宏观经济中的影响，已成为金融经济学领域的关键研究议题。

基于以上分析，本章不仅从风险管理维度深入探讨了数字化对商业银行高质量发展中的新挑战——银行风险的影响与机制，同时也从流动性管理维度出发，基于宏观审慎政策的情绪效应，探索银行数字化转型对流动性创造的影响与内在机理。为此，本研究提出了针对商业银行风险管理能力的数字化转型路径，并提出具体可行的建议。在数字化指标构建方面，本章基于数据挖掘方法优化银行数字化转型指标的构建，从产品、技术、管理、生态和风控等多个维度全面评估银行数字化转型的影响。

　　具体地，在风险管理维度，本章基于微观视角探讨数字化这一商业银行高质量发展中的新挑战对银行风险的影响与机制。本章还将区分银行数字化在表内担保竞争和表外价格竞争方面的不同效应，以丰富对数字化对银行风险管理影响的理论认识，探讨数字化对银行表外风险的具体影响机制及其异质性。并结合对银行理财产品数据的深入分析，为数字化背景下银行表外风险管理的研究提供新的视角和分析框架。在流动性管理维度，基于宏观审慎政策沟通的情绪效应，探索银行数字化转型对其流动性创造的影响与内在机理。将宏观审慎政策情绪纳入分析框架，创新性地构建宏观审慎政策情绪指标，深入研究央行情绪沟通效应，探索宏观审慎政策情绪在调节银行数字化转型与流动性创造间关系中的内在逻辑与机理，为政策传导有效性的提高提供深入见解。因此，本章不仅区分数字化转型的各子维度对流动性创造的影响，探索盈利能力渠道和资产质量渠道在流动性创造中的作用，还进一步对比宏观审慎沟通情绪在银行表内和表外流动性创造中的效果差异，以及这一情绪效应随着系统重要性、地区金融脱媒程度差异而存在的异质性特征。

第二节　商业银行数字化指标构建

一、指标设计依据及构建过程

Hess 等人（2016）认为，数字化转型指的是数字技术可能给企业的商业模式、产品或组织结构带来的变化。本书从产品、管理、技术、生态、风控五个维度，对我国商业银行的数字化水平进行较为客观全面的衡量。

（1）数字化产品：郭峰等人（2015）从支付、信贷、投资、货基、保险和征信六个维度刻画数字金融。杜尔玏等人（2021）将银行数字化定义为银行在自身资源及能力的基础上，借助人工智能、区块链等数字化技术，重塑业务流程，提高对客户需求的洞察力，从而为消费者提供数字化程度更高的金融产品及服务。因此，本章数字化产品维度同时包括了数字产品和数字服务两个方面。

（2）数字化技术：近年来，商业银行融合应用人工智能、大数据、区块链等数字化技术，精确挖掘客户个性化需求和偏好；应用 5G、人工智能等新技术构建线上线下一体化对客服务体系、创新营销传播模式；综合应用生物识别技术、智能机具（如 VTM）等技术提升网点服务体验。本部分的关键词囊括了人工智能、区块链、云计算、大数据、生物技术、云架构等方面的技术词汇。

（3）数字化管理：根据管理层注意力理论，是否有成立与数字经济、金融科技等相关的管理委员会、部门、中心甚至研究机构，一定程度能反映管理层对于数字化转型的重视。在数智工具的赋能下，企业可以及时发现在危机中出现的问题和风险，进行组织管理的适应性重构赋能，从而规避风险（单宇 等，2021）。随着金融科技应用加深，各家银行机构纷纷加大了对金融科技的布局力度，通过调整自身组织架构不断适应数字化转型需求的主要方向[1]。所以，本章从是否成立单独的数字化相关的管理委员会与部门，

---

[1]　参考研究报告：https://finance.sina.com.cn/money/bank/bank_hydt/2023-02-16/doc-imyfvwvy9029123.shtml.

服务中心，或者研究机构；高管是否具有数字化专业背景；是否运用线上方式培养员工数字素养三个方面来测度管理维度的评分。

（4）数字化生态：中国的银行业正沿着线上化、科技化和开放化的方向转型发展（吴桐桐、王仁曾，2021）。商业银行不仅依托其在技术和业务方面的内在能力，向其合作伙伴提供金融、数据以及技术服务，而且还积极与华为、腾讯等科技巨头及高等教育机构和政企之间建立合作，通过与第三方合作伙伴的连接，整合跨行业的优质渠道资源，共同塑造了全新的银行业态。所以，本章从年报中银行数字化相关概念提及频次、银行与第三方合作伙伴进行数字化转型的实践，以及银行在数字化进程中所获得的奖项三个角度度量数字化生态。

（5）数字化风控：商业银行正通过融合企业运营、政府管理、社会信誉及供应链等领域的大数据信息，构建先进的信贷评估模型，以此加强在贷款发放前、贷款期间和贷款发放后的风险防控措施，实现风险管理从传统的以人为中心的方式向数据驱动和智能化控制的转变，同时应用音视频、生物识别等技术创新实现远程线上贷款申请、线上授信、视频授信、贷后管理等信贷服务模式，破解小微企业信用评估的难题，强化风控策略。本章从与数字化风控相关的产品、技术、相关概念以及风控合作与宣传等角度度量数字化风控水平。

本章构建的商业银行数字化词库借鉴了 InstructGPT（Ouyang，2022）中的 Active-Learning 思想训练深度学习模型，相比传统的单次监督性学习，能够降低人工获取数据的成本并提升深度学习效果。经过多轮"机器训练—人工筛选"后得到的数字化关键词词库容量达 2674 词，限于篇幅，仅选取部分具有代表性的银行数字化关键词进行展示，如表 7.1 所示。

表 7.1　商业银行数字化关键词示例

一级指标	二级指标	部分词汇示例
产品	产品	网络银行、数字银行、手机银行、微信银行、空中柜台、智能投顾、互联网理财、移动终端、小程序、网络理财、手机理财、网贷、移动微贷、智能保险、e 贷、金融 e 云、跨境 e 汇、融 e 联、e 融 e 贷、APP、一卡通、结算通、银医通、惠农 e 通……
技术	技术	人工智能、大数据、云架构、图像理解、投资决策辅助系统、智能机器人、智能客服、机器学习、深度学习、自然语言处理、语义搜索、分布式计算、NFC、RPA、VTM、API、5G、NLP、IaaS、PaaS、SaaS……
管理	管理	电子银行部、数字金融部、网络银行部、创新实验室、金融科技部、移动金融部、技创新管理委员会、科技金融服务中心……
	高管背景	计算机专业、数据专业、统计学、数学
	员工培训	网络培训、移动学院、网络学院、网络大学、移动学习、网络学习、数据思维、网络金融学院、线上培训、远程教育、数字人才……
生态	概念	智能、线上、IT、指挥、数字化、线上化、金融科技、互联网金融、科技金融、移动金融、数控、机控、互联网＋、智控、数据驱动、科技银行……
	合作	支付宝、微信、云闪付、高校、院校、百度、华为、腾讯、美团、阿里……
	宣传	最佳手机银行、中国金融创新奖、银行科技发展奖、金融行业科技创新突出贡献奖、十佳手机银行创新奖、最佳移动金融银行、最佳互联网金融产品、最佳直销银行、金融科技创新突出贡献奖、自媒体、新兴媒体………
风控	风控产品	U 盾、密钥、交互式密码器、实时授权决策系统、风险交易监测系统、风险预警模型……
	风控技术	加密、生物识别、人脸识别、语音识别、声纹识别、指纹识别、虹膜识别、知识图谱、行为数据分析平台、智能校验、智能授信、隐私计算、多方安全计算、大数据风控模型、申请评分模型、量化风控模型……
	风控概念	风控数据化、智能风控、风险防控信息化平台……
	风控合作	银联鉴权、智能金融合约……
	风控宣传	最佳手机银行安全奖……

　　数字化指数的具体构建过程简述如下。①随机抽取 2011—2020 年我国的 149 家商业银行年报，先人工筛选出初始关键词集。②利用 Jieba 开源分词工具与百度深度学习平台联合开发的 Jieba–Paddle 工具对所有年报

进行分词处理，利用自然语言处理模型 RoBERTa 的中文版本 RoBERTa-WWL，生成词语对应的词向量，将生成的词向量传入 BP 神经网络，利用误差反向传播方法训练多分类器；只有评分高于特定阈值的词汇才会被分类器选出，然后由人工决定是否纳入更新词汇集。③重复上述步骤，直至神经网络相关指标收敛。本书所构建的数字化相关词汇识别准确率达95%，召回率达 80%，交叉熵损失控制在 0.002 ～ 0.007 之间。④利用熵权法，将三级指标逐层降维至一级指标得到总指标。为便于直观了解，本书用 Python 软件将词频总数前 400 个词提取出来，以词频为词的相对大小，进行词云可视化，如图 7.1 所示。

图 7.1　商业银行风险约束型数字化指标词云

二、指标评述

（1）微观性。现有国内文献大多基于北京大学数字金融研究中心和蚂蚁集团研究院共同编制的数字普惠金融指数来研究数字金融或数字化转型（郭峰 等，2015；郭品、沈悦，2015；刘忠璐，2016；钱海章 等，2020；谢绚丽 等，2018）。由于该指数的基础数据主要源于支付宝生态系统，而且主要从需求端刻画不同地区数字普惠金融发展状况，因此，该指数在应用上存在一定的局限性（郭峰、熊云军，2021），仅反映一段时间内某个宏观地区的均值，难以从微观角度刻画商业银行金融科技水平（余静文、吴滨阳，2021）。

（2）技术创新性。现有文献衡量数字化程度的指标主要有三类，一是如上文所述基于结构化数据构建指标体系；二是"较为初级的文本分析法"，即针对少数关键词在语料中的出现情况构造虚拟变量的专家打分法（杨德明、刘泳文，2018；赵璨 等，2020），或者以百度等搜索引擎的检索数量统计（杨松令 等，2021；郭品、沈悦，2015）；三是"较为高级的文本分析法"，利用分词或者更高级的自然语言处理（NLP）等计算机技术以确定更有代表性的关键词后，进行进一步的分析，包括词频统计（李春涛 等，2020）以及情感分析（王靖一、黄益平，2018）。

在现有的数字化相关研究中，大多数都是人工选取国家政策和网页中的文本关键词并统计词频（杨松令 等，2021；李春涛 等，2020；Wang et al.，2021；Zhang et al.，2023），然而网络检索无法剔除无关和错误信息，存在关键词选取的主观性和随机性问题，影响了指标的准确性（余静文、吴滨阳，2021）。

更高级的文本分析法利用无监督或者有监督的机器学习方法，加上人为的筛选，最终选取出的关键词更为客观和具有代表性，在统计指标的构造上也拓展出更多的创新空间，为经典研究问题提供了新视角（Gentzkow et al.，2019）。但是，现有研究中即使使用了机器学习方法进行关键词选取的文章，大多也仅停留在分词处理技术上（袁淳 等，2021），缺乏对更高效抽取有价值信息、更真实反映数字化发展水平（杨松令 等，2021）的机器学习或深度学习模型应用的研究。

对比现有研究，本章构建的指标具有以下技术创新点：①本章搭建的自然语言处理模型性能灵活。相比词袋法等其他传统的词嵌入方法，RoBERTa语言模型中应用的注意力机制以及词向量文本特征表示法能更好地理解句子上下文语义（Liu et al.，2019），从而能更好地解释"融e贷"等较为个性化的数字经济产品相关词汇。②创新采用Active-Learning训练模式提升效率。Active-Learning训练方法借鉴了InstructGPT（Ouyang et al.，2022）中的 RLHF 法，都是通过不断给予人类反馈的主动策略来减少标记成本，相比传统的单次监督性学习，能够通过较小训练集达到更高的训练效果。③指标聚合方法选择合理。由于熵反映的是系统信息量，虽然计算过程复杂，但相对那些主观赋值法，熵权法精度较高，能更好地解释所得到的结果（Wei et al.，2008）。相比之下，主成分分析法基于投影分析，可能将正向指标的权重定为负数，不适用于本章；AHP 分析法是需要专家打分，赋权相对主观。

（3）层次性与全面性。郭峰和熊云军（2021）指出了现有研究普遍运用的数字普惠金融指数存在多样性不足的问题，因为该指数中仅包括新兴数字普惠金融的特征，不包括传统金融的特征，特别是银行等金融机构的相关指标。其他研究，如王诗卉和谢绚丽（2021）从银行的数字金融专利数量和银行分支机构的退出情况来刻画商业银行的数字化转型情况，同样存在着指标较为单一的问题。

随着外部环境的不断变化以及技术手段的进步，全球银行业经历着不断的升级和变革，进入数字化银行时代。目前学界中，不同研究对于银行数字化的定义与概括各不相同。而本章结合了现有研究对于银行数字化转型的关键点进行总结，从五个维度测度商业银行的数字化水平，并且本章构造的数字化指数捕捉了商业银行运用数字化手段进行主动风控行为，通过在实证分析中分别加入有无风险约束的数字化指数，从而对比出其对于风险承担的不同影响。

第三节　数字化转型与商业银行风险管理

一、理论基础

（一）数字化转型与商业银行表内风险管理

商业银行通过表内与表外两种渠道为实体经济部门提供信贷与资金

支持，以追求整体利润最大化为目标，商业银行总体信贷质量与风险承担水平同时取决于其在传统信贷业务和影子银行业务活动中的风险承担行为（汪莉、陈诗一，2019）。

商业银行的表内渠道以传统信贷模式为主，银行数字化有助于降低银行贷前、贷中、贷后的风险管理成本。贷前阶段，传统的信贷模式程序烦琐，需要大量的人力资本，而商业银行通过大数据、人工智能等技术，能够建立自动化、智能化的信贷模式，可以节约银行的运营成本。贷中阶段，在数字技术的帮助下，商业银行能够打造智能贷中预警系统，运用大数据实现对客户生命周期的实时管理，从而有效掌握贷款企业的经营风险，降低监督成本。贷后阶段，传统的贷款催收方式，如外访催收、法律诉讼等需要大量的催收成本。而商业银行进行数字化转型后，可以运用机器学习算法建立智能催收平台，对逾期客户还款概率进行精准评估，实现实时的移动贷后监控。

已有研究发现，商业银行在积极将数字技术与传统金融业务融合的过程中，通过优化贷款配置（Lee et al.，2019；Banna and Alam，2021），减少了信息不对称（黄益平，2017；王相宁、刘肖，2021；吴非 等，2021；Berg et al.，2020；Cheng and Qu，2020；Lapavitsas and Dos Santos，2008），降低了风险集中度（朱太辉、陈璐，2016）。数字化转型将提高银行的运营管理效率，有效降低其管理成本（刘孟飞、王琦，2021）。当商业银行的管理成本下降时，银行的特许权价值将会随盈利空间的提高而上升，从而抑制其风险承担意愿（Repullo and Suarez，2004）。银行利用计量模型和大数据等一系列金融科技手段，可以补充传统的信用调查系统，实现不同主体间信息的快速匹配（李真 等，2023），提高风控模型和贷款评估模型的精准度，避免不必要的信用风险（孙志红、琚望静，2022），从而抑制银行风险承担。由此提出假说。

假说1：银行数字化会降低表内风险承担。

（二）数字化转型与商业银行表外风险管理

董艳等（2023）提出数字信贷降低了交易门槛，数字金融依托大数据、云计算、区块链等技术创设了一个更加包容开放的资金融通环境（Beck et al.，2018）。但是，当数字化带来普惠效应的同时（黄益平、邱晗，2021；Gomber et al.，2017；Banna and Alam，2021），数字金融的飞速扩张给传统银行带来竞争压力（王馨，2015；Pramanik et al.，2019），零售型存款比例下降，使银行更加依赖于同业拆借等批发性资金，"水涨船高"式倒逼银行追求更高风险资产以弥补成本（邱晗 等，2018）。为了扩大市场份额（张一林 等，2021），银行会利用数字技术拓展用户渠道，开拓中小企业这一"长尾市场"，从而有可能增加风险承担（董艳 等，2023；谢绚丽、王诗卉，2022）。

在我国资产证券化市场发展较为落后的背景下，影子银行主要以传统商业银行资产表外化为特征，我国的影子银行可以看作是传统商业银行表外资产业务的一部分，与商业银行的风险承担水平密切相关（汪莉、陈诗一，2018）。影子银行信贷中介链通过期限错配、流动性转换、信用风险转移或担保、杠杆构成若干系统性风险因素（Plantin，2015），容易出现挤兑和大规模资金转移，造成金融风险的迅速传染。现有监管风控模型类似于"黑箱"，对银行表外产品解释性仍然不足，监管部门并不能很好地识别这类贷款的稳定性（黄益平、邱晗，2021），因此银行也更有动机提高表外风险承担。由此提出假说。

假说2：银行数字化会提高表外风险承担。

（三）数字化转型的表内担保竞争效应

政府隐性担保竞争扭曲会增加商业银行的表内风险承担。政府隐性担保是指在某种信念下，基于政府支持属性与经济主体自身属性相匹配的一个场景，特定经济主体在特定时间获得的一项隐性资产（孟世超、王擎，2023）。汪莉等人（2016）发现政府更倾向于担保"大而不倒"的大型商业银行，而中小银行尚不具备大型商业银行凭借政府信用所获得的公众信任（鲁丹、肖华荣，2008），通常会成为担保竞争中的弱势群体。一方面，尽管在存在存款保险制度的当下，隐性担保也会削弱特许权价值对大银行风险行为的约束作用（李燕平、韩立岩，2008），催生道德风险问题。随着担保竞争扭曲增加，享受"高保护"的银行会更有动力低资本运营并承担高风险（Wilcox and Yasuda，2018）。另一方面，Hakenes 和 Schnabel（2010）发现政府担保预期不仅增加了享有隐性政府信用保障的银行的竞争优势，同时也会因为竞争的扭曲，增加了"低保护"的中小银行追求高收益以及相应风险承担的动机（吴桐桐、王仁曾，2021）。

银行拥抱数字技术可以缓解担保竞争扭曲。数字金融能够减少银行信贷业务中的信息不对称和交易成本，有助于克服中小银行可能面临的内部治理不善、融资境况欠佳的负面影响（吴非 等，2020），提高其在获客和风控方面的优势（王相宁、刘肖，2021；王勋 等，2022）。银行数字化转型可以缓解长尾客户缺乏抵押和征信不足带来的追踪监管难问题（余静文、吴滨阳，2021），提高中小银行的风险识别能力，使其信贷决策更加科学（Shu and Strassmann，2005），缓解担保竞争扭曲。由此提出假说。

假说3：银行数字化会通过缓解银行间担保竞争扭曲来降低银行表内风险承担，表现为表内担保竞争效应。

（四）数字化转型的表外价格竞争效应

随着银行数字化转型的推进，银行运用数字化技术和手段推出理财和同业市场等表外业务产品绕过监管的情况越来越普遍（罗荣华 等，2020；孙志红、琚望静，2022）。银行业市场竞争的方式正在从机构扩张向同质化的价格竞争转变，特别是后者已成为当前银行业的主要竞争策略（邰栋玺、项后军，2020；Wagner，2010）。众多学者指出，随着银行利用数字创新推出更多的理财产品，这种价格竞争愈发激烈（贾盾、韩昊哲，2023；郁芸君 等，2021），表现在市场化利率的理财产品占比增加，这不仅暗示了市场化利率的自发推进，也压缩了银行的利润空间（黄晓薇 等，2016；孙志红、琚望静，2022）。随着科技公司与银行业合作的加深，这些科技企业开始挑战商业银行的核心业务领域，进一步侵蚀银行的盈利空间（Pramanik et al.，2019）。罗荣华等人（2020）发现，在理财产品市场中，排名较低、处于市场"输家"位置的银行在下一个时期会以较大的比例提升其理财产品的收益率，以此形成一种"输家"追赶"赢家"的价格竞争模式，进而压缩银行的边际利润（Wagner，2010）。根据银行"风险转嫁假说"（Dell'Ariccia et al.，2010），银行为了保持其盈利水平倾向于选择更高风险的资产以补偿损失，增加了银行的道德风险（刘忠璐，2016年）。同时，银行可能降低授信标准以保持市场份额，这不仅提高了理财产品客户的道德风险，也加剧了银行承担的表外风险（郭品、沈悦，2015；邱晗 等，2018；Marcus，1984）。由此提出假说。

假说4：银行数字化会加剧银行理财产品价格竞争，从而提高银行的表外风险承担，表现为表外价格竞争效应。

二、模型构建与研究设计

（一）模型设定

借鉴江艇（2022）、翟胜宝等（2023）、汪莉等（2021），本章建立双向固定效应模型，控制银行个体固定效应和年份时间固定效应，针对假说1和假说2，本章建立模型回归方程（7-1）、（7-2）：

$$\text{Nplr}_{it} = \beta_0 + \beta_1 \text{Digital}_{it} + \beta_2 \text{Bank\_C}_{it} + \beta_3 \text{Macro\_C}_{it} + \mu_{it} + \nu_{it} + \varepsilon_{it}$$

$$(7-1)$$

$$\text{Rwar}_{it} = \beta_0 + \beta_1 \text{Digital}_{it} + \beta_2 \text{Bank\_C}_{it} + \beta_3 \text{Macro\_C}_{it} + \mu_{it} + \nu_{it} + \varepsilon_{it}$$

$$(7-2)$$

其中，i 和 t 分别表示银行和年份；Nplr_{it} 和 Rwar_{it} 为银行风险承担变量，分别作为衡量银行承担的表内风险和表外风险的指标；Digital_{it} 为银行数字化指标，分为纳入了银行数字风控行为的风险约束型数字化指标和无风险约束型数字化指标两种指标；Bank_C_{it} 和 Macro_C_{it} 分别为银行财务特征和银行所在地区宏观经济发展层面的控制变量；μ_{it} 和 ν_{it} 分别为银行财务特征和银行所在地区宏观经济发展层面的控制变量；ε_{it} 为模型的随机误差项。本章使用银行聚类稳健标准误进行估计，其中稳健标准误差可以控制异方差，而银行聚类则可以控制同一银行在不同年份观测值的相关性。

为了研究银行数字化对其风险承担的影响及其作用机制，本章采取构建中介效应模型来进行因果识别。中介效应检验方法多为逐步检验三步法（温忠麟 等，2004）、逐步检验两步法（江艇，2022）等。根据江艇（2022），传统三步法因为遗漏了可能存在的既影响中介变量又影响结果变量的混淆因素等原因，导致估计偏误问题，并且因为核心解释变量和中介变量高度相关等原因会导致低统计功效问题。因此，两步法已经被应用于许多研究，与本章相关的研究有数字经济（刘莉君 等，2022）、数字金融（卫彦琦，2023）、金融科技（李志辉 等，2022）、企业数字化（李明洋、张乃丽，2022）、银行数字化转型（翟胜宝 等，2023）等。

因此，本章采用逐步回归两步法构建模型。针对假说 3 和假说 4，本章建立模型回归方程（7-3）、（7-4）：

$$\text{Ggcd}_{it} = \beta_0 + \beta_1 \text{Digital}_{it} + \beta_2 \text{Bank\_C}_{it} + \beta_3 \text{Macro\_C}_{it} + \mu_{it} + \nu_{it} + \varepsilon_{it}$$

$$（7-3）$$

$$\text{Wmpr}_{it} = \beta_0 + \beta_1 \text{Digital}_{it} + \beta_2 \text{Bank\_C}_{it} + \beta_3 \text{Macro\_C}_{it} + \mu_{it} + \nu_{it} + \varepsilon_{it}$$

$$（7-4）$$

其中，i 和 t 分别表示银行和年份；Ggcd_{it} 和 Wmpr_{it} 为中介变量，分别衡量担保竞争扭曲和银行理财产品预期收益率上限；Digital_{it} 为银行数字化指标，分为纳入了银行数字风控行为的风险约束型数字化指标和无风险约束型数字化指标两种指标；Bank_C_{it} 和 Macro_C_{it} 分别为银行财务特征和银行所在地区宏观经济发展层面的控制变量；μ_{it} 和 ν_{it} 分别为银行财务特征和银行所在地区宏观经济发展层面的控制变量；ε_{it} 为模型的随机误差项。

（二）变量说明

1. 银行风险承担

现有文献在测度银行风险承担时多采用单一变量，但有学者（孙志红、琚望静，2022；顾海峰、于家珺，2019；代军勋、陶春喜，2016；方意，2015）指明银行风险承担根据表内表外和事前事后等不同维度可以分类进行衡量。本章参考江曙霞和陈玉婵（2012）、李双建和田国强（2020）以及陈诗一等人（2018），将不良贷款率作为银行表内风险的代理指标 Nplr_{it} ，表征银行在经营过程中出现贷款违约的情况；风险加权资产占比 Rwar_{it} 由于包括表内业务的风险和表外业务的风险，能够比较全面地反映银行的总风险承担水平。如果表内风险前的系数与总风险前的系数相反，可以推断这些系数之间的差异是由表外风险引起。即如果数字化对于表内风险的系数是负的，但对于总体风险的系数是正的，这表明数字化对表外风险产生了激励作用。因此，我们采用风险加权资产比率来研究银行的资产负债表外风险承担。

2. 表内担保竞争扭曲

借鉴 Gropp 等人（2011）和汪莉等人（2016，2021），本章的竞争扭曲意指市场份额竞争结构的扭曲，用 Ggcd_{it} 刻画政府对除银行 i 之外的银行（即银行 i 的竞争银行）不同程度的担保行为所形成的竞争扭曲程度。

$$\text{Ggcd}_{it} = \sum_{k \neq i}^{N} \text{P\_im}_{kt} \frac{\text{Asset}_{kt}}{\text{Asset}_{t}} \qquad (7\text{-}5)$$

其中， Asset_{kt} 为银行 k（ $k \neq i$ ）在 t 年的总资产， Asset_{t} 为样本中除 i 银行外所有银行在 t 年的总资产之和。 P_im_{kt} 的计算方式为将第 t 年样本内全部银行的存款规模从小到大排序后再分组赋予的政府担保的概率值，具体见表 7.2。

表 7.2　政府隐性担保概率赋值说明

银行存款规模区间	$[d_{0\%},\ d_{20\%})$	$[d_{20\%},\ d_{40\%})$	$[d_{40\%},\ d_{60\%})$	$[d_{60\%},\ d_{80\%})$	$[d_{80\%},\ d_{100\%}]$
P_im_{kt}	0	0.25	0.50	0.75	1

3. 控制变量

参考郭品和沈悦（2019）、李双建和田国强（2020）以及 Dell'Ariccia 等人（2017）的研究，本章从银行财务特征和宏观经济发展两个维度选取可能对银行效率产生影响的控制变量。银行财务特征包括存贷比、资本充足率、净资产收益率、净利润、所有者权益、职工人数。其中，存贷比由银行的贷款总额除以存款总额所得；资本充足率由总资本减去对应资本扣减项后除以风险加权资产所得；净资产收益率由净利润除以平均股东权益所得；净利润、所有者权益、职工人数在回归中均取对数形式。宏观经济变量包括银行所在地区的第二产业占比、财政支出、GDP 增长率。考虑到大型商业银行和股份制商业银行等全国性商业银行在多座城市均设有网点，因此，本章以该类银行在各个省份的网点占比为权重，通过加权的方式计算出宏观经济变量的均值。

（三）数据来源及描述性统计

本章以 2011—2020 年我国的 149 家商业银行为样本。由于各银行成立的时间以及信息披露的程度有所差异，故样本为 2011—2020 年的非平衡面板。来源于各银行年度报告、Wind 数据库与历年《中国金融年鉴》，银行所在地的宏观经济变量来自历年《中国城市统计年鉴》以及国泰安数据库。主要变量定义与描述性统计如表 7.3 所示。

表 7.3　主要变量定义与描述性统计

变量类型	变量定义	观测值	平均值	标准差	最小值	最大值
被解释变量	不良贷款率	1101	0.016	0.015	0	0.284
	风险加权资产占比	1101	0.641	0.134	0.011	0.971
关键解释变量	风险约束型数字化指数	1101	0.15	0.187	0	1.089
	无风险约束型数字化指数	1101	0.168	0.167	0	0.979
中介变量	担保竞争扭曲	1101	0.952	0.025	0.789	0.967
	理财产品预期收益率上限	1101	4.679	0.721	3.002	17.000
	存贷比	1101	0.665	0.128	0.038	1.234
	资本充足率	1101	0.133	0.024	−0.111	0.302
	净利润（亿元）取对数	1101	2.681	1.677	−0.945	8.064
	净资产收益率（%）	1101	13.406	5.599	−5.31	32.7
控制变量	所有者权益（十亿元）取对数	1101	2.578	1.581	−0.119	8.008
	职工人数（人）取对数	1101	8.037	1.457	4.06	13.129
	地区第二产业占比（%）取对数	1101	3.823	0.211	2.762	4.492
	地区财政支出（百万元）取对数	1101	6.481	1.117	4.148	9.395
	地区 GDP 增长率（%）取对数	1101	2.008	0.541	−2.996	3.176

三、实证结果分析

（一）数字化对商业银行风险的影响

表 7.4 汇报了风险约束型数字化指数对不良贷款率的基准回归结果。表 7.4 的（1）列为不包含任何控制变量和固定效应的回归结果，第（2）至（4）列回归加入了控制变量，第（2）列回归不包含固定效应，第（3）列和第（4）列回归控制的分别是"城市－年份"和"个体－年份"固定效应。风险约束型数字化指数均在 1% 的水平下显著为负，验证了假说 1。这与现有文献结论一致，商业银行利用金融科技创新成果为业务赋能可以有效解决商业银行信用风险管理中的痛点（袁媛，2018），通过资源配置效应（Lee et al.，2019；Banna and Alam，2021）降低了风险集中度（朱太辉、陈璐，2016）和管理成本（刘孟飞、王琦，2021），而管理成本的降低会增加银行的特许权价值（Marcus，1984），减少银行风险转嫁动力（Repullo and Suarez，2004），从而降低其风险承担。

表 7.4　商业银行数字化对银行表内风险承担的影响

变量名称	不良贷款率（表内风险）			
	OLS （1）	OLS （2）	FE （3）	FE （4）
风险约束型数字化指数	−0.027*** （0.008）	−0.051*** （0.015）	−0.053*** （0.015）	−0.057*** （0.015）
存贷比		0.014*** （0.004）	0.006 （0.005）	0.016*** （0.005）
资本充足率		−0.085*** （0.023）	−0.063** （0.026）	−0.046* （0.025）
净利润对数		−0.000 （0.001）	−0.001 （0.001）	−0.000 （0.001）
净资产收益率		−0.001*** （0.000）	−0.001*** （0.000）	−0.001*** （0.000）
所有者权益对数		0.003* （0.002）	0.003* （0.001）	0.001 （0.002）

续表

变量名称	不良贷款率（表内风险）			
	OLS（1）	OLS（2）	FE（3）	FE（4）
职工人数对数		−0.003	−0.004***	−0.003
		（0.002）	（0.001）	（0.003）
地区第二产业占比对数		−0.001	0.000	0.003
		（0.005）	（0.006）	（0.006）
地区财政支出对数		−0.001	−0.006	−0.008*
		（0.002）	（0.004）	（0.004）
地区 GDP 增长率对数		0.001	−0.000	0.000
		（0.001）	（0.001）	（0.001）
Controls	NO	YES	YES	YES
Year_FE	NO	NO	YES	YES
City_FE	NO	NO	YES	NO
Bank_FE	NO	NO	NO	YES
N	1033	691	691	691
r^2	0.001	0.150	0.565	0.666

注：*、** 和 *** 分别表示在 10%、5% 和 1% 的水平下显著，括号内为银行聚类稳健标准误。

表 7.5 汇报了风险约束型数字化指数对风险加权资产占比的基准回归结果。表 7.5 的（1）列为不包含任何控制变量和固定效应的回归结果，第（2）至（4）列回归加入了控制变量，第（2）列回归不包含固定效应，第（3）列和第（4）列回归控制的分别是"城市 – 年份"和"个体 – 年份"固定效应。风险约束型数字化指数均在 1% 的水平下显著为正，验证了假说 2。数字技术降低了交易门槛（Banna，2021），增加了尾部风险（董艳等，2023；谢绚丽、王诗卉，2022），推动了影子银行业务扩张（Buchak et al.，2018）。商业银行表外业务通过期限错配、流动性转换、信用风险转移或担保等增加了银行的表外风险（Gorton and Metrick，2010；Plantin，2015；孙志红、琚望静，2022）。现有的监管政策尚不能对表外业务进行全面的监管（陈收 等，2021），暴露新的风险敞口（陈诗一 等，2018），

提高了表外风险承担。

表 7.5　商业银行数字化对银行表外风险承担的影响

变量名称	风险加权资产占比（表外风险）			
	OLS （1）	OLS （2）	FE （3）	FE （4）
风险约束型数字化指数	0.634*** （0.076）	0.336*** （0.130）	0.401*** （0.136）	0.576*** （0.144）
存贷比		0.230*** （0.038）	0.249*** （0.042）	0.214*** （0.045）
资本充足率		-1.178*** （0.185）	-0.839*** （0.211）	-1.140*** （0.216）
净利润对数		-0.061*** （0.009）	-0.052*** （0.010）	-0.060*** （0.010）
净资产收益率		-0.000 （0.001）	0.000 （0.001）	0.001 （0.001）
所有者权益对数		0.081*** （0.012）	0.085*** （0.013）	0.100*** （0.019）
职工人数对数		0.008 （0.013）	-0.006 （0.013）	-0.025 （0.024）
地区第二产业占比对数		0.059* （0.033）	0.036 （0.056）	0.056 （0.055）
地区财政支出对数		-0.028*** （0.011）	-0.053 （0.040）	-0.039 （0.038）
地区 GDP 增长率对数		0.007 （0.008）	0.006 （0.011）	0.005 （0.010）
Controls	NO	YES	YES	YES
Year_FE	NO	NO	YES	YES
City_FE	NO	NO	YES	NO
Bank_FE	NO	NO	NO	YES
N	1062	717	717	717
r^2	0.010	0.280	0.605	0.670

注：*、** 和 *** 分别表示在 10%、5% 和 1% 的水平下显著，括号内为银行聚类稳健标准误。

（二）数字化对商业银行风险影响的机制分析

表 7.6 汇报了风险约束型商业银行数字化指数与无风险约束型商业银行数字化指数分别对不良贷款率和担保竞争扭曲的回归结果，所有回归均采用控制个体 – 年份的双向固定效应模型。当核心解释变量替换为无风险约束型银行数字化指数时，核心解释变量仍通过了 1% 的显著性水平检验，中介变量担保竞争扭曲的回归系数也在 5% 的水平下显著为负，表明银行数字化会通过缓解银行间担保竞争扭曲来降低银行表内风险承担，存在表内担保竞争效应，验证了假说 3。

银行拥抱数字技术能够缓解银行信贷业务中的信息不对称以及降低交易成本，提高了中小银行风险识别能力，使其信贷决策更加科学（Shu and Strassmann，2005），同时有利于增强中小银行对长尾客户的贷中追踪监管能力（余静文、吴滨阳，2021），有助于克服中小银行可能面临的内部治理不善、融资境况欠佳的负面影响（吴非 等，2020），从而使中小银行更有可能获得政府担保，缓解担保竞争扭曲，从而减弱担保竞争扭曲对中小银行的风险承担激励（汪莉 等，2016）。

中小银行从头部银行复制相关技术的壁垒较低（郭丽虹、朱柯达，2021），相较于具有较大规模和资金优势的大型商业银行，具有市场敏感度高且内部机制较灵活的特点（吴桐桐、王仁曾，2021），从而数字化风控手段的运用有可能更显著地让中小银行实现信贷运营的降本增效（Deng et al.，2021），提升银行资本配置效率和风险管理能力（黄益平、邱晗，2021；王勋 等，2022；Hu et al.，2022），因此中小银行有可能获得政府担保，缓解担保竞争扭曲。随着担保竞争扭曲降低，享受"高保护"的银行会减弱低资本运营的冒险动机（Wilcox and Yasuda，2018），"低保护"的中小银行追逐高收益而增加风险承担的动机也会被削弱（吴桐桐、王仁曾，2021）。

对比第（2）列与第（4）列的中介变量的回归系数，发现纳入数字化风控手段的银行数字化相较于无风险约束型数字化指数对于担保竞争的抑制作用更显著，可能是由于与传统风控模型相比，大数据风控模型具有突出的信息优势（Frost et al.，2019），能够更有效地识别出那些偿还意愿高的贷款申请人以及更加准确地预测违约，云计算和人工智能的运用则可以大大提升银行应对处理风险的速度与规模（Hau et al., 2019）。

表 7.6　商业银行数字化的表内担保竞争效应

变量名称	不良贷款率（1）	担保竞争扭曲（2）	不良贷款率（3）	担保竞争扭曲（4）
风险约束型数字化指数	−0.057***	−0.003***		
	（0.015）	（0.001）		
无风险约束型数字化指数			−0.023***	−0.001**
			（0.007）	（0.000）
存贷比	0.016***	0.001**	0.016***	0.001**
	（0.005）	（0.000）	（0.005）	（0.000）
资本充足率	−0.046*	0.002	−0.048*	0.002
	（0.025）	（0.001）	（0.026）	（0.001）
净利润对数	−0.000	−0.000**	−0.000	−0.000**
	（0.001）	（0.000）	（0.001）	（0.000）
净资产收益率	−0.001***	−0.000	−0.001***	−0.000
	（0.000）	（0.000）	（0.000）	（0.000）
所有者权益对数	0.001	−0.000*	0.001	−0.000*
	（0.002）	（0.000）	（0.002）	（0.000）
职工人数对数	−0.003	−0.000	−0.003	−0.000
	（0.003）	（0.000）	（0.003）	（0.000）
地区第二产业占比对数	0.003	0.000	0.004	0.000
	（0.006）	（0.001）	（0.006）	（0.001）
地区财政支出对数	−0.008*	−0.000*	−0.008*	−0.000*
	（0.004）	（0.000）	（0.004）	（0.000）
地区 GDP 增长率对数	0.000	−0.000	0.000	−0.000
	（0.001）	（0.000）	（0.001）	（0.000）
Controls	YES	YES	YES	YES
Year_FE	YES	YES	YES	YES
Bank_FE	YES	YES	YES	YES
N	691.000	476.000	691.000	476.000
r^2	0.666	0.998	0.665	0.998

注：*、** 和 *** 分别表示在 10%、5% 和 1% 的水平下显著，括号内为银行聚类稳健标准误。

表 7.7 汇报了风险约束型商业银行数字化指数与无风险约束型商业银行数字化指数分别对风险加权资产占比和理财产品预期收益率上限的回归结果，所有回归均采用控制个体 – 年份的双向固定效应模型。当核心解释变量替换为无风险约束型银行数字化指数时，核心解释变量仍通过了 1% 的显著性水平检验，中介变量银行理财产品预期收益率上限的回归系数也显著为正，表明银行数字化会通过推升银行理财产品预期收益率上限来增加银行表外风险承担，存在表外价格竞争效应，验证了假说 4。

随着银行数字化转型的推进，越来越多的银行运用数字化手段推出理财产品等表外业务产品进行监管套利（罗荣华 等，2020；孙志红、琚望静，2022）。银行运用数字创新推出越来越多的理财产品，从而加剧同质化的价格竞争（贾盾、韩昊哲，2023；郁芸君 等，2021；Wagner，2010），压缩银行盈利空间（黄晓薇 等，2016；孙志红、琚望静，2022；Pramanik et al.，2019）。"风险转嫁假说"（Dell'Ariccia et al.，2010）表明，银行为维持盈利水平可能选择高风险的资产来弥补损失，增加了银行道德风险（刘忠璐，2016），同时，银行会调低授信标准以维持市场份额，增加了理财产品客户的道德风险，从而增加银行表外风险承担（郭品、沈悦，2015；邱晗 等，2018；Marcus，1984）。

对比第（2）列与第（4）列的中介变量的回归系数，发现纳入数字化风控手段的银行数字化相较于无风险约束型数字化指数对于表外价格竞争的促进作用更显著。可能的解释有，数字金融的发展为商业银行带来经营效率提升的同时，可能造成银行高估其风险损失偿付力，银行会"过度自信"，甚至出现过度逐利行为（刘忠璐，2016；顾海峰、杨立翔，2018），加剧理财产品市场"输家"追赶"赢家"的价格竞争（罗荣华 等，2020），从而银行会更倾向于风险项目（江曙霞、陈玉婵，2012），推升银行表外风险承担。

表 7.7   商业银行数字化的表外价格竞争效应

变量名称	风险加权资产占比（1）	理财产品预期收益率上限（2）	风险加权资产占比（3）	理财产品预期收益率上限（4）
风险约束型数字化指数	0.576***	2.489***		
	（0.144）	（0.862）		
无风险约束型数字化指数			0.199***	0.656*
			（0.064）	（0.376）
存贷比	0.214***	0.050	0.220***	0.092
	（0.045）	（0.299）	（0.045）	（0.301）
资本充足率	−1.140***	1.014	−1.123***	1.026
	（0.216）	（1.427）	（0.218）	（1.438）
净利润对数	−0.060***	−0.010	−0.059***	−0.001
	（0.010）	（0.063）	（0.010）	（0.063）
净资产收益率	0.001	−0.004	0.001	−0.004
	（0.001）	（0.007）	（0.001）	（0.007）
所有者权益对数	0.100***	−0.018	0.098***	−0.016
	（0.019）	（0.117）	（0.019）	（0.118）
职工人数对数	−0.025	−0.381**	−0.022	−0.364**
	（0.024）	（0.154）	（0.024）	（0.155）
地区第二产业占比对数	0.056	−0.837**	0.049	−0.855**
	（0.055）	（0.338）	（0.055）	（0.340）
地区财政支出对数	−0.039	0.181	−0.043	0.153
	（0.038）	（0.241）	（0.039）	（0.242）
地区 GDP 增长率对数	0.005	0.091	0.005	0.090
	（0.010）	（0.063）	（0.010）	（0.064）
Controls	YES	YES	YES	YES
Year_FE	YES	YES	YES	YES
Bank_FE	YES	YES	YES	YES
N	717.000	579.000	717.000	579.000
r^2	0.670	0.784	0.666	0.782

注：*、** 和 *** 分别表示在 10%、5% 和 1% 的水平下显著，括号内为银行聚类稳健标准误。

四、拓展研究：理财产品的影响

银行运用数字创新丰富理财产品种类和数量（贾盾、韩昊哲，2023），而银行对理财产品等业务依赖的增强导致理财产品市场的总体数量的增加会引起银行理财产品市场竞争的加剧（郁芸君 等，2021），而市场竞争会通过风险转移效应（Marcus，1984）和特许权价值效应（Boyd and De Nicolo，2005）影响银行风险承担水平。徐斌（2021）将银行理财产品发行数量取对数后直接对商业银行风险回归，发现存在正向拉动作用。邓超等（2015）将银行持有大批理财等表外业务认作该现象的微观诱因，认为其大规模的膨胀导致风险过度聚集，而风险在银行体系内快速地累积并凭借金融机构间错综复杂的关系逐步形成系统性风险（Buchak et al.，2018）。

Minskey（1982）的"金融不稳定假说"提出银行在短期资金市场筹集资金再投资于长期资产，这种期限错配增加了存款人的风险（Diamond and Dybvig，1983）。影子银行信贷中介链通过期限错配、流动性转换、信用风险转移等增加银行风险承担（Gennaioli et al.，2013；Plantin，2015）。我国影子银行的资金主要来源于银行发行的理财产品，以一年以内的短期产品为主；但是其资金主要投资于长期资产，期限错配严重，会增强银行对银行间市场的依赖（Hachem and Song，2015），加剧流动性风险。因此，商业银行在理财产品数量和期限结构方面的不同特征会造成其数字化水平对表外风险承担的影响产生明显差异。

为验证上述分析，本章以当年银行理财产品平均委托期限的平均值为界，将样本划分为理财产品平均委托期限较短组和较长组。表7.8汇报了两组银行各自的风险约束型数字化指数对于风险加权资产占比的回归结果，平均委托期限较长组的银行数字化对于表外风险承担具有更显著的促进作用，这一现象可能源于具有长期理财产品委托期限的银行通过数字化加剧了投资者与借款人之间的期限错配，从而触发了流动性风险（Moreira and Savov，2017；李苍舒、沈艳，2019）。此外，由于传统的监管框架往往难以及时适应数字技术带来的金融创新，导致监管空白区域的出现（刘孟飞等，2021），进一步增加了银行的表外风险暴露（孙旭然 等，2020）。

表 7.8 银行理财产品平均委托期限异质性分析

变量名称	风险加权资产占比	
	理财产品平均 委托期限较短 （1）	理财产品平均 委托期限较长 （2）
风险约束型数字化指数	0.118*	0.200**
	（0.061）	（0.101）
存贷比	0.158***	0.294***
	（0.059）	（0.089）
资本充足率	−0.810***	−2.355***
	（0.242）	（0.502）
净利润对数	−0.019	−0.132***
	（0.012）	（0.023）
净资产收益率	−0.003**	0.004
	（0.001）	（0.003）
所有者权益对数	0.065***	0.273***
	（0.019）	（0.047）
职工人数对数	−0.034	−0.032
	（0.030）	（0.053）
地区第二产业占比对数	0.069	0.004
	（0.080）	（0.117）
地区财政支出对数	−0.092*	−0.036
	（0.049）	（0.086）
地区 GDP 增长率对数	−0.007	0.021
	（0.013）	（0.021）
Controls	YES	YES
Year_FE	YES	YES
Bank_FE	YES	YES
N	433	284
r^2	0.766	0.762

注：*、** 和 *** 分别表示在 10%、5% 和 1% 的水平下显著，括号内为银行聚类稳健标准误。

五、稳健性检验

为保证结果的可靠性与说服力，本章采用更换计量模型与改变核心解释变量测算方法相结合的策略进行稳健性检验。

首先，参考汪莉等（2021）、Blundell 和 Bond（1998）的研究，采用两步系统 GMM 方法重新进行估计以解决内生性问题，AR（2）的 P 值和 Hansen 检验 P 值均大于 0.1，符合两步系统 GMM 模型对误差项不存在二阶自相关和工具变量外生性的前提要求。滞后一期的因变量的估计系数均在 1% 水平显著为正，说明银行风险在时间上具有一定的连续性。此外，两种数字化指数与不良贷款率均在 1% 水平上显著负相关；与风险加权资产占比分别在 5% 与 1% 水平上显著正相关，同样证实了基准估计结果的稳健性，回归结果如表 7.9 所示。

表 7.9　更换计量模型的稳健性检验

变量名称	不良贷款率		风险加权资产占比	
	（1）	（2）	（3）	（4）
L. 不良贷款率	0.340***	0.335***		
	（0.046）	（0.017）		
L. 风险加权资产占比			0.340***	0.386***
			（0.019）	−0.037
风险约束型数字化指数	−0.502***		0.026**	
	（0.103）		（0.053）	
无风险约束型数字化指数		−0.303***		0.351***
		（0.022）		（0.078）
存贷比	0.173***	0.043**	0.017	0.089*
	（0.058）	（0.023）	（0.023）	（0.047）
资本充足率	−1.386***	−0.079	−0.040	−1.711***
	（0.194）	（0.092）	（0.089）	（0.233）
净利润对数	−0.063***	−0.016***	−0.018	−0.063***
	（0.007）	（0.002）	（0.043）	（0.006）
净资产收益率	0.004	−0.006	−0.006	0.002
	（0.008）	（0.006）	（0.006）	（0.008）
所有者权益对数	0.128***	−0.004**	−0.060	0.113***
	（0.015）	（0.001）	−0.095	（0.016）
职工人数对数	0.002	0.007*	−0.064***	−0.070**
	（0.003）	（0.002）	（0.019）	（0.025）
地区第二产业占比对数	−0.061	−0.042**	−0.045***	−0.031
	（0.075）	（0.019）	（0.015）	（0.073）

续表

变量名称	不良贷款率		风险加权资产占比	
	（1）	（2）	（3）	（4）
地区财政支出对数	−0.044	−0.0183	−0.027	0.018
	（0.031）	（0.020）	（0.020）	（0.037）
地区 GDP 增长率对数	0.007	0.099**	0.011***	0.011
	（0.007）	（0.034）	（0.003）	（0.007）
Observations	605	605	638	638
N_bank	115	115	116	116
Year_FE	Yes	Yes	Yes	Yes
Bank_FE	Yes	Yes	Yes	Yes
AR（1）−P value	0.019	0.012	0.000	0.000
AR（2）−P value	0.787	0.865	0.714	0.606
Hansen−P value	1.000	1.000	1.000	1.000

注：*、** 和 *** 分别表示在 10%、5% 和 1% 的水平下显著，括号内为银行聚类稳健标准误。

其次，更换关键解释变量数字化指数的聚合方法，采用变异系数法合成风险约束型数字化指数与无风险约束型数字化指数，然后采用两步系统 GMM 方法重新进行估计，得到的 AR（2）的 P 值和 Hansen 检验 P 值仍然符合要求，相关系数与前文保持一致，说明本章的研究结果是稳健的，回归结果如表 7.10 所示。

表 7.10　更换计量模型和核心解释变量测算方法的稳健性检验

变量名称	不良贷款率		风险加权资产占比	
	（1）	（2）	（3）	（4）
L. 不良贷款率	0.337***	0.335***		
	（0.020）	（0.015）		
L. 风险加权资产占比			0.272***	0.311***
			（0.053）	（0.057）
风险约束型数字化指数（变异系数法）	−0.377***		0.121***	
	（0.015）		（0.032）	
无风险约束型数字化指数（变异系数法）		−0.288**		0.181***
		（0.124）		（0.049）

续表

变量名称	不良贷款率		风险加权资产占比	
	（1）	（2）	（3）	（4）
存贷比	−0.102	0.058	0.167***	0.171***
	（0.272）	（0.250）	（0.059）	（0.058）
资本充足率	−0.200	−0.675	−1.765***	−1.721***
	（0.888）	（0.795）	（0.168）	（0.235）
净利润对数	−0.343	−0.174	−0.067***	−0.065***
	（0.360）	（0.260）	（0.006）	（0.007）
净资产收益率	−0.063***	−0.057***	0.039	0.040
	（0.007）	（0.006）	（0.080）	（0.070）
所有者权益对数	−0.002	0.001	0.107***	0.108***
	（0.007）	（0.009）	（0.016）	（0.017）
职工人数对数	0.006***	0.006***	0.037	0.031
	（0.002）	（0.002）	（0.026）	（0.037）
地区第二产业占比对数	0.003	0.003*	0.059	−0.039
	（0.002）	（0.002）	（0.057）	（0.071）
地区财政支出对数	−0.001	−0.002	0.002	0.004
	（0.002）	（0.002）	（0.026）	（0.033）
地区GDP增长率对数	0.010***	0.010***	0.002	0.006
	（0.003）	（0.003）	（0.007）	（0.007）
Observations	605	605	638	638
N_bank	115	115	116	116
Year_FE	Yes	Yes	Yes	Yes
Bank_FE	Yes	Yes	Yes	Yes
AR（1）−P value	0.012	0.012	0.001	0.002
AR（2）−P value	0.878	0.889	0.769	0.804
Hansen P value	1.000	1.000	1.000	1.000

注：*、** 和 *** 分别表示在10%、5% 和1% 的水平下显著，括号内为银行聚类稳健标准误。

第四节　数字化转型与商业银行流动性创造

一、理论基础

（一）数字化转型与商业银行流动性创造

银行进行数字化转型会对其流动性创造产生积极影响。

首先，在宏观层面上，银行数字化转型不仅是对金融市场演进趋势的主动适应，而且通过增强其市场竞争力，减少了新兴互联网金融对自身业务形成的潜在冲击，缓解了金融科技快速发展带来的外部竞争压力，抑制了其对银行流动性创造功能的挤出效应（Hao et al.，2023）。在宏观一般均衡框架下，银行的数字化创新推动了行业内的协同创新，降低了传统流动性创造过程中的成本与风险，从而在系统层面上促进银行业整体的流动性创造能力。

其次，从资产端来看，通过引入高效的信息技术，数字化转型显著降低了银行与客户间的信息不对称，大幅度削减了交易成本，缓解了信贷业务中存在的结构性信用缺失问题，增强了银行对客户的管理能力，从而降低信用风险并提升整体信贷质量，改善了因不良资产积累导致的银行流动性创造能力受限的情况。在信贷规模扩张方面，银行通过数字信贷、理财产品以及平台融资足迹链条等创新方式实现细分人群、下沉场景，将流动性有效注入传统银行流动性创造机制难以触及的领域，在一定程度上提升了流动性创造的质量，并特别增强了对小微企业等流动性需求较高领域的支持（王擎、田娇，2014；王聪聪 等，2018；邓伟 等，2022）。

再次，从负债端来看，通过利用先进的数字化平台，银行能够超越传统的地理和物理限制，通过互联网银行等渠道实现对客户覆盖面的广泛拓展，不仅显著缩短了银行与客户之间的交互时间和空间距离，还促进了存款业务的规模化扩展，有效降低了银行的运营成本，减轻了对线下网点的依赖和运营压力（李学峰、杨盼盼，2021）。进一步地，通过引入智能化服务和个性化产品设计，数字化转型可以显著提升银行服务的质量和效率，更好地满足客户多元化的需求和偏好，提高客户黏性和满意度，从而更有效地保持并加强存款规模的稳定性，促进存款的流入（Guo and Zhang, 2023）。

最后，对于表外流动性创造，数字化转型通过技术创新支持理财产品的开发和多元化金融服务的推广，增加银行资金来源多样性，构筑更广泛的资本基础，以数字化的手段和方法，提高投资决策的科学性和可行性。总而言之，商业银行的数字化转型不仅促进了流动性负债的高效吸收，进而巩固了流动性创造的根本基础，同时也显著增加了银行将流动性资产转换为非流动性资产的规模和效率，从而促进了银行的流动性创造能力，并提升了整体的流动性创造水平。据此，本章提出如下假说。

假说1：数字化转型有助于提高商业银行流动性创造，深化金融供给侧结构性改革。

（二）数字化转型与盈利能力机制

商业银行数字化转型不仅改善了其产品和服务质量，还显著提高了其市场竞争力和盈利能力（Zuo et al., 2021；Lv et al., 2022；Zhu and Jin, 2023；王书华，2023）。首先，技术创新使银行能够开发更为丰富多样的金融产品，以满足市场的多元需求，并通过多样化的业务渠道、优化的组织结构和科学的经营策略优化资产配置，提升银行的盈利能力（张庆君、欧一丁，2023）。其次，数字化转型增加了银行对市场需求和变化的响应速度，使其能够在面对市场波动时更加灵活和有效，这种敏捷性不仅提高了银行服务的针对性，还可以优化盈利模式，使其能够在竞争激烈的市场中保持优势。最后，人工智能、区块链、大数据等新兴技术的融合，不仅显著提高了运营效率和成本效率（李学峰、杨盼盼，2021；Guo and Cheng, 2023），还为银行在激烈的市场竞争中提供了长期的竞争优势，这种"降低成本，提高效率"的策略，进一步增强了银行的盈利能力，为银行的可持续发展提供了坚实的支持。

较高的盈利水平对于银行的流动性创造具有显著的正面影响。Pennacchi(2006)指出,银行的盈利水平主要影响其内部的考核与激励机制,较强的潜在盈利能力会激励银行更多地持有盈利性强但流动性相对较弱的贷款等非流动性资产,从而采取更加激进的经营策略。更进一步地,利差作为银行的主要收入来源,其扩大会为银行带来更多的利润和收入,提高银行开展贷款业务的积极性,银行的下属机构网点为追求更高绩效也会更加主动地扩大贷款业务的规模,所以利差的扩大会促进银行提高流动性创造水平(黄琨 等,2022)。宋科等(2022)发现,ESG投资通过提升银行的盈利结构和能力,提升其流动性创造水平。盈利水平的提高不仅意味着更高的资金充裕程度,还能激发银行的乐观情绪,从而促进流动性创造,尤其是表外业务的流动性创造(于震 等,2020;王东阳、李成,2023)。总而言之,银行的数字化转型,通过改变其运营模式和技术基础设施,提高了业务效率和自动化程度,增强了银行的盈利能力。这种盈利能力的提升又会进一步强化银行进行流动性创造的意愿和能力,尤其是在提供高收益率产品和服务方面。因此,银行的数字化创新将通过优化盈利渠道和提高盈利水平,激励银行进行更高水平的流动性创造。基于以上分析,本章提出以下假说。

假说2:数字化转型通过提升商业银行盈利能力促进其流动性创造。

（三）数字化转型与资产质量机制

在银行资产质量[①] 管理方面,数字化创新提供了一种更高效和安全的信息管理和资产监控方法。通过建立一个包含银行主体、核心企业、供应商企业及第四方数据存储平台的网络式多分布链条(Gupta and Pranay,2018),实施数据"三权分立"管理模式,这不仅保障银行信贷信息的安全和不可篡改性,还确保数字信贷业务中信息的有效利用和分享,从而显著降低传统信贷过程中可能出现的信息泄露风险。此外,数字化转型

---

① 值得注意的是,由于数字化转型对银行表内、表外资产的配置效应存在差异,本节和实证部分所验证的资产质量机制主要指表内信贷资产质量。

通过战略、业务和管理的综合优化，有效减少银行的信用风险（Yang and Tajul，2023），帮助银行更准确地识别高质量客户，并利用区块链等先进技术，更有效地评估借款人的资产状况，降低不良贷款率。在信息建设方面，数字化转型通过提高信息透明度，缓解信息不对称问题，有效防范道德风险和逆向选择，从而在事前、事中和事后全方位提升资产质量（项后军、高鹏飞，2023）。与此同时，数字化转型还为银行提供多种工具和技术以更有效地监控和管理流动性风险，智能合约、预测分析和实时监控系统等工具的应用，大大增强银行对贷款情况的监测和管理能力（曾钊创，2022）。

银行资产质量的提升有助于增强其流动性创造能力。更高的资产质量不仅可以通过改善银行资本充足率和风险承受能力提高其流动性创造（Kayani et al.，2021），还能提高银行承担风险的意愿和能力，从而增强银行进行流动性投放的信心，加快其贷款扩张的速度，通过不断地进行资金扩张和资产负债结构的调整，最终实现更高的流动性创造（何运信 等，2021）。与此同时，银行对其资产质量的评估会直接影响其贷款损失准备金的计提，而贷款损失准备金规模的下降既会提升银行可放贷资金规模，增强其放贷能力，同时也会降低信贷业务成本，增强其放贷意愿，提高银行的流动性创造水平（田国强、李双建，2020）。孙雨忱（2021）发现，在数字化普惠金融的背景下，银行对中小微企业的信息掌握得越多，面临的不良贷款率越低，对小微企业贷款的投放意愿也越强烈。总而言之，在数字化技术的应用下，银行既提高了对自有资产的管理能力，提高了资产的安全性，同时又通过减轻信息不对称问题，降低了银行在信贷业务中的预期损失，增强了银行进行流动性创造的意愿和能力。因此，本章提出以下假说。

假说3：数字化转型通过提高商业银行资产质量促进其流动性创造。

二、模型构建与研究设计

（一）模型构建

为验证假说 1，即数字化转型有助于提高商业银行流动性创造，本章构建如下基准回归模型：

$$\text{LC}_{i,t} = \alpha + \beta \times \text{dig}_{i,t}^{R} + \gamma \times \text{Controls} + \eta_i + \varepsilon_{i,t}$$

$$\text{Controls=(LNTA, ROE, RWA, PVC, CIR, LGR, GDP, CPI, } m_2)$$

（7-6）

其中，被解释变量 $\text{LC}_{i,t}$ 代表银行 i 在 t 期的流动性创造水平，核心解释变量 $\text{dig}_{i,t}^{R}$ 代表银行 i 在 t 期的数字化转型指数，上标 $R=1$ 反映风险约束型数字化转型总指数，即该指数纳入银行数字风控维度，$R=0$ 反映无风险约束型数字化转型总指数，即该指数不涵盖数字风控维度。Controls 为一系列控制变量，包括银行个体层面的银行规模（LNTA）、股东权益收益率（ROE）、风险加权资产密度（RWA）、拨备覆盖率（PVC）、成本收入比（CIR）和贷款增长率（LGR），以及宏观层面的控制变量 GDP 增速（GDP）、消费者物价指数（CPI）和货币供应量（m_2）。α 是模型截距项，η_i 是银行个体固定效应，$\varepsilon_{i,t}$ 是随机误差项。基于假说 1，我们预期 β 的符号为正，与此同时，通过对比 $R=1$ 与 $R=0$ 时系数的相对大小与显著性水平，可以反映数字化风控在评估数字化转型对商业银行流动性影响的边际效应上的差异，已有研究表明，风险管理贯穿了银行业务的始终（Laeven，2013），并且面临着严格的监管，因此，忽略数字化风险对于数字化转型的影响，可能导致边际效应的低估或高估。

此外，为了进一步检验假说 1 的结论是否随着不同数字化转型方向的不同而呈现一定异质性特征，本章进一步将数字化指数 $\text{dig}_{i,t}$ 分解为产品、生态、技术、管理和风险五个子维度，回归模型如下：

$$\text{LC}_{i,t} = \alpha + \beta \times \text{dig}_{i,t}^{S} + \gamma \times \text{Controls} + \eta_i + \varepsilon_{i,t}$$

$$\text{Controls=(LNTA, ROE, RWA, PVC, CIR, LGR, GDP, CPI, } m_2)$$

（7-7）

其中 S=1，2，3，4，5，分别代表产品、生态、技术、管理和风险维度，本章预测若子维度影响显著，则符号为正，反之则不显著。

在假说 1 基础上，本章进一步验证假说 2 和假说 3，即数字化转型是否通过提升商业银行盈利能力和资产质量渠道促进其流动性创造。本章借鉴温忠麟和叶宝娟（2014）提出的中介效应检验方法进行分析，具体方程如下：

$$M_{i,t} = \alpha + \delta \times \mathrm{dig}_{i,t}^{R} + \gamma \times \mathrm{Controls} + \eta_i + \varepsilon_{i,t} \qquad (7\text{--}8)$$

$$\mathrm{LC}_{i,t} = \alpha + \beta_1 \times M_{i,t} + \beta_2 \times \mathrm{dig}_{i,t}^{R} + \gamma \times \mathrm{Controls} + \eta_i + \varepsilon_{i,t} \qquad (7\text{--}9)$$

其中 $M_{i,t}$ 为本章的中介变量。根据中介效应模型，δ、β_1 和 β_2 为重点关注的变量系数。

（二）银行流动性指数构建

本章基于 Berger 和 Bouwman（2009）三步法构建银行流动性创造指标：第一步，根据到期期限、变现难度和成本高低，把商业银行资产负债表内外的项目分为流动性和非流动性，同时也考虑了银行表外部分的流动性创造；第二步，给分类后的各个项目按照流动性大小分配权重，其中非流动性资产、流动性负债和表外非流动性项目的权重为 0.5，流动性资产、非流动性负债权益和流动性表外业务的权重为 –0.5；第三步，在前两步的基础上，对各个项目进行加权求和，并除以银行总资产，得到最终的流动性创造指标，详见公式（7–10）至（7–12）：

$$\mathrm{LC}_1 = \big[\, 0.5 \times \sum (\text{非流动性资产} + \text{流动性负债})$$
$$-0.5 \times \sum (\text{流动性资产} + \text{非流动性负债与权益}) \,\big] \,/\, \text{总资产}$$
$$(7\text{--}10)$$

$$\mathrm{LC}_2 = (\, 0.5 \times \text{非流动性表外业务} - 0.5 \times \text{流动性表外业务} \,) \,/\, \text{总资产}$$
$$(7\text{--}11)$$

$$\mathrm{LC} = \mathrm{LC}_1 + \mathrm{LC}_2 \qquad (7\text{--}12)$$

（三）样本选择

本章共选取 2010—2021 年我国 255 家银行作为初始研究样本，其中，全国性商业银行 18 家、城市商业银行 143 家和农村商业银行 94 家。银行数据主要来自银行年报、Bank Focus、万得金融终端（WIND）、国泰安（CSMAR）等金融数据库，其中，银行年报利用 Python 网络爬虫和手动下载相结合的方式在巨潮资讯网、各银行官网获取。宏观审慎政策情绪指数受政策文本影响，涵盖年份为 2013—2021 年。

三、实证结果分析

（一）数字化转型对银行流动性创造的影响

为了验证银行数字化转型对流动性创造水平的影响，使用模型（1）对样本进行检验，结果如表 7.11 所示：第（1）、（2）列的解释变量为考虑风险维度的数字化转型指数，第（3）-（4）列的解释变量为不考虑风险维度的数字化转型指数，从表中可以看出，不论是否考虑风险维度，在统计结果上都十分显著，银行数字化转型能够促进其提高流动性创造水平，有利于银行核心作用的发挥。以第（2）列的结果为例，核心解释变量的系数为 0.144，同时在 1% 的水平上显著，可以看出银行数字化转型程度每提高 1 个单位，银行流动性创造水平就会提高 0.144 个单位，表明假说 1 成立。通过对比第（2）列和第（4）列核心解释变量的回归系数，可以发现，若将风险维度纳入银行数字化转型指数中，那么数字化转型对银行流动性创造水平的激励作用会减弱。这一发现与 Laeven（2013）的研究相呼应，该研究强调了风险管理作为当代银行治理的核心要素，它贯穿于银行运营的各个方面。进一步地，Allen 和 Gale（2004）指出银行的流动性创造本质上是伴随着风险的。随着银行进行数字化转型，其在风险识别上的能力得以增强，相应地，对风险的敏感度也随之提高。这种提升的风险敏感度可能导致银行在进行流动性创造时更加谨慎。依据宋科等人（2023）的研究，为避免承担过大风险而影响正常经营，银行可能会采取减少表内非标准资产、提高贷款审核标准、缩减长期贷款规模及增强资本储备等措施来避免流动性危机，从而在一定程度上控制了银行流动性创造的水平。

表 7.11　基准模型：银行数字化转型与银行流动性创造

变量名称	（1）LC	（2）LC	（3）LC	（4）LC
dig_1	0.130***	0.144***		
	（2.59）	（2.89）		
dig_2			0.165***	0.183***
			（2.91）	（3.24）
LNTA	−0.103***	−0.038*	−0.103***	−0.038*
	（−7.83）	（−1.84）	（−7.86）	（−1.83）
ROE	−0.002	−0.002*	−0.002	−0.002*
	（−1.62）	（−1.73）	（−1.57）	（−1.68）
RWA	0.002***	0.003***	0.002***	0.003***
	（2.59）	（3.38）	（2.58）	（3.39）
PVC	−0.002*	−0.002*	−0.002*	−0.002*
	（−1.88）	（−1.72）	（−1.88）	（−1.72）
CIR	0.001	0.001	0.001	0.001
	（0.69）	（0.88）	（0.73）	（0.92）
LGR	0.001	0.000	0.001	0.000
	（1.20）	（0.37）	（1.20）	（0.36）
GDP		0.005**		0.005**
		（2.24）		（2.26）
CPI		0.027***		0.027***
		（6.46）		（6.46）
m_2		0.007***		0.007***
		（3.21）		（3.27）
_cons	2.054***	−2.127***	2.062***	−2.135***
	（7.37）	（−2.83）	（7.38）	（−2.84）
N	787	787	787	787
r^2	0.646	0.668	0.646	0.669
r^2_a	0.593	0.618	0.594	0.618
bank_FE	Yes	Yes	Yes	Yes

（二）银行数字化转型对表内外流动性创造的影响对比

更进一步，将对银行流动性创造水平划分为表内流动性（LC_1）和表外流动性（LC_2），并分别对样本数据进行回归，结果如表7.12所示，从第（2）列的结果可以看出：考虑风险因素下数字化转型（dig_1）对银行表内流动性创造（LC_1）的回归系数显著为正，而对银行表外流动性创造（LC_2）系数不显著，说明银行的数字化转型对于表内流动性创造水平的影响更加明显，主要是通过作用于银行的表内业务，引起相应的资产端和负债端的改变，进而推动银行进行流动性创造的。

表7.12　银行数字化转型对表内外流动性创造的影响对比

变量名称	（1）LC_1	（2）LC_1	（3）LC_2	（4）LC_2
dig_1	0.113**	0.128***	0.017	0.016
	（2.50）	（2.82）	（1.04）	（1.07）
LNTA	−0.097***	−0.037*	−0.006	−0.001
	（−8.18）	（−1.90）	（−1.15）	（−0.13）
ROE	−0.002***	−0.003***	0.001	0.001
	（−2.64）	（−2.83）	（1.63）	（1.58）
RWA	0.001**	0.002***	0.001**	0.001**
	（2.13）	（3.11）	（2.29）	（2.31）
PVC	−0.002**	−0.002**	0.000	0.000
	（−2.22）	（−2.04）	（0.76）	（0.77）
CIR	0.000	0.000	0.000	0.000
	（0.23）	（0.41）	（1.45）	（1.48）
LGR	0.000	0.000	0.000	0.000
	（0.92）	（0.00）	（1.10）	（0.89）
GDP		0.005**		0.000
		（2.47）		（0.04）
CPI		0.024***		0.003
		（6.93）		（1.37）
m_2		0.007***		0.001
		（3.34）		（0.59）
_cons	1.925***	−1.886***	0.129	−0.241
	（7.63）	（−2.79）	（1.20）	（−0.69）

续表

变量名称	（1）LC$_1$	（2）LC$_1$	（3）LC$_2$	（4）LC$_2$
N	787	787	787	787
r^2	0.633	0.658	0.716	0.717
r^2_a	0.579	0.606	0.674	0.674
bank_FE	Yes	Yes	Yes	Yes

（三）盈利能力渠道分析

为了探究数字化转型是否通过影响银行的盈利能力进而作用于其流动性创造能力，且考虑到前述分析中数字化转型主要影响银行表内的流动性创造，本章选取净息差（NIM）作为衡量盈利能力的中介变量进行分析。在表7.13展示的回归分析中，第（2）列的结果揭示数字化转型显著促进了银行净息差的提高，表明其对银行盈利能力有明显的正向影响。进一步地，第（3）列的分析结果表明，银行的净息差显著正向影响其流动性创造水平。这表明银行的盈利水平，在数字化转型与流动性创造关系中扮演着部分中介角色，即通过提升银行尤其是表内业务的盈利水平，从而促进银行流动性创造能力的提升，假说2中的盈利能力渠道因而得到验证。

表7.13 机制检验：盈利能力渠道

变量名称	（1）LC	（2）NIM	（3）LC
NIM			0.020**
			（2.24）
dig$_1$	0.144***	0.445*	0.138**
	（2.89）	（1.76）	（2.51）
LNTA	−0.038*	−0.551***	−0.009
	（−1.84）	（−5.51）	（−0.43）
ROE	−0.002*	0.034***	−0.002*
	（−1.73）	（6.95）	（−1.87）
RWA	0.003***	0.009***	0.002***
	（3.38）	（3.02）	（2.95）
PVC	−0.002*	0.015**	−0.002**
	（−1.72）	（2.51）	（−2.55）

续表

变量名称	(1) LC	(2) NIM	(3) LC
CIR	0.001 (0.88)	−0.032*** (−5.30)	0.001 (0.92)
LGR	0.000 (0.37)	0.000 (0.19)	−0.000 (−0.44)
GDP	0.005** (2.24)	0.000 (0.00)	0.007*** (2.98)
CPI	0.027*** (6.46)	0.012 (0.59)	0.024*** (5.45)
m_2	0.007*** (3.21)	0.008 (0.65)	0.011*** (4.83)
_cons	−2.127*** (−2.83)	11.999*** (3.16)	−2.460*** (−3.19)
N	787	651	629
r^2	0.668	0.756	0.697
r^2_a	0.618	0.710	0.639
bank_FE	Yes	Yes	Yes

（四）资产质量渠道分析

为检验数字化转型是否通过资产质量渠道来影响流动性创造，本章选取了不良贷款率作为中介变量进行中介效应检验，回归结果如表7.14所示。根据表中第（2）列结果显示，数字化转型在统计上显著降低了银行的不良贷款率，表明其对改善银行资产质量具有明显的促进作用。继续观察第（3）列的结果，发现银行的不良贷款率对其流动性创造能力的提升产生了显著的负面影响。同时，数字化转型对银行流动性创造的正面促进效果依旧显著。这一分析结果揭示了不良贷款率在数字化转型与银行流动性创造之间发挥了一定的中介作用，且这种作用机制与净息差所揭示的路径有所不同。具体而言，银行的数字化转型通过降低不良贷款率，间接减少了银行流动性创造的障碍，进而促进了其流动性创造能力的提高，假说3得到验证。

表 7.14 机制检验：资产质量渠道

变量名称	（1）LC	（2）NPL	（3）LC
NPL			−0.403*
			（−1.69）
dig_1	0.144***	−0.012**	0.151***
	（2.89）	（−2.39）	（2.94）
LNTA	−0.038*	0.000	−0.033
	（−1.84）	（0.10）	（−1.60）
ROE	−0.002*	−0.001***	−0.002*
	（−1.73）	（−5.92）	（−1.88）
RWA	0.003***	0.000	0.002***
	（3.38）	（0.49）	（3.04）
PVC	−0.002*	−0.000***	−0.002**
	（−1.72）	（−3.09）	（−2.13）
CIR	0.001	−0.000	0.001
	（0.88）	（−0.07）	（0.87）
LGR	0.000	−0.000	0.000
	（0.37）	（−0.20）	（0.47）
GDP	0.005**	−0.000	0.006**
	（2.24）	（−0.82）	（2.40）
CPI	0.027***	0.000	0.026***
	（6.46）	（0.13）	（6.43）
m_2	0.007***	0.000	0.007***
	（3.21）	（0.09）	（3.36）
_cons	−2.127***	0.020	−2.153***
	（−2.83）	（0.23）	（−2.86）
N	787	786	761
r^2	0.668	0.403	0.678
r^2_a	0.618	0.309	0.627
bank_FE	Yes	Yes	Yes

四、异质性检验

（一）系统重要性银行

自 2021 年起，中国人民银行和银保监会为加强宏观审慎管理，引入了系统重要性银行的概念，根据银行的规模、复杂度、关联度和替代性等指标，确定系统重要性银行名单和分组，并附加不同的监管要求，这会对银行的经营管理产生实质性的影响，因而本章也引入了这一分类标准，将总样本分为系统重要性银行（共20家）和非系统重要性银行，并在此基础上进行分组回归，结果如表7.15所示，通过对比第（1）-（4）列可以发现，数字化转型对于提高系统或非系统重要性银行流动性创造水平的效应都是显著的，但是对于非系统重要性银行的促进作用相对更明显，这可能是因为系统重要性银行在金融体系中的影响力更大，其稳健经营对金融体系的稳定性更为重要，是宏观审慎监管的重点，因此会受到更严格的附加监管要求，这些要求会增加银行的运营成本和风险成本，限制银行的资产负债扩张空间，降低银行的流动性创造能力和意愿。

表 7.15　异质性检验：系统重要性银行

变量名称	（1）	（2）	（3）	（4）
	系统重要性银行		非系统重要性银行	
dig_1	0.165***		0.289***	
	（2.72）		（3.48）	
dig_2		0.219***		0.395***
		（3.10）		（3.79）
LNTA	−0.161***	−0.160***	−0.037	−0.039
	（−5.44）	（−5.46）	（−1.37）	（−1.44）
ROE	−0.002	−0.002	−0.003**	−0.003**
	（−1.46）	（−1.21）	（−2.02）	（−2.00）
RWA	0.003***	0.003***	0.002***	0.002***
	（3.28）	（3.31）	（2.81）	（2.77）
PVC	0.036***	0.036***	−0.002**	−0.002**
	（5.90）	（5.87）	（−2.04）	（−2.04）
CIR	0.002*	0.002	−0.000	0.000
	（1.66）	（1.62）	（−0.00）	（0.04）
LGR	−0.001	−0.001	0.000	0.000
	（−0.81）	（−0.90）	（0.23）	（0.22）
GDP	−0.000	0.000	0.006*	0.006*
	（−0.04）	（0.11）	（1.88）	（1.86）
CPI	0.003	0.002	0.027***	0.027***
	（0.61）	（0.52）	（4.52）	（4.46）
m_2	−0.001	−0.000	0.008**	0.008**
	（−0.18）	（−0.11）	（2.53）	（2.57）
_cons	3.143***	3.156***	−2.226**	−2.160**
	（3.09）	（3.11）	（−2.11）	（−2.05）

续表

变量名称	（1）	（2）	（3）	（4）
	系统重要性银行		非系统重要性银行	
N	187	187	600	600
r^2	0.814	0.816	0.615	0.616
r^2_a	0.784	0.786	0.550	0.551
bank_FE	Yes	Yes	Yes	Yes

注：括号内为 t 值。*，**，*** 分别表示在 10%、5%、1% 的水平下显著。

（二）金融脱媒程度

在当前背景下，金融科技的迅猛发展使得传统银行积极追求数字化转型，同时互联网金融公司以及金融机构亦在积极利用数字化工具进行创新，这一趋势导致了金融脱媒现象的加剧，对银行的运营管理和战略布局造成显著影响。因而，本章基于金融脱媒程度的高低将银行总样本分成两组，并在此基础上进行分组回归，结果如表 7.16 所示，对比第（1）-（4）列结果，可以发现，在金融脱媒程度较高的银行组中，数字化转型在促进流动性创造方面的效果更为显著，这一发现可能归因于较高程度的金融脱媒意味着银行面临更激烈的竞争环境和更大的客户流失风险，迫切需要依靠数字化转型来恢复市场份额、巩固市场地位及提升其流动性创造能力。同时，金融脱媒的加剧还意味着银行有机会接触更多的潜在合作伙伴和生态系统成员，从而推动开放银行和生态银行建设的进程，通过整合外部资源和渠道来扩展其业务范围。

表 7.16　异质性检验：金融脱媒程度

变量名称	（1）	（2）	（3）	（4）
	金融脱媒程度较低		金融脱媒程度较高	
dig_1	0.050		0.176**	
	（0.58）		（2.39）	
dig_2		0.096		0.215**
		（0.97）		（2.56）
LNTA	−0.057	−0.056	−0.034	−0.034
	（−1.34）	（−1.34）	（−1.38）	（−1.37）
ROE	−0.005***	−0.005***	−0.001	−0.001
	（−2.68）	（−2.67）	（−0.92）	（−0.86）
RWA	0.001	0.001	0.003***	0.003***
	（0.96）	（0.96）	（2.85）	（2.87）

续表

变量名称	（1）	（2）	（3）	（4）
	金融脱媒程度较低		金融脱媒程度较高	
PVC	−0.003*	−0.003*	−0.001	−0.001
	（−1.73）	（−1.75）	（−0.38）	（−0.36）
CIR	−0.002	−0.002	0.002*	0.002*
	（−1.17）	（−1.13）	（1.80）	（1.84）
LGR	0.000	0.000	0.000	0.000
	（0.53）	（0.54）	（0.70）	（0.68）
GDP	0.007	0.007	0.006**	0.007**
	（1.18）	（1.18）	（2.41）	（2.43）
CPI	0.032***	0.032***	0.025***	0.025***
	（3.96）	（3.96）	（4.64）	（4.61）
m_2	0.012***	0.013***	0.005	0.005
	（2.62）	（2.67）	（1.60）	（1.64）
_cons	−2.124	−2.141	−2.056**	−2.049**
	（−1.60）	（−1.61）	（−2.10）	（−2.10）
N	327	327	445	445
r^2	0.743	0.743	0.691	0.691
r^2_a	0.638	0.639	0.611	0.611
bank_FE	Yes	Yes	Yes	Yes

注：括号内为 t 值。*，**，*** 分别表示在10%、5%、1%的水平下显著。

（三）金融监管强度

金融监管在银行数字化转型过程中扮演着关键的引导与规范作用。金融监管机构通过制订相关政策、标准及规范，不仅引导银行数字化转型的方向，还促进了数字化基础设施的完善、数据共享与开放的推进、网络安全与数字防护的加强以及数字化风险的预防。如 Kane（1981）所述，商业银行与金融监管机构之间存在着一种固有的互动与进化关系。然而，由于金融监管常常滞后于金融创新，监管的强度成为影响数字化转型对银行流动性创造效应的一个重要因素。因此，本章采用各商业银行所在省份政府的金融监管财政支出作为金融监管的代理指标，将样本按监管强度划分为强监管组与弱监管组，以此进行分组回归分析，旨在探究金融监管对银行数字化转型促进流动性创造能力的差异性影响。表 7.17 中基于金融监管强度差异的回归结果表明，数字化转型在强金融监管组中对银行流动性创造的正向影响更为显著。这一现象背后的逻辑可能包括：一方面，处于强监管环境下的银行可能在数字化转型过程中受到更多的指导与支持，监管环境较为严格的地区更可能积极解决数字化转型过程中遇到的挑战，积极执行有关数字化转型的政策，鼓励银行进行数字化创新；另一方面，处于相对宽松监管环境的银行已拥有较大的自由度和空间进行流动性创造，因此数字化转型对这类银行的影响可能不如强监管环境下的银行那样显著。

表 7.17　异质性检验：金融监管强度

变量名称	（1）	（2）	（3）	（4）
	弱金融监管组		强金融监管组	
dig_1	0.109		0.238**	
	（1.56）		（2.52）	
dig_2		0.149*		0.286***
		（1.79）		（2.64）
LNTA	−0.112***	−0.112***	−0.004	−0.001
	（−4.14）	（−4.15）	（−0.10）	（−0.04）
ROE	−0.002	−0.002	−0.003	−0.003
	（−1.41）	（−1.36）	（−0.94）	（−0.96）
RWA	0.002**	0.002**	0.003**	0.003**
	（2.45）	（2.46）	（2.01）	（2.01）
PVC	−0.002***	−0.002***	0.005	0.006
	（−2.87）	（−2.88）	（0.74）	（0.79）
CIR	0.000	0.000	0.002	0.002
	（0.24）	（0.26）	（1.61）	（1.59）
LGR	0.000	0.000	0.001*	0.001*
	（0.44）	（0.43）	（1.88）	（1.85）
GDP	0.006	0.006	0.007	0.007
	（1.31）	（1.38）	（1.48）	（1.52）
CPI	0.018***	0.018***	0.016	0.017
	（3.53）	（3.48）	（1.23）	（1.28）
m_2	−0.001	−0.001	0.008	0.009*
	（−0.30）	（−0.29）	（1.59）	（1.69）
_cons	0.276	0.294	−1.841	−1.958
	（0.29）	（0.31）	（−0.91）	（−0.98）
N	496	496	261	261
r^2	0.732	0.733	0.738	0.738
r^2_a	0.673	0.673	0.635	0.635
bank_FE	Yes	Yes	Yes	Yes

注：括号内为 t 值。*，**，*** 分别表示在10%、5%、1%的水平下显著。

五、稳健性检验

（一）内生性问题与工具变量估计

前文研究可能存在相应的内生性问题，即流动性创造水平越高的银行，有可能在数字化转型当中也走在前列。为解决存的内生性问题，本章选择商业银行总部所在地区的金融科技发展水平作为工具变量，并进行二阶段回归。本章参考李春涛等人（2020）的研究，在对"金融科技"相关的关键词进行百度新闻高级检索的基础上，构建地区金融科技发展水平指标。回归结果如表 7.18 所示，结果表明银行总部所在地的金融科技发展水平与银行的数字化转型水平呈正相关关系，同时也表明银行数字化转型确实提高了银行的流动性创造水平。

表 7.18　工具变量 2SLS：地区金融科技水平

变量名称	（1）dig_1	（2）LC
fintech	0.033***	
	（7.27）	
dig_1		0.951***
		（4.13）
LNTA	−0.066***	−0.037*
	（−4.98）	（−1.69）
ROE	−0.001**	−0.000
	（−2.34）	（−0.01）
RWA	−0.000	0.003***
	（−0.41）	（3.04）
PVC	0.000	−0.002**
	（0.96）	（−2.49）
CIR	−0.003***	0.003**
	（−4.95）	（2.54）
LGR	−0.000	0.000
	（−0.24）	（0.65）
GDP	−0.005***	0.011***
	（−2.72）	（3.33）

续表

变量名称	（1）dig₁	（2）LC
CPI	−0.005*	0.028***
	（−1.78）	（5.49）
m_2	−0.003*	0.012***
	（−1.83）	（4.06）
bank_FE		Yes
F1_P value		0.0000
F2_P value		11.6431
F2_P value		0.0000
N	730	730
r^2_a		−0.2078

（二）排除互联网元年之前样本的影响

赵家琪等人（2023）的研究认为 2013 年常被视为"互联网元年"，大部分银行在 2013 年之前数字化转型仍处于起步阶段，其数字化转型水平普遍不高，可能会对平均效应的估计产生影响。此外，鉴于本研究所依赖的宏观审慎政策情绪指数覆盖的时间范围为 2013—2021 年，为确保与后续加入调节效应分析的模型保持一致性，本章在进行稳健性检验时排除了 2013 年及之前的样本数据，并据此重新进行了回归分析。如表 7.19 所展示，回归结果的稳健性得到了验证。

表 7.19　稳健性检验：排除互联网元年之前样本的影响

变量名称	（1）LC	（2）LC	（3）LC	（4）LC
dig₁	0.118**	0.125**		
	（2.28）	（2.37）		
dig₂			0.141**	0.156***
			（2.45）	（2.65）
LNTA	−0.058***	−0.017	−0.058***	−0.017
	（−2.93）	（−0.63）	（−2.94）	（−0.62）
ROE	−0.002	−0.002*	−0.002	−0.002*
	（−1.22）	（−1.70）	（−1.21）	（−1.69）
RWA	0.003***	0.003***	0.003***	0.003***
	（2.73）	（2.75）	（2.72）	（2.75）

续表

变量名称	（1） LC	（2） LC	（3） LC	（4） LC
PVC	−0.000 （−0.27）	−0.000 （−0.27）	−0.000 （−0.26）	−0.000 （−0.26）
CIR	−0.000 （−0.35）	0.000 （0.02）	−0.000 （−0.35）	0.000 （0.05）
LGR	0.001* （1.68）	0.001 （1.26）	0.001* （1.67）	0.001 （1.25）
GDP		0.005* （1.75）		0.005* （1.79）
CPI		0.022*** （3.36）		0.022*** （3.40）
m_2		0.007** （2.57）		0.008*** （2.63）
_cons	1.122*** （2.63）	−2.061* （−1.95）	1.131*** （2.64）	−2.104** （−2.00）
N	689	689	689	689
r^2	0.671	0.678	0.671	0.679
r^2_a	0.614	0.621	0.614	0.621
bank_FE	Yes	Yes	Yes	Yes

注：括号内为 t 值。*，**，*** 分别表示在 10%、5%、1%的水平下显著。

第五节 宏观审慎政策与央行沟通

一、理论基础

（一）宏观审慎政策的情绪效应

在"双支柱"调控框架下，相较于央行货币政策，宏观审慎政策不仅聚焦于金融市场的短期波动，而且更加注重经济基础和整个金融系统的长期稳定。这类政策所引发的情绪影响往往更为显著，且与银行流动性创造的能力紧密相关。积极的宏观审慎政策情绪能够显著调整银行的经营心态，激励银行在此种情绪驱动下，实施更为主动的数字化转型战略，从而有效促进其流动性创造能力的提升。宏观审慎政策的情绪效应会通过影响投资者等市场参与主体的心理进而作用于银行的流动性创造。尽管投资者的乐观情绪可能引致银行存款规模缩减，但总体而言，情绪高涨通常反映了对未来金融市场表现的正面预期，激励银行增加贷款量，并通过减少现金和证券持有及依赖非存款融资支持贷款的增长，从而促进流动性创造（Cai et al.，2023）。游宇等人（2022）的研究揭示，宏观审慎政策通过预期管理及情绪沟通机制，在向市场传递政策立场时，有效地融入情绪效应，积极的情绪信号有助于增强微观经济体的流动性需求与偏好，加强银行利用数字化手段进行流动性高效配置的能力。在积极的情绪及预期影响下，银行信贷的规模与结构受到影响，其中规模体现于商业银行对其风险承受能力及企业未来偿还能力的评估，银行的信贷投放意愿显著提升，从而增强其流动性创造水平（于震 等，2020），而从结构上看，宏观审慎政策的情绪效应会影响银行对特定行业的风险评估，进而改变其信贷目标偏好，对银行信贷决策产生显著影响（Yuan et al.，2023）。此外，在数字化转型的背景下，这些情绪传递效应得到加强。首先，银行信息获取的能力增强，增加了银行对自身信息搜集能力的信心，可能促进银行的乐观情绪，加强对未来经济形势的积极预期；其次，银行内部的情绪传递速度显著提升，数字化技术将银行的不同部门及业务紧密连接，促使情绪影响在银行内部快速传递，在情绪驱动下可能出现过度反应或盲目跟风的现象，最终在银行业内形成情绪传染，影响到商业银行流动性创造的总体规模（徐成江，2022）。据此，本章提出以下假说。

假说1：宏观审慎政策情感效应能增强银行数字化转型对流动性创造的促进作用。

（二）系统重要性银行与宏观审慎政策

在宏观审慎政策体系内，系统重要性银行作为一个核心概念，对维护我国金融系统稳定发挥着关键作用，同时在宏观审慎情绪传播及监管政策变革中占据着重要位置。系统重要性银行因其庞大的规模、广泛的业务覆盖和复杂的组织结构，在面对外部情绪波动时，往往显示出反应滞后的特性（郭品、沈悦，2015）。此外，系统重要性银行管理经验更加丰富，在经营策略中更加重视稳定性和安全性，导致其决策行为倾向于保守，对中央银行情绪传递的解读也更为谨慎（高智贤 等，2015）。在监管方面，系统重要性银行面临的监管标准、资本要求和信息披露政策更加严格，进一步限制了其在数字创新和信贷分配等方面的灵活性，即便在积极的宏观审慎政策环境下，这类银行运用数字技术提升流动性创造的能力亦受约束（吕思聪，2018）。相比系统重要性银行，非系统重要性银行以利润最大化为目标，拥有更为灵活的组织架构，在数字技术创新方面表现出更大的积极性，对于承担风险的意愿也相对较强。面对央行积极的情绪传导，能够迅速做出反应，提高其流动性创造水平，增强自身盈利能力（李淑萍、徐英杰，2020）。因此，非系统重要性银行对中央银行宏观审慎政策的情绪影响反应更为敏捷，更易于提高其流动性创造水平。据此，本章提出如下假说。

假说2：相比系统重要性银行，宏观审慎政策的情绪效应能够更加显著地增强非系统重要性银行数字化转型对流动性创造的促进作用。

（三）金融脱媒与宏观审慎政策

金融脱媒，指资金的供需双方直接发生联系，而不再通过商业银行进行间接融资的现象。这一趋势对银行的传统存贷款业务产生了一定的冲击，导致银行业竞争加剧，这对银行的净利差收益及其调整期限错配的能力产生了负面影响，从而影响到银行的整体流动性创造能力（顾海峰、谢疏影，2021）。此外，金融脱媒现象是资本市场技术革新的产物，金融科技的发展促进了直接融资的实现，推动了金融脱媒程度的加深（Zhang et al.，2022），并且在金融科技发展更快的地区，当地银行进行数字化创新的有利因素更多，其数字化转型程度及对流动性创造的促进作用也会更加明显（宋科 等，2023）。因此，在金融脱媒程度较高的地区，银行对中央银行情绪传递的敏感度会更高，在积极的情绪驱动下，商业银行出于竞争需要增强了承担创新风险的意愿，积极推进数字化创新，加速其数字化转型进程，从而在与互联网金融等竞争者的角逐中保持优势，确保其在存贷业务中的竞争地位，促进流动性创造能力的提升。因此，更高程度的金融脱媒意味着更为激烈的市场竞争和更快速的金融科技发展，进而影响商业银行在不同宏观审慎政策情绪下的行为决策。基于此，本研究提出以下假说：

假说3：相比金融脱媒程度较低的地区，宏观审慎的情绪效应能够更加显著地增强高金融脱媒程度地区的银行数字化转型对流动性创造的促进作用。

二、宏观审慎政策实践与央行沟通

（一）宏观审慎政策实践与沟通情况

1. 宏观审慎政策工具的运用实践

图 7.2 统计了 2011 年第一季度至 2021 年第四季度我国央行 17 种宏观审慎政策操作工具的调整频次。可以发现，紧缩型宏观审慎政策工具的应用更加频繁，截至 2021 年第四季度，央行共实施了 54 次紧缩性调整，而宽松政策操作仅为 18 次，这反映了我国宏观审慎政策在维护金融系统稳定性方面的特点。在整体趋势上，紧缩和宽松操作交替进行，与经济周期波动较为吻合。

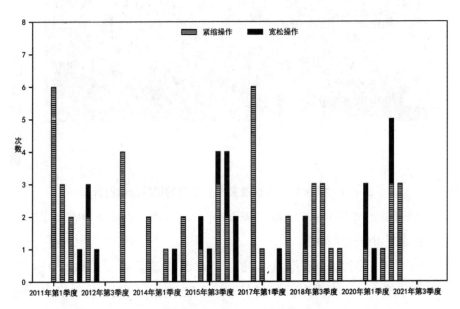

图 7.2　宏观审慎政策操作工具的调整次数统计

数据来源：国际货币基金组织的全球宏观审慎政策数据库，即 iMaPP 数据库。

图 7.3 的热力图展示了 2011 年第一季度至 2021 年第四季度不同时期不同宏观审慎政策操作工具在表达紧缩性、宽松性及其总体政策导向方面的差异。结果显示，准备金率调整是最频繁采用的宏观审慎政策工具，共实施了 16 次调整，且根据不同的政策环境对政策倾向进行了相应的调节。央行在资本保护缓冲、贷款限制和流动性调控措施方面倾向于采取紧缩性策略，而在贷款损失准备金、贷款价值比率限制方面的调整则显示出较为均衡的政策倾向，相比之下，央行对于其他工具的调整频次相对较低。从时间维度分析，央行对于杠杆率限制、贷款价值比率限制的调整呈现下降趋势，而对流动性措施、外币贷款限制的关注度有所提升，反映了央行监管策略的适时调整，展现出更加灵活的监管手段。

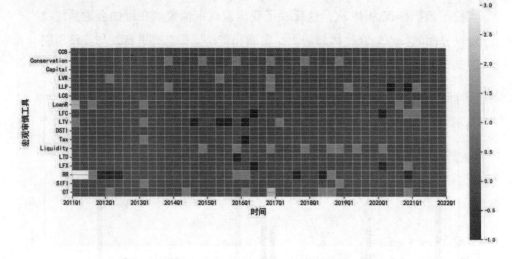

图 7.3　17 种宏观审慎政策操作工具的调整次数统计

数据来源：国际货币基金组织的全球宏观审慎政策数据库，即 iMaPP 数据库。

2.宏观审慎政策沟通

2022 年中国人民银行发布的《宏观审慎政策指引（试行）》第二十九条指出，"宏观审慎管理牵头部门建立健全宏观审慎政策沟通机制，做好预期引导，定期或不定期以公告、报告、新闻发布会等方式与市场进行沟通。沟通内容包括宏观审慎政策框架、政策立场、系统性金融风险评估、宏观审慎政策工具使用，以及未来可能采取的政策行动等，增强宏观审慎政策的透明度及可预期性。"基于上述准则，同时参考王信、贾彦东（2019）关于宏观审慎政策工具的分类标准，本章从政策框架、政策工具、风险评估三个维度构建宏观审慎政策沟通的文本分析框架，其中，政策框架关键词包括信贷缺口、隐性债务、金融稳定等，政策工具关键词包括信贷增长约束、逆周期资本、债务收入比等，风险评估关键词包括系统性金融风险指数、风险传染、系统重要性金融机构压力测试等。具体如图7.4所示。

文本数据来源于2011—2021年间中国政府网、中国人民银行官网、国家外汇管理局等网站，总计1411条，按照沟通形式划分为书面和口头沟通两种，其中，书面沟通包括政策库文件和书面公报，口头沟通包括新闻发布会、讲话和采访，见图7.5。总体上看，不论是口头形式还是书面形式，央行的沟通频次和规模都呈现出增长的趋势。相对于文本形式的沟通，央行进行口头形式的沟通次数更多，规模更大，呈现出周期式上升的趋势，反映了口头形式沟通的作用和重要性不断上升，也与央行在书面沟通中更加谨慎，而口头形式的沟通更加灵活有关。此外，在特定事件冲击下，央行倾向于以两种沟通形式相互配合的方式加强沟通力度，并且书面形式的沟通上升更加明显，比如2018年受中美贸易战的影响，以及在2020年新冠疫情的冲击下，两种形式的沟通同时进入了高峰期，但是文本沟通形式的峰值更高，变化更大，这体现了在经济波动期或经济下行期，书面沟通的作用被央行更加重视，而口头沟通更多地起到的是辅助作用（隋建利、刘碧莹，2023）。

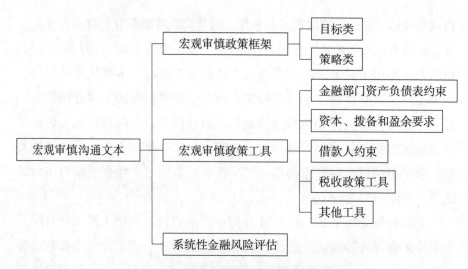

图 7.4　宏观审慎政策文本沟通分析框架

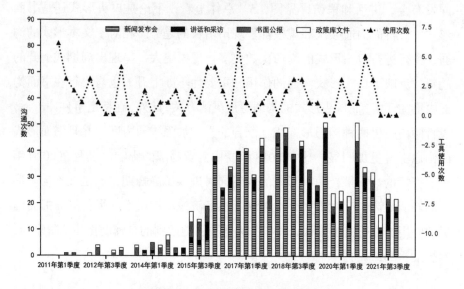

图 7.5　宏观审慎政策文本沟通

数据来源：基于文本挖掘方法从政策库文件、书面公报、新闻发布会、讲话和采访四个维度统计宏观审慎政策沟通频次。其中，书面沟通包括政策库文件和书面公报，口头沟通包括新闻发布会、讲话和采访。

三、宏观审慎政策沟通的情绪效应与指标构建

（一）沟通与情绪价值

情绪和预期因素对经济周期具有显著影响，成为现代经济学研究的关键维度。Shiller（2017）在叙事经济学的框架下，深入探讨了叙事如何通过塑造公众对未来的预期和认知，从而对经济活动产生深远影响。金融体系及经济整体运行亦受到情绪和预期的显著影响（Angeletos and La'O，2013；Beaudry and Portier，2014；Acharya et al.，2021）。在这一背景下，央行的沟通策略和情绪管理对金融市场尤其是商业银行的行为产生了重要影响。Romer 和 Romer（2000）关注美联储成员的私人信息及其信号作用对货币政策的影响。Acosta 和 Meade（2015）运用自然语言处理技术分析美联储公开市场委员会（FOMC）的会后声明，揭示其蕴含的信息内容对市场的重要影响。Hansen 等人（2019）则发现欧洲央行的通胀报告会对不同期限市场利率产生影响，突显了中央银行沟通在塑造市场长期不确定性看法中的作用。Milani（2011）基于心理因素、市场情绪和非完全理性的信念变化下的新凯恩斯模型，强调了预期、学习和非理性行为在经济中的重要性。而 Picault 等人（2022）通过分析来自五大国际报纸的 25 000 篇文章，捕捉媒体对欧洲中央银行货币政策及其相关环境的情绪，指出媒体情绪的每日变化对金融市场的通胀预期具有预测力。

情绪和预期因素在我国现代金融中介和金融市场中的重要性也日益凸显。央行的货币政策预期管理工具，尤其是在"沟通"方面，对商业银行的信贷投放有显著的促进作用，特别是在经济放缓阶段（王东阳、李成，2023）。央行的情绪中蕴含了经济基本面的信息，在叙事过程中存在着信息效应，从而会对私人部门对经济发展态势的判断产生影响，使其预期发生改变，影响其对资源配置等方面的决策，并且这种信息效应存在于多种传导渠道，央行书面单渠道和书面、口头双渠道沟通均会对市场主体的未来预期产生影响，口头渠道的沟通是书面沟通渠道的有效辅助，增强了叙事情绪的信息效应传导机制（隋建利、刘碧莹，2023）。在沟通过程中，

口头沟通的效力往往更强，会对金融市场产生较为明显的影响，使得市场的短期利率进行相应的调整，进而影响到银行的流动性创造活动（冀志斌、周先平，2011）。此外，中国央行的沟通行为对股票市场具有重要影响，其中书面沟通的效果更为明显（邹文理 等，2020）。高文虎（2016）建议我国央行制定相对稳定的货币规则，提升与市场之间的信任关系，鼓励市场主体自我寻找中央银行政策调整的模式，从而形成一种"无需阐释，但可以预期"的货币政策沟通策略。这些研究强调了央行在管理市场预期、情绪以及在传递关键信息方面的核心作用。为理解经济周期中情绪和预期的动态变化提供了新的视角，并为中央银行在实现其宏观调控目标中的沟通策略提供了深刻的洞察。

（二）情绪指标构建

在构建金融文本情绪指标的研究中，目前主要有以下几种方法：首先，基于词典的方法通过人工筛选及标注建立含有积极和消极情绪词汇的情绪词典，例如知网中文情绪极性词典、哈尔滨工业大学情感词典等，随后通过统计文本中正负情绪词的数量来计算情绪指数。其次，基于有监督的机器学习算法，如朴素贝叶斯、支持向量机等，进行文本的情绪分类，这需要依赖于预先标注好的训练数据集来训练分类模型。此外，随着计算能力的提升，更为复杂的自然语言处理技术也被应用于文本情感倾向的理解，例如通过对预训练语言模型（如 BERT、GPT 等）的微调，以捕捉复杂的语言模式和情感表达。这种方法不仅关注单个词汇的情绪含义，还涵盖上下文和句子结构，能够构建更为细致的情绪指标，但其前提是需要大量文本数据进行预训练。

鉴于宏观审慎政策文本属于政策沟通类文本，其特点是语调相对克制和审慎，细微的情感倾向难以被通用的情绪词典准确捕捉和衡量。而目前，学术界尚未开发出专门针对宏观审慎政策这一领域的情绪词典。基于此，本章使用 NLPIR–Parser（张华平、商建云，2019）对宏观审慎政策沟通文本进行通用情感分析，直接提取出每篇文本的情感极性及情感值测量（pos、 neg），并据此计算每篇文章的积极情绪倾向，以此作为衡量单篇沟通文本情绪得分（emotion_score）的方法，具体公式如下。

$$emotion\_score = \frac{pos-neg}{pos+neg} \qquad (7-13)$$

若积极情绪倾向值接近于 1，则表明文本中正面情绪的比例较高，越有可能给读者以积极的情绪反馈。若积极情绪倾向值越偏向 –1，则表示该文本的负面情绪占总情绪比重越大，越有可能给读者消极的情绪反馈。

鉴于不同类型沟通文本在情绪展现上的差异性，本章采用主成分分析法（PCA）来构建一个综合的宏观审慎政策文本情绪指标，旨在捕捉口头与书面两种沟通方式中情绪表达的异质性。PCA 方法通过数据标准化、协方差矩阵计算、特征值及特征向量提取等步骤，实现情绪数据的降维处理，将其简化为几个关键的主成分。基于这些主成分在不同沟通渠道中的表现特点，相应地分配权重，从而构建出反映口头和书面沟通情绪差异的子指标。这些子指标被综合起来形成一个总体情绪指标，以精确地反映出宏观审慎政策文本的整体情绪态势。情绪指标的构建公式如式（7-14）所示：

$$hg_t = w_{written}hg\_written_t + w_{oral}hg\_oral_t = \sum_{j=1}^{4} w_j emotion\_score_{j,t} \qquad (7-14)$$

从沟通频率的角度分析，央行的沟通次数与政策工具的应用频率总体上呈现出相似的变化趋势，并且在波动性方面，政策工具的使用相对于沟通表现出一定程度的滞后性。这种现象反映出央行宏观审慎政策沟通的先导性质，即沟通频率的增加往往预示着央行将会增强宏观审慎工具的使用强度。沟通中所表达的情绪倾向也为预判未来政策方向提供了重要的参考依据。

四、模型构建与情绪效应分析

（一）模型构建

为验证假说 1 至假说 3，即分析宏观审慎政策在数字化转型与银行流动性创造关系中发挥的情绪调节效应，本章在基准回归模型基础上加入了宏观审慎情绪与银行数字化转型指数的交互项，回归模型如方程（7-15）所示：

$$\mathrm{LC}_{i,t} = \alpha + \lambda_1 \times \mathrm{dig}_{i,t}^R + \lambda_2 \times \mathrm{dig}_{i,t}^R \times \mathrm{hg}_t + \gamma \times \mathrm{Controls} + \eta_i + \varepsilon_{i,t} \qquad （7\text{-}15）$$

其中，hg_t 是宏观审慎政策情绪指标，如果指标为正且绝对值越大，则代表着宏观审慎政策情绪更加积极。除了系数 λ_1 的符号和显著性外，系数 λ_2 的符号和显著性是分析情绪效应的关键，用于分析宏观审慎政策情绪如何影响数字化转型与银行流动性创造之间的关系。

（二）宏观审慎情绪效应与银行流动性创造

根据回归模型（7-15），在回归中加入宏观审慎政策情绪指数与银行数字化转型的交互项，回归结果如表 7.20 所示，可以发现，不论数字化转型当中是否包含风险维度，数字化转型指数与宏观审慎政策情绪指数交互项显著为正，这说明宏观审慎政策情绪越积极，数字化转型对于银行流动性创造水平的促进作用越强，积极的宏观审慎政策情绪会增强银行对未来宏观经济形势的信心，使得银行主动扩大其流动性创造水平，从而验证假说 1。

表 7.20　宏观审慎情绪效应与银行流动性创造

变量名称	（1）LC	（2）LC	（3）LC	（4）LC
hg_dig$_1$	0.337*** (5.25)	0.401*** (5.30)		
dig$_1$	0.284*** (4.24)	0.291*** (4.24)		
hg_dig$_2$			0.443*** (5.31)	0.542*** (5.49)
dig$_2$			0.374*** (4.63)	0.398*** (4.81)
LNTA	−0.048** (−2.51)	−0.032 (−1.20)	−0.051*** (−2.63)	−0.034 (−1.26)
ROE	−0.002* (−1.79)	−0.003** (−2.00)	−0.002* (−1.73)	−0.003** (−1.96)
RWA	0.002** (2.58)	0.002** (2.25)	0.002** (2.55)	0.002** (2.21)
PVC	−0.001 (−0.34)	−0.001 (−0.29)	−0.001 (−0.38)	−0.001 (−0.33)

续表

变量名称	（1）LC	（2）LC	（3）LC	（4）LC
CIR	−0.001	−0.001	−0.001	−0.001
	（−0.88）	（−0.80）	（−0.86）	（−0.79）
LGR	0.001	0.001	0.001*	0.001
	（1.64）	（1.22）	（1.67）	（1.25）
GDP		0.000		0.000
		（0.07）		（0.07）
CPI		0.023***		0.024***
		（3.45）		（3.61）
m_2		0.002		0.002
		（0.78）		（0.82）
_cons	0.972**	−1.674	1.019**	−1.750*
	（2.34）	（−1.61）	（2.45）	（−1.68）
N	689	689	689	689
r^2	0.688	0.699	0.688	0.700
r^2_a	0.634	0.645	0.634	0.646
bank_FE	Yes	Yes	Yes	Yes

（三）书面沟通与口头沟通情绪效应

宏观审慎政策的传达方式不同将显著影响其情绪传导效果。据此，本研究进一步将宏观审慎政策情绪指数区分为书面形式与口头形式的情绪指数，并应用方程（7–15）分别将回归分析中的总宏观审慎政策情绪指数替换为书面和口头层面的宏观审慎政策情绪指数，回归结果如表 7.21 所示，通过对比第（1）至第（4）列，口头形式情绪指数的系数（oral_dig$_1$ 和 oral_dig$_2$）分别为 0.267 和 0.343，并且在 1% 的水平上显著，这相比书面形式情绪指数（written_dig$_1$ 和 written_dig$_2$）的系数表现出更高的数值和显著性。因此，口头层面的宏观审慎政策情绪在促进银行数字化转型以及进一步提高银行流动性创造水平的效应上更为显著。这一差异可能源于口头形式的沟通相较于书面沟通具有更高的频率和更强烈、及时的情绪传达能力，且更受市场参与者的关注，从而其情绪效应更为明显。

表 7.21 拓展讨论：宏观审慎情感的细分效应

变量名称	（1）LC	（2）LC	（3）LC	（4）LC
oral_dig$_1$	0.267***			
	（5.70）			
oral_dig$_2$		0.343***		
		（5.69）		
written_dig$_1$			0.075**	
			（2.52）	
written_dig$_2$				0.089**
				（2.49）
digital_1	0.158***		0.138**	
	（2.84）		（2.57）	
digital_2		0.217***		0.171***
		（3.35）		（2.86）
N	689	689	689	689
r^2	0.700	0.700	0.681	0.681
r^2_a	0.646	0.646	0.623	0.623
Controls	Yes	Yes	Yes	Yes
bank_FE	Yes	Yes	Yes	Yes

（四）宏观审慎情绪效应异质性

1. 系统重要性银行

系统重要性银行作为监管机构近年来提出的一个较新概念，因其在"双支柱"监管框架下的特殊位置而受到较多关注。因此，本章特别关注了系统重要性银行情绪效应的异质性影响。根据表 7.22 展示的回归分析结果，我们发现宏观审慎政策情绪的影响在系统重要性银行中并不显著，而在非系统重要性银行中则表现出了显著的效应，从而支持了假说 2。

表 7.22　宏观审慎情绪效应异质性：系统重要性银行

变量名称	（1）	（2）	（3）	（4）
	系统重要性银行		非系统重要性银行	
hg_dig_1	0.090	0.140	0.387***	0.474***
	（1.54）	（1.63）	（3.26）	（3.32）
dig_1	0.138**	0.131**	0.416***	0.419***
	（2.19）	（2.10）	（3.78）	（3.53）
LNTA	−0.070**	−0.081**	−0.056***	−0.038
	（−2.04）	（−2.03）	（−2.60）	（−1.19）
ROE	0.000	0.001	−0.003**	−0.003**
	（0.17）	（0.76）	（−2.13）	（−2.20）
RWA	0.005***	0.004***	0.002**	0.002*
	（3.43）	（2.91）	（2.10）	（1.93）
PVC	0.031***	0.030***	−0.001	−0.001
	（5.58）	（4.64）	（−0.52）	（−0.47）
CIR	0.002	0.002	−0.001	−0.001
	（1.13）	（1.04）	（−1.37）	（−1.17）
LGR	−0.001**	−0.001*	0.001	0.001
	（−2.01）	（−1.79）	（1.60）	（1.24）
GDP		−0.007		0.000
		（−1.62）		（0.12）
CPI		−0.005		0.023***
		（−0.51）		（2.72）
m_2		−0.004		0.002
		（−0.96）		（0.67）
N	146	146	543	543
r^2	0.850	0.854	0.644	0.654
r^2_a	0.820	0.820	0.578	0.587
bank_FE	No	Yes	No	Yes

注：括号内为 t 值。*，**，*** 分别表示在 10%、5%、1%的水平下显著。

2. 金融脱媒程度

金融脱媒程度可以间接反映一个地区金融科技和互联网金融的发展水平，

以及银行业面临的竞争强度。鉴于不同的环境背景下银行对宏观审慎政策情绪的反应可能存在差异，本章据此进行了分组回归分析，结果如表7.23所示，可以发现，金融脱媒程度更高的地区，宏观审慎政策沟通的情绪效应表现得更为显著，从而验证了假说3。这一结果显示，金融脱媒程度较高的地区，可能由于金融科技的发展和竞争的激烈，银行及其他金融机构更加敏感于宏观审慎政策的情绪导向，进而对政策变动作出更加迅速和明显的响应。

表 7.23　宏观审慎情绪效应异质性：金融脱媒程度

| 变量名称 | （1） | （2） | （3） | （4） |
	金融脱媒程度较低		金融脱媒程度较高	
hg_dig_1	0.173	0.112	0.402***	0.493***
	（1.53）	（0.77）	（4.86）	（4.64）
dig_1	0.100	0.096	0.297***	0.318***
	（0.84）	（0.78）	（3.38）	（3.47）
LNTA	−0.120***	−0.065	−0.010	−0.013
	（−4.11）	（−1.43）	（−0.43）	（−0.38）
ROE	−0.004**	−0.005***	−0.003	−0.003
	（−2.27）	（−2.65）	（−1.58）	（−1.43）
RWA	0.001	0.001	0.003***	0.003**
	（0.92）	（0.85）	（2.83）	（2.53）
PVC	−0.002	−0.003	0.007**	0.006**
	（−1.57）	（−1.61）	（2.34）	（2.20）
CIR	−0.003*	−0.002	0.000	−0.000
	（−1.92）	（−1.31）	（0.06）	（−0.01）
LGR	0.001	0.000	0.001**	0.001*
	（1.08）	（0.53）	（2.02）	（1.89）
GDP		0.004		−0.001
		（0.74）		（−0.19）
CPI		0.031***		0.014
		（3.89）		（0.93）
m_2		0.010*		−0.001
		（1.67）		（−0.26）
N	327	327	344	344
r^2	0.722	0.744	0.756	0.760
r^2_a	0.612	0.639	0.674	0.676
bank_FE	No	Yes	No	Yes

注：括号内为 t 值。*，**，*** 分别表示在 10%、5%、1%的水平下显著。

第六节　本章小结

　　本章不仅从风险管理维度深入探讨了数字化对商业银行高质量发展中的新挑战——银行风险的影响与机制，同时也从流动性管理维度出发，基于宏观审慎政策的情绪效应，探索银行数字化转型对流动性创造的影响与内在机理。研究结果表明：在风险管理维度，银行数字化对表内风险承担有显著的抑制作用，对表外风险承担有显著的促进作用。一方面，银行数字化水平降低了政府担保竞争扭曲，从而抑制政府担保竞争扭曲对表内风险承担的助推作用，降低了银行表内风险承担，表现为表内担保竞争效应。另一方面，银行数字化水平推升了银行理财产品预期收益率上限，从而增加银行理财产品价格竞争对银行的表外风险承担的助推作用，提高了银行表外风险承担，表现为表外价格竞争效应。此外，银行数字化对于理财产品平均委托期限较长的银行的表外风险承担具有更明显的助推作用。

　　在流动性管理维度，数字化转型整体上对流动性创造产生正向影响，且这一影响主要体现在对银行表内流动性创造的激励作用，而对表外流动性创造的提升效果则不甚明显。在异质性分析方面，数字化转型在非系统重要性银行、受到强金融监管环境下的银行，以及金融去中介化程度较高地区的银行中，对流动性创造的促进效果尤为显著。在传导机制上，银行数字化转型主要通过提高盈利能力及改善资产质量这两个渠道来促进流动性创造：即通过提升银行的净息差以增强盈利能力，以及降低不良贷款率来提高资产质量，进而促进流动性的创造。此外，宏观审慎政策存在情绪效应，在积极的宏观审慎政策情绪下，数字化转型对银行流动性创造的激励作用得到了增强。

　　基于前述研究结论，本章的启示主要涉及风险管理和流动性管理两个关键维度。在风险管理方面，银行需采取以下策略：首先，利用数字技术为传统金融业务增添新动能，以降低表内风险，同时着重于表外业务风险的监测与控制。运用人工智能、机器学习、生物识别等先进技术，实现更高效的风险智能管控。其次，监管部门应加强对商业银行表外业务信息的披露标准，以防止银行利用数据漏洞进行监管套利。对于中小银行，应更积极地采纳数字技术，通过大数据和知识图谱等工具优化客户画像和信贷评估模型，建立更加有效的贷前、贷中和贷后风险管理系统。此外，银行应在竞争激烈的市场环境中寻求差异化战略，控制理财产品收益率竞争，同时提升盈利能力。监管部门需完善外部监督机制，以规避银行在理财产品定价竞争中的不规范行为、降低风险承担。在发展表外业务时，银行应注意期限管理，避免盲目扩张。

在流动性管理维度，首先，商业银行和监管部门需全面理解银行数字化转型对流动性创造的影响及其结构性差异，尤其是风险维度的差异。其次，构建一个全面的银行数字化转型评估体系，并将其纳入监管框架，以稳妥推进银行数字化进程，最大化金融科技在提升银行运营效率和支撑经济高质量发展中的作用，同时警惕数字化转型可能引入的流动性风险。此外，对不同类型银行实施差异化管理策略，加强非系统重要性银行的流动性风险管理，避免银行通过数字化手段过度创造流动性，从而影响金融体系的稳定性。最后，应重视积极宏观审慎政策情绪下，数字化转型对银行流动性创造的增强效应。

第八章 研究结论与政策建议

第一节 研究结论

本书从风险管理、效率管理和董事会治理三个维度展开分析，探讨了"银行－股东"网络对银行高质量发展的影响与机制。主要研究结论如下。

首先，在风险管理方面，本书通过分析"银行－股东"网络的时变特性，揭示了网络中心度与商业银行风险承担之间的复杂关系。具体来说，银行的网络中心度越高，银行的表内风险承担水平越低。若进一步将表外风险纳入考虑，银行网络中心度的提升反而会促进银行风险承担。这种对表内外风险影响的差异性反映了"银行－股东"网络在风险管理方面的双重作用。为深入理解这种双面性背后的机制，本书进一步探讨了网络结构如何通过不同的渠道影响银行风险承担。研究发现，存在两类主要渠道：一是"资源共享机制"，即银行通过提高在网络中的中心性，加强信息共享，进而降低风险承担；二是包括"规模机制""价格机制"和"资产配置机制"在内的风险激励渠道，即网络中心度的提升通过增加表外理财产品规模、提高收益率以及高风险资产配置来增加风险承担。此外，本书还考虑了银行类型和产权性质对风险承担影响的异质性，发现网络中心度对城市商业银行风险承担的影响更为显著，而对国有商业银行和非国有商业银行的影响则在不同的网络特性呈现异质性。

其次，在效率管理维度，时变“银行－股东”网络中心度提升对银行效率具有积极影响，网络位置越中心，网络广度、中介程度越高，银行的效率相对越高；在纳入表内外风险资产作为非期望产出进行效率估算后，网络中心度与银行效率的这一正向关系依然成立，但作用幅度有所降低；银行交叉持股会对网络结构与银行效率间的关系产生异质性影响；在传导机制上，网络中心度的提升通过“竞争机制”和“资源共享机制”改善银行整体效率。此外，从银行产权性质的差异性来看，相较于国有商业银行，非国有商业银行从时变“银行－股东”网络中获得的效率提升效应更加显著。同时，当考虑到银行类型的异质性时，地方商业银行通过网络结构的改善，尤其在“桥梁”效应方面，展现了更加明显的效率提升。这些发现突显了商业银行在社会关系网络中的核心地位对于提升其运营效率的重要性，同时也指出了银行效率提升的作用因交叉持股水平、银行的产权特征及类型而异。

此外，在董事会治理维度，研究发现“银行－股东”网络与董事会治理水平之间存在显著的正相关关系，表明银行在网络中的中心度越高，其董事会治理水平越高。不同网络中心度指标在衡量银行的网络位置时具有不同的侧重点，从而对董事会的不同治理维度产生差异化影响。此外，通过对网络规模差异的调整、网络构建方法的变更以及内生性问题的考量等多种稳健性检验，研究结论显示出一致性。值得注意的是，“银行－股东”网络对董事会治理的影响在不同类型和产权性质的银行中表现出明显的异质性，且表现出“补短”效应，说明网络在不同环境下的作用各异。最后，银行在“银行－股东”网络中的位置提升，通过增强信息共享、声誉激励和有效联结等渠道，有助于提高董事会治理水平。

最后，商业银行高质量发展过程中也面临着数字化转型的挑战。银行数字化转型在风险管理方面表现出双重效应。具体来说，它在表内风险管理中起到了显著的抑制作用，减少了政府担保竞争扭曲，有效控制了银行的表内风险。相反，在表外风险管理方面，银行数字化显著促进了风险承担，尤其是对于那些理财产品平均委托期限较长的银行，这表现为表外价格竞争效应。在流动性创造方面，银行数字化转型整体上促进了流动性的生成，尤其是对表内流动性的创造。此外，研究发现数字化转型通过"盈利"和"风险"两个渠道促进流动性的创造。特别是在非系统重要性银行、受到强金融监管环境下的银行，以及金融去中介化程度较高地区的银行中，数字化转型的促进作用更为显著。在积极的宏观审慎政策情绪影响下，数字化转型对流动性创造的激励作用更加强烈。

第二节　政策建议

本书研究为推动银行高质量发展提供了非正式制度的新视角，研究结论可以引申出以下政策建议。

首先，政府等相关部门在对银行风险进行监管时，除了加大对表内不良贷款的约束，还需要创新举措来进一步监管银行的表外风险资产，将表内外风险资产把控在一个合适的范围。此外，考虑到网络中心度的提升对于风险加权资产比重有正向的促进作用，故也应当重点关注与其他银行具有复杂持股关系的银行，防止这些处于网络中心位置的商业银行利用其网络优势过度追求高风险高收益的资产配置方式。

其次，商业银行可通过加强与其他银行的交流和资源共享来获得多元化的信息，分享信用信息和市场数据，增强风险管理能力。监管机构可以通过建立更为开放和透明的信息共享平台，促进银行间的信息交流，特别是对资源相对匮乏的中小银行提供更多的支持。与此同时，加强对影子银行业务的监管，特别是对表外理财产品的管理，以防止银行过度投资于高风险资产。政府应限制不规范的金融创新行为，提高表外风险资产的监管标准，从而降低潜在的金融风险。

此外，商业银行应根据自身特点，制定差异化的发展战略，充分利用其在银行网络中的位置优势。同时，政府和金融监管部门应促进银行间的信息共享和资源整合,引导合理的银行网络布局,支持银行效率的提升。政府的政策制定应充分考虑银行类型和产权结构的异质性,为不同类型的银行提供适当的支持和引导,尤其是非国有和地方性商业银行,以利用好"银行－股东"网络的优势。

最后,为了最大化"银行－股东"网络在银行治理中的积极作用,共同股东应积极发挥其在该网络中的信息优势,并努力提升自身对信息真伪的辨识能力。这样做不仅可以强化网络带来的优势,还可以减少网络中固有缺陷对银行发展的潜在负面影响。此外,银行在处理董事会治理的不同问题时,应根据具体情况采取针对性措施,避免因过度依赖网络效应而导致治理效率下降。例如,在提高董事会工作的勤勉性方面,银行应更注重其在"银行－股东"网络中的整体位置和网络中心性,而不是单纯增加与其他银行的直接联系数。通过这种方式,银行可以更有效地利用其在网络中的位置优势,同时确保内部治理的有效性和效率。

参考文献

Acharya S，Benhabib J，Huo Z，2021. The anatomy of sentiment-driven fluctuations［J］. Journal of Economic Theory（195）：105280.

Acosta M，Meade E，2015. Hanging on every word：Semantic analysis of the FOMC's postmeeting statement［R］. Board of Governors of the Federal Reserve System（US）.

Adhikari B K，Agrawal A，2016. Does local religiosity matter for bank risk-taking?［J］. Journal of corporate finance（Amsterdam，Netherlands）（38）：272-293.

Ahn J-H，Breton R，2014. Securitization，competition and monitoring［J］. Journal of banking & finance，40（1）：195-210.

Aiello F，Bonanno G，2016. Bank efficiency and local market conditions. Evidence from Italy［J］. Journal of Economics and Business，83（3）：70-90.

Allen F，Babus A，2009. The network challenge：strategy，profit，and risk in an interlinked world［J］. Networks in finance，367.

Allen F，Gale D，2000. Financial contagion［J］. Journal of political economy，108（1）：1-33.

Allen F，Gale D，2004. Financial intermediaries and markets［J］. Econometrica，

72（4）：1023-1061.

Amin A，Chourou L，Kamal S，et al，2020. It's Who You Know that Counts：Board Connectedness and CSR Performance［J］. Journal of Corporate Finance（64）：101662.

Anand K，Gai P，Kapadia S S，et al，2013. A network model of financial system resilience［J］. Journal of Economic Behavior & Organization（85）：219-235.

Angelini P，Maresca G，Russo D，1996. Systemic risk in the netting system［J］. Journal of Banking & Finance，20（5）：853-868.

Avkiran N K，2009. Opening the black box of efficiency analysis：An illustration with UAE banks［J］. Omega，37（4）：930-941.

Arellano M，Bover O，1995. Another Look at the Instrumental Variable Estimation of Error-Components Models［J］. Journal of Econometrics，68（1）：29-51.

Angeletos G M，La'o J，2013. Sentiments［J］. Econometrica，81（2）：739-779.

Bajo E，Croci E，Marinelli N，2020. Institutional Investor Networks and Firm Value［J］. Journal of Business Research（112）：65-80.

Banna H，Alam M R，2021. Is digital financial inclusion good for bank stability and sustainable economic development? Evidence from emerging Asia［R］. ADBI Working Paper Series.

Barabási A L，Albert R，1999. Emergence of scaling in random networks［J］. science，286（5439）：509-512.

Baron R M，Kenny D A，1986. The Moderator-Mediator Variable Distinction in Social Psychological Research：Conceptual，Strategic，and Statistical Considerations［J］. Journal of Personality and Social Psychology（51）：1173-1182.

Barth J，Lin C，Ma Y，et al，2013. Do bank regulation，supervision and monitoring enhance or impede bank efficiency [J] . Journal of Banking & Finance, 37（8）：2879-2892.

Beaudry P, Portier F, 2014. News-driven business cycles: Insights and challenges [J] . Journal of Economic Literature, 52（4）：993-1074.

Berger A N, Bouwman C H, 2017. Bank liquidity creation, monetary policy, and financial crises [J] . Journal of Financial Stability（30）：139-155.

Berger A N, Bouwman C H, 2009. Bank liquidity creation [J] . The review of financial studies, 22（9）：3779-3837.

Bech M L, Atalay E, 2010. The topology of the federal funds market [J] . Physica A: Statistical Mechanics and its Applications, 389（22）：5223-5246.

Becher C, Millard S, Souma K, 2008. The network topology of CHAPS Sterling [C] . London: Bank of England.

Beck T, Demirgüç-Kunt A, Levine R, 2006. Bank concentration, competition, and crises: First results [J] . Journal of Banking & Finance, 30（5）：1581-1603.

Belasri S, Gomes M, Pijourlet G, 2020. Corporate social responsibility and bank efficiency [J] . Journal of Multinational Financial Management（54）：100612.

Berg P, Pihlajamaa J, Poskela J, 2006. Benchmarking of quality and maturity of innovation activities in a networked environment [J] . International Journal of Technology Management, 33（2/3）：255-275.

Berg T, Burg V, Gombović A, et al, 2020. On the rise of fintechs: Credit scoring using digital footprints[J]. The Review of Financial Studies, 33（7）：2845-2897.

Beck T, De Jonghe O, Schepens G, 2013. Bank competition and stability: Cross-country heterogeneity [J] . Journal of financial intermediation, 22（2）：218-244.

Beck T, Pamuk H, Ramrattan R, et al, 2018. Payment instruments, finance and development [J]. Journal of Development Economics (133): 162–186.

Blundell R, Bond S, 1998. Initial conditions and moment restrictions in dynamic panel data models [J]. Journal of econometrics, 87 (1): 115–143.

Boyd J H, De Nicolo G, 2005. The theory of bank risk taking and competition revisited [J]. The Journal of Finance, 60 (3): 1329–1343.

Borio C, 2003. Towards a macroprudential framework for financial supervision and regulation? [J]. CESifo Economic Studies, 49 (2): 181–215.

Boss M, Elsinger H, Summer M, et al, 2004. Network topology of the interbank market [J]. Quantitative finance, 4 (6): 677–684.

Buchak G, Matvos G, Piskorski T, et al, 2018. Fintech, regulatory arbitrage, and the rise of shadow banks [J]. Journal of financial economics, 130 (3): 453–483.

Casella A, Rauch J E, 2002. Anonymous Market and Group Ties in International Trade [J]. Journal of International Economics, 58 (1): 19–47.

Caccioli F, Farmer J D, Foti N, et al, 2013. How interbank lending amplifies overlapping portfolio contagion: a case study of the Austrian banking network [J]. arXiv preprint arXiv: 1306. 3704.

Cai J, Eidam F, Saunders A, et al, 2018. Syndication, interconnectedness, and systemic risk [J]. Journal of Financial Stability (34): 105–120.

Cai J, Pagano M S, Sedunov J, 2023. The role of investor sentiment in bank liquidity creation [J]. Finance Research Letters (58): 104663.

Gabrieli S, 2011. The microstructure of the money market before and after the financial crisis: a network perspective [J]. CEIS Tor Vergata Research Paper Series, 9 (1): 181.

Cappa F, Oriani R, Peruffo E, et al, 2021. Big data for creating and capturing value in the digitalized environment: unpacking the effects of volume, variety, and veracity on firm performance [J]. Journal of Product Innovation Management, 38 (1): 49–67.

Chatterjee U K, 2015. Bank liquidity creation and asset market liquidity [J]. Journal of Financial Stability (18): 139–153.

Chatterjee U K, 2018. Bank liquidity creation and recessions [J]. Journal of Banking & Finance (90): 64–75.

Chen Z, Li H, Wang T, et al, 2023. How digital transformation affects bank risk: evidence from listed chinese banks[J]. Finance Research Letters(58): 104319.

Chen M, Wu J, Jeon B N, et al, 2017. Monetary policy and bank risk-taking: Evidence from emerging economies [J]. Emerging markets review (31): 116–140.

Claessens M S, Ratnovski M L, Singh M M, 2012. Shadow banking: Economics and policy [M]. International Monetary Fund.

Coleman J, 1988, Foundations of Social Theory [M]. MA: Harvard University Press.

Dahl M S, Pedersen C Ø R, 2005. Social Networks in the R&D Process: The Case of the Wireless Communication Industry around Aalborg, Denmark[J]. Journal of Engineering and Technology Management (22): 75–92.

Dang V D, 2021. How do bank characteristics affect the bank liquidity creation channel of monetary policy? [J]. Finance Research Letters (43): 101984.

Dell'Ariccia G, Laeven L, Suarez G A, 2017. Bank leverage and monetary policy's risk - taking channel: evidence from the United States [J]. the Journal of Finance, 72 (2): 613–654.

Dell'Ariccia G, Marquez R, 2010. Risk and the corporate structure of banks[J].

The Journal of Finance, 65（3）：1075–1096.

Delis M D, Kouretas G P, 2011. Interest rates and bank risk–taking［J］. Journal of banking & finance, 35（4）：840–855.

Demsetz H, 1983. The Structure of Ownership and the Theory of the Firm［J］. Journal of Law and Economics（26）：375–390.

DemirgüçKunt A, Detragiache E, 2002. Does deposit insurance increase banking system stability? An empirical investigation［J］. Journal of monetary economics, 49（7）：1373–1406.

Deng K, Ge W, He J, 2021. Inside debt and shadow banking［J］. Journal of Corporate Finance（69）：102038.

Ding Q, He W, 2023. Digital transformation, monetary policy and risk–taking of banks［J］. Finance Research Letters（55）：103986.

Diamond D W, Dybvig P H, 1983. Bank runs, deposit insurance, and liquidity［J］. Journal of political economy, 91（3）：401–419.

Engelberg J, Gao P, Parsons C A, 2013. The Price of a CEO's Rolodex［J］. The Review of financial studies, 26（1）：79–114.

Edson Santos E B, Cont R, 2010. The Brazilian interbank network structure and systemic risk［R］. Working Papers Series 219, Central Bank of Brazil, Research Department.

Faleye O, Kovacs T, Venkateswaran A, 2014. Do Better–Connected CEOs Innovate More?［J］. Journal of financial and quantitative analysis, 49（5–6）：1201–1225.

Ferrante F, 2019. Risky lending, bank leverage and unconventional monetary policy［J］. Journal of monetary economics（101）：100–127.

Ferri G, 2009. Are New Tigers Supplanting Old Mammoths in China's Banking System? Evidence from a Sample of City Commercial Banks［J］. Journal of Banking & Finance（33）：131–140.

Ferris S P, Javakhadze D, Rajkovic T, 2017. CEO social capital, risk–taking and corporate policies [J] . Journal of corporate finance (Amsterdam, Netherlands) (47) : 46-71.

Foos D, Norden L, Weber M, 2010. Loan growth and riskiness of banks [J] . Journal of banking & finance, 34 (12) : 2929-2940.

Fama E, Jensen M C, 1983. Separation of Ownership and Control [J] . Journal of Law and Economics (26) : 301-325.

Flath D, 1996. The Keiretsu Puzzle [J] . Journal of the Japanese and International Economies, 10 (2) : 101-121.

Fracassi C, Tate G, 2012. External Networking and Internal Firm Governance[J]. Journal of Finance, 67 (1) : 153-194.

Fracassi C, 2016. Corporate Finance Policies and Social Networks [J] . Management Science (63) : 2420-2438.

Freeman L C, 1978. Centrality in social networks conceptual clarification [J] . Social networks, 1 (3) : 215-239.

Freeman L C, 1979. Centrality in Social Networks Conceptual Clarification [J] . Social Networks, 1 (3) : 215-239.

Fidrmuc J, Fungáčová Z, Weill L, 2015. Does bank liquidity creation contribute to economic growth? Evidence from russia [J] . Open Economies Review, 26 (3) : 479-496.

Fungáčová Z, Pessarossi P, Weill L, 2013. Is bank competition detrimental to efficiency? Evidence from China [J] . China Economic Review (27) : 121-134.

Frost J, Gambacorta L, Huang Y, et al, 2019. BigTech and the changing structure of financial intermediation [J] . Economic Policy, 34 (100) : 761-799.

Geng H, Cheng M M, Zhang J, 2021. Effects of wealth management products on bank risk in China: The role of audit committee effectiveness(China)[J]. Pacific economic review (Oxford, England) , 26 (5) : 575-616.

Gennaioli N, La Porta R, Lopez-de-Silanes F, et al, 2013. Human capital and regional development[J]. The Quarterly journal of economics, 128(1): 105-164.

Gentzkow M, Kelly B, Taddy M, 2019. Text as data [J]. Journal of Economic Literature, 57 (3): 535-574.

Gennaioli N, La Porta R, Lopez-de-Silanes F, et al, 2013. Human capital and regional development[J]. The Quarterly journal of economics, 128(1): 105-164.

Gomber P, Koch J -A, M. Siering, 2017. Digital Finance and FinTech: current research and future research directions [J]. Journal of Business Economics, 87, 537-580.

Gorton G, Metrick A, Shleifer A, et al, 2010. Regulating the shadow banking system [with comments and discussion] [J]. Brookings papers on economic activity, 261-312.

Gray D F, Jobst A A, 2011. Systemic Contingent Claims Analysis-A Model Approach to Systemic Risk in Managing Risk in the Financial System [M]. London, Edward Elgar, 93-110.

Granovetter M, 1985. Economic Action and Social Structure: The Problem of Embeddedness [J]. The American journal of sociology, 91 (3): 481-510.

Granovetter M, 1973. The Strength of Weak Ties [J]. American Journal of Sociolog (78): 1360-1380.

Greenwood R, Landier A, Thesmar D, 2015. Vulnerable banks [J]. Journal of Financial Economics, 115 (3): 471-485.

Gropp R, Hakenes H, Schnabel I, 2011. Competition, risk-shifting, and public bail-out policies [J]. The Review of Financial Studies, 24 (6): 2084-2120.

Guo P, Zhang C, 2023. The impact of bank FinTech on liquidity creation:

Evidence from China [J] . Research in International Business and Finance
（64）：101858.

Gupta P, Tham T M, 2018. Fintech: the new DNA of financial services [M] .
Walter de Gruyter GmbH & Co KG.

Hachem K, Song Z M, 2015. The Rise of China's Shadow Banking System [M] .
Unpublished manuscript, Chicago Booth.

Hakenes H, Schnabel I, 2010. Banks without parachutes: Competitive effects
of government bail-out policies [J] . Journal of Financial Stability, 6（3）：
156-168.

Haldane A G, 2013. Rethinking the financial network [M] . Fragile
stabilität-stabile fragilität. Springer VS, Wiesbaden, 243-278.

Hau H, Huang Y, Shan H, et al, 2019. How FinTech enters China's credit
market [C] . AEA Papers and Proceedings.

Hao J, Peng M, He W, 2023. Digital finance development and bank liquidity
creation [J] . International Review of Financial Analysis（90）：102839.

Hansen S, Michael M M, Matthew T, 2019. The long-run information effect of
central bank communication [J] . Journal of Monetary Economics（108）：
185-202.

Hellmann T F, Murdock K C, Stiglitz J E, 2000. Liberalization, moral hazard
in banking, and prudential regulation: Are capital requirements enough?[J] .
American economic review, 90（1）：147-165.

Hess T, Matt C, Benlian A, et al, 2016. Options for formulating a digital
transformation strategy [J] . MIS Quarterly Executive, 15（2）：123-
139.

Holme P, Saramäki J, 2012. Temporal Networks [J] . Physics Reports, 519
（3）：97-125.

Hodula M, Ngo N A, 2022. Finance, growth and（macro）prudential
policy: european evidence [J] . Empirica, 49（2）：537-571.

Horváth R, Seidler J, Weill L, 2014. Bank capital and liquidity creation: granger-causality evidence [J]. Journal of Financial Services Research, 45 (3): 341-361.

Hoque H, Andriosopoulos D, Andriosopoulos K, et al, 2015. Bank regulation, risk and return: Evidence from the credit and sovereign debt crises [J]. Journal of banking & finance (50): 455-474.

Houston J F, Lin C, Lin P, et al, 2010. Creditor rights, information sharing, and bank risk taking [J]. Journal of financial economic, 96 (3): 485-512.

Horvath R, Seidler J, Weill L, 2016. How bank competition influences liquidity creation [J]. Economic Modelling (52): 155-161.

Hu B, Schclarek A, Xu J, et al, 2022. Long-term finance provision: National development banks vs commercial banks [J]. World Development (158): 105973.

Hsu J, Moroz M, 2009. Shadow banks and the financial crisis of 2007-2008 [M]. CRC Press.

Inaoka H, Ninomiya T, Taniguchi K, et al, 2004. Fractal Network derived from banking transaction—An analysis of network structures formed by financial institutions [J]. Bank of Japan Working Paper Series (4): 1-32.

Iori G, De Masi G, Precup O V, et al, 2008. A network analysis of the Italian overnight money market [J]. Journal of Economic Dynamics and Control, 32 (1): 259-278.

Javakhadze D, Ferris S P, French D W, 2016. Social capital, investments, and external financing [J]. Journal of Corporate Finance (37): 38-55.

Judd C M, Kenny D A, 1981. Process Analysis: Estimating Mediation in Treatment Evaluations [J]. Evaluation review, 5 (5): 602-619.

Kang J K, Luo J, Na H S, 2018. Are Institutional Investors with Multiple Blockholdings Effective Monitors [J]. Journal of Financial Economics,

2018, 128 (3): 576-602.

Kayani G M, Akhtar Y, Yiguo C, et al, 2021. The Role of Regulatory Capital and Ownership Structure in Bank Liquidity Creation: Evidence From Emerging Asian Economies [J]. Sage Open, 11 (2): 21582440211006051.

Keeley M C, 1990. Deposit insurance, risk, and market power in banking [J]. The American economic review, 80 (5): 1183-1200.

Kogut B, Zander U, 1992. Knowledge of the Firm, Combinative Capabilities, and the Replication of Technology [J]. Organization Science, 3 (3): 383-397.

Kilduff M, Tsai W, 2003. Social networks and organizations [M]. SAGE Publications Ltd.

Kane E J, 1981. Accelerating inflation, technological innovation, and the decreasing effectiveness of banking regulation [M]. The Journal of Finance, 36 (2): 355-367.

Kero A, 2013. Banks' risk taking, financial innovation and macroeconomic risk [J]. The Quarterly Review of Economics and Finance, 53 (2): 112-124.

Kinini D M, Ocharo K N, Kariuki P W O, 2023. Do income diversification and capital adequacy affect liquidity creation? A case study of commercial banks in kenya [J]. Cogent Business & Management, 10 (2): 2240082.

Laeven L, Levine R, 2009. Bank governance, regulation and risk taking [J]. Journal of financial economics, 93 (2): 259-275.

Lapavitsas C, Dos Santos P L, 2008. Globalization and contemporary banking: on the impact of new technology [J]. Contributions to Political Economy, 27 (1): 31-56.

Larcker D F, So E C, Wang C C Y, 2013. Boardroom Centrality and Firm Performance [J]. Journal of Accounting & Economics, 55 (2-3): 225-250.

Laeven L, 2013. Corporate governance: what's special about banks?［J］. Annual Review of Financial Economics, 5（1）: 63–92.

Lv S, Du Y, Liu Y, 2022. How do fintechs impact banks' profitability?—an empirical study based on banks in china［J］. Fintech, 1（2）: 155–163.

Lee H –H, Yang S A, Kim K, 2019. The role of fintech in mitigating information friction in supply chain finance［J］. Asian Development Bank Economics Working Paper Series（599）.

Li H, An H, Gao X, et al, 2014. On the topological properties of the cross–shareholding networks of listed companies in China: Taking shareholders'cross–shareholding relationships into account［J］. Physica A Statal Mechanics & Its Applications（406）: 80–88.

Li B, Li C, Wang L, 2019. Does the shareholding network affect bank's risk-taking behavior? An exploratory study on Chinese commercial banks［J］. Finance research letters（31）: 334–348.

Li B, Li C, Wu Z, 2018. Ownership Structure in Japanese Banking Industry: Evolution and Effects［J］. Finance Research Letters（25）: 154–159.

Li S, Liu Y, Wu C, 2020. Systemic risk in bank–firm multiplex networks［J］. Finance Research Letters（33）: 101232.

Li C, Zhang Q, 2020. Shareholders' Social Network, Environmental Uncertainty, and Companies' M&A Decisions: Evidence from Companies in Coastal Regions of China［J］. Journal of Coastal Research（106）: 285–289.

Li L, Song F M, 2013. Do Bank Regulations Affect Board Independence? A Cross–country Analysis［J］. Journal of Banking & Finance（37）: 2714–2732.

Lin N, 2002, Social Capital: A Theory of Social Structure and Action［M］. Cambridge University Press.

Lins K V, Servaes H, Tamayo A, 2017. Social Capita, Trust, and Firm Performance: The Value of Corporate Social Responsibility during the Financial Crisis [J]. The Journal of Finance (72): 1785–1824.

Lipton M, Lorsch J W, 1992. A Modest Proposal for Improved Corporate Governance [J]. The Business Lawyer (48): 59–77.

Liu Y, Ott M, Goyal N, et al, 2019. Roberta: A robustly optimized bert pretraining approach [M]. Information Systems Research.

Lu Y, Guo H, Kao E H, et al, 2015. Shadow banking and firm financing in China [J]. International Review of Economics & Finance (36): 40–53.

Luo R, Fang H, Liu J, et al, 2019. Maturity mismatch and incentives: Evidence from bank issued wealth management products in China [J]. Journal of banking & finance (107): 105615.

Luo Y, Tanna S, Vita G D, 2016. Financial openness, risk and bank efficiency: Cross–country evidence[J]. Journal of Financial Stability (24): 132–148.

Ma T, 2023. Digital Transformation, Monetary Policy and Risk–Taking of Banks [J].

Mailath G J, Samuelson L, 2006, Repeated Games and Reputations: Long–Run Relationships [M]. Oxford University Press.

Marcus A J, 1984. Deregulation and bank financial policy [J]. Journal of banking & finance, 8 (4): 557–565.

Mart í nez–Jaramillo S, P é rez O P, Embriz F A, et al, 2010. Systemic risk, financial contagion and financial fragility [J]. Journal of Economic Dynamics and Control, 34 (11): 2358–2374.

Matutes C, Vives X, 2000. Imperfect competition, risk taking, and regulation in banking [J]. European economic review, 44 (1): 1–34.

Maudos J, Guevara J F D, 2007. The cost of market power in banking: social welfare loss vs. inefficiency cost [J]. Journal of Banking and Finance,

31（7）：2103-2125.

Megginson W L，2005. The Economics of Bank Privatization［J］. Journal of Banking and Finance，29（8-9）：1931-1980.

Memmel C，Sachs A，2013. Contagion in the interbank market and its determinants［J］. Journal of Financial Stability，9（1）：46-54.

Milani F，2011. Expectation shocks and learning as drivers of the business cycle ［J］. The Economic Journal（London），121（552）：379-401.

Moreira A，Savov A，2017. The macroeconomics of shadow banking［J］. The Journal of Finance，72（6）：2381-2432.

Müller J，2006. Interbank credit lines as a channel of contagion［J］. Journal of Financial Services Research，29（1）：37-60.

Newman M E J，2003. The Structure and Function of Complex Networks［J］. IAM review，45（2）：167-256.

Nguyen T V H，Ahmed S，Chevapatrakul T，et al，2020. Do stress tests affect bank liquidity creation?［J］. Journal of Corporate Finance（64）：101622.

Ouyang L，Wu J，Jiang X，et al，2022. Training language models to follow instructions with human feedback［J］. Advances in Neural Information Processing Systems（35）：27730-27744.

Pathan S，2009. Strong boards，CEO power and bank risk-taking［J］. Journal of banking & finance，33（7）：1340-1350.

Paradi J C，Zhu H，2013. A survey on bank branch efficiency and performance research with data envelopment analysis［J］. Omega，41（1）：61-79.

Peng J L，Jeng V，Wang J L，et al，2017. The impact of bancassurance on efficiency and profitability of banks：Evidence from the banking industry in Taiwan［J］. Journal of Banking & Finance（80）：1-13.

Pennacchi G，2006. Deposit insurance，bank regulation，and financial system risks［J］. Journal of Monetary Economics，53（1）：1-30.

Plantin G, 2015. Shadow Banking and Bank Capital Regulation [J]. The Review of financial studies, 28 (1): 146-175.

Picault M, Pinter J, Renault T, 2022. Media sentiment on monetary policy: determinants and relevance for inflation expectations [J]. Journal of International Money and Finance (124): 102626.

Pierri M N, Timmer M Y, 2020. Tech in fin before fintech: Blessing or curse for financial stability? [M]. International Monetary Fund.

Pramanik H S, Kirtania M, Pani A K, 2019. Essence of digital transformation— Manifestations at large financial institutions from North America [J]. Future Generation Computer Systems (95): 323-343.

Repullo R, Suarez J, 2004. Loan pricing under Basel capital requirements [J]. Journal of Financial Intermediation, 13 (4): 496-521.

Rainie L, Wellman B, 2012, Networked: The New Social Operating System[M]. Cambridge, MA: MIT Press.

Rajan R G, Zingales L, 1998. Power in a Theory of the Firm [J]. NBER Working Papers, 113 (2): 387-432.

Ramos-Rodríguez A, 2010. What You Know or Who You Know? The Role of Intellectual and Social Capital in OpportunityRecognition [J]. International Small Business Journal, 28 (6): 566-582.

Ramcharra H, 2017. Bank Lending to Small Business in India Analyzing Productivity and Efficiency [J]. Quarterly Review of Economics and Finance (65): 16-24.

Riccaboni M, Wang X, Zhu Z, 2019. Firm Performance in Networks: The Interplay between Firm Centrality and Corporate Group Size [J]. Journal of Business Research (129): 641-653.

Romer C D, Romer D H, 2000. Federal Reserve information and the behavior of interest rates [J]. American economic review, 90 (3): 429-457.

Rumokoy L J, Neupane S, Chung R Y, et al, 2019. Underwriter network structure and political connections in the Chinese IPO market [J]. Pacific–Basin finance journal (54): 199–214.

Shi J, Yang J, Li Y, 2020. Does supply network location affect corporate investment efficiency? [J]. Research in international business and finance (51): 101107.

Silva T C, Guerra S M, Tabak B M, et al, 2016. Financial networks, bank efficiency and risk–taking [J]. Journal of financial stability (25): 247–257.

Shiller R J, 2017. Narrative economics [J]. American economic review, 107 (4): 967–1004.

Shu W, Strassmann P A, 2005. Does information technology provide banks with profit? [J]. Information & management, 42 (5): 781–787.

Stoica O, Mehdian S, Sargu A, 2015. The impact of internet banking on the performance of Romanian banks: DEA and PCA approach [J]. Procedia Economics and Finance (20): 610–622.

Stulz R M, 2019. Fintech, bigtech, and the future of banks [J]. Journal of Applied Corporate Finance, 31 (4): 86–97.

Sobel M E, 1982. Asymptotic Confidence Intervals for Indirect Effects in Structural Equation Models [J]. Sociological Methodology (13): 290–312.

Soramäki K, Bech M L, Arnold J, et al, 2007. The topology of interbank payment flows [J]. Physica A: Statistical Mechanics and its Applications, 379 (1): 317–333.

Souma W, Fujiwara Y, Aoyama H, 2003. Complex networks and economic [J]. Physica A: Statistical Mechanics and its Applications, 324 (1–2): 396–401.

Srivastav A, Hagendorff J, 2016. Corporate Governance and Bank Risk - taking [J]. Corporate Governance: An International Review (24):

334–345.

Sun L, Chang T P, 2011. A comprehensive analysis of the effects of risk measures on bank efficiency: Evidence from emerging Asian countries [J]. Journal of Banking & Finance, 35 (7): 1727–1735.

Tan Y, 2023. Internal control and bank liquidity creation: evidence from China [J]. Research in International Business and Finance (66): 102030.

Tone K, Tsutsui M, 2010. Dynamic DEA: A slacks—based measure approach [J]. Omega, 38 (3–4): 145–156.

Tsai L –C, Zhang R, Zhao C, 2019. Political connections, network centrality and firm innovation [J]. Finance research letters (28): 180–184.

Tran D V, 2020. Bank business models and liquidity creation [J]. Research in International Business and Finance (53): 101205.

Upper C, 2004. Worms A. Estimating bilateral exposures in the German interbank market: Is there a danger of contagion? [J]. European economic review, 48 (4): 827–849.

Upper C, 2011. Simulation methods to assess the danger of contagion in interbank markets [J]. Journal of Financial Stability, 7 (3): 111–125.

Watts D J, Strogatz S H, 1998. Collective dynamics of 'small–world' networks [J]. nature, 393 (6684): 440–442.

Wang R, Liu J, Luo H, 2021. Fintech development and bank risk taking in China [J]. The European Journal of Finance, 27 (4–5): 397–418.

Wang L, Shao Y H, Wang Y N, 2021. Network Structure and Bank Efficiency: A Study of Time–varying Bank–Shareholder Network [J]. Economic Research Journal (56): 60–76.

Wang Z, Zhao H, Li L, 2022. The positive side of bank wealth management products: Evidence from bank lending rate [J]. Journal of financial stability (58): 100950.

Wasserman S, Faust K, 1994, Social network analysis: Methods and applications

［M］．Cambridge University Press.

Wagner W, 2010. Loan market competition and bank risk-taking ［J］．Journal of Financial Services Research（37）：71-81.

Wei S, 2015. Wealth Management Products in the Context of China's Shadow Banking: Systemic Risks, Consumer Protection and Regulatory Instruments ［J］．Asia Pacific law review, 23（1）：91-123.

Wei L, Yumin S, Yanjiao J, 2008. Analysis of Multiple Objective Decision Methods Based on Entropy Weight ［J］．2008 IEEE Pacific-Asia Workshop on Computational Intelligence and Industrial Application（1）：953-956.

Weigelt K, Camere C, 1988. Reputation and Corporate Strategy: A Review of Recent Theory and Applications ［J］．Strategic Management Journal（9）：443-454.

Wiklund J, Shepherd D A, 2009. The Effectiveness of Alliances and Acquisitions: The Role of Resource Combination Activities ［J］．Entrepreneurship theory and practice, 33（1）：193-212.

Wilcox J A, Yasuda Y, 2018. Government Guarantees of Loans to Small Businesses: Effects on Banks' Risk-Taking and Non-Guaranteed Lending ［J］．Journal of Financial Intermediation（37）：45-57.

Yang A, Uysal N, Taylor M, 2018. Unleashing the Power of Networks: Shareholder Activism, Sustainable Development and Corporate Environmental Policy ［J］．Business Strategy and the Environment（27）：712-727.

Yang F, Masron T A, 2023. Impact of Digital Transformation on Bank Credit Risk: The Moderating Effect of Financial Inclusion ［J］．Available at SSRN, 4531690.

Yang L, van Wijnbergen S, Qi X, et al, 2019. Chinese shadow banking, financial regulation and effectiveness of monetary policy ［J］．Pacific-

Basin finance journal（57）：101169.

Yuan C, Chen H, Wu B, 2023. Policy sentiment and bank's lending behavior：evidence from china's photovoltaic industry［J］. Journal of Quantitative Economics（22）：103–126.

Zaheer A, Bel G G, 2005. Benefiting from Network Position：Firm Capabilities, Structural Holes, and Performance［J］. Strategic Management Journal（26）：809–825.

Zha Y, Liang N, Wu M, et al, 2016. Efficiency evaluation of banks in China：A dynamic two–stage slacks–based measure approach［J］. Omega（60）：60–72.

Zhang Y, Ye S, Liu J, et al, 2023. Impact of the development of FinTech by commercial banks on bank credit risk［J］. Finance Research Letters（55）：103857.

Zhang J, Deng X, 2020. Interest rate liberalization and bank liquidity creation：evidence from china［J］. China Finance Review International, 10（4）：377–391.

Zhang X, Zhao T, Wang L, et al, 2022. Does fintech benefit financial disintermediation? Evidence based on provinces in china from 2013 to 2018［J］. Journal of Asian Economics（82）：101516.

Zhu Y, Jin S, 2023. How does the digital transformation of banks improve efficiency and environmental, social, and governance performance?［J］. Systems, 11（7）：328.

Zuo L, Strauss J, Zuo L, 2021. The digitalization transformation of commercial banks and its impact on sustainable efficiency improvements through investment in science and technology［J］. Sustainability, 13（19）：11028.

巴曙松，左伟，朱元倩，2013. 金融网络及传染对金融稳定的影响［J］. 财经问题研究（2）：3–11.

蔡宁，何星，2015. 社会网络能够促进风险投资的"增值"作用吗？——基于风险投资网络与上市公司投资效率的研究［J］. 金融研究（12）：178-193.

程建平，2012. 基于网络化数据挖掘技术的银行间资金流网络研究［M］. 西南财经大学.

陈诗一，汪莉，杨立，2018. 影子银行活动对银行效率的影响——来自中国商业银行的证据［J］. 武汉大学学报（哲学社会科学版）（2）：103-118.

陈剑，黄朔，刘运辉，2020. 从赋能到使能——数字化环境下的企业运营管理［J］. 管理世界（2）：117-128，222.

陈收，蒲石，方颖，等，2021. 数字经济的新规律［J］. 管理科学学报（8）：36-47.

陈运森，谢德仁，2011. 网络位置，独立董事治理与投资效率［J］. 管理世界（7）：113-127.

代军勋，陶春喜，2016. 资本和流动性双重约束下的商业银行风险承担［J］. 统计研究（12）：37-43.

单宇，许晖，周连喜，等，2021. 数智赋能：危机情境下组织韧性如何形成？——基于林清轩转危为机的探索性案例研究［J］. 管理世界（3）：84-104.

邓伟，姜娜，宋敏，2022. 借贷便利创新工具改善了商业银行流动性创造吗？［J］. 国际金融研究（7）：58-67.

邓超，周峰，唐莹，2015. 过度贷款对中国商业银行流动性创造的影响研究［J］. 金融经济学研究（6）：39-48.

邓向荣，张嘉明，2018. 货币政策、银行风险承担与银行流动性创造［J］. 世界经济（4）：28-52.

董丰，周基航，贾彦东，2023. 银行资产负债表、金融系统性风险与双支柱调控框架［J］. 经济研究（8）：62-82.

董艳，谭苏航，董梦瑶，吴善辉，2023. 数字信贷对传统商业银行的影响［J］.

数量经济技术经济研究（2）：69-89.

杜尔玎，吉猛，袁蓓，2021. 我国中小银行以数字化转型促进高质量发展研究［J］. 西北大学学报（哲学社会科学版）（1）：109-116.

范小云，方意，王道平，2013. 我国银行系统性风险的动态特征及系统重要性银行甄别——基于 CCA 与 DAG 相结合的分析［J］. 金融研究（11）：82-95.

方意，2015. 货币政策与房地产价格冲击下的银行风险承担分析［J］. 世界经济（7）：73-98.

封思贤，郭仁静，2019. 数字金融、银行竞争与银行效率［J］. 改革（11）：75-89.

冯超，王银，2015. 我国商业银行系统性风险处置研究——基于银行间市场网络模型［J］. 金融研究（1）：166-176.

傅代国，夏常源，2014. 网络位置、独立董事治理与盈余质量［J］. 审计与经济研究（2）：67-75，84.

郜栋玺，项后军，2020. 多重市场竞争与银行风险承担——基于利率市场化及不同监管维度的视角［J］. 财贸经济（7）：83-98.

高文虎，2016. 发达国家央行与市场的沟通［J］. 中国金融（14）：84-85.

高智贤，李成，刘生福，2015. 货币政策与审慎监管的配合机制研究［J］. 当代经济科学（1）：56-66.

高蓓，陈晓东，李成，2020. 银行产权异质性、影子银行与货币政策有效性［J］. 经济研究（4）：53-69.

高闯，关鑫，2008. 社会资本、网络连带与上市公司终极股东控制权——基于社会资本理论的分析框架［J］. 中国工业经济（9）：88-97.

高凤莲，王志强，2016. 独立董事个人社会资本异质性的治理效应研究［J］. 中国工业经济（3）：146-160.

葛鹏飞，黄秀路，2019. 中国银行业系统性风险的演变：降价抛售传染视角［J］. 财贸经济（2）：66-83.

宫晓琳，2012. 宏观金融风险联动综合传染机制［J］. 金融研究（5）：
　　56-69.

郭晔，黄振，姚若琪，2020. 战略投资者选择与银行效率——来自城商行
　　的经验证据［J］. 经济研究（1）：181-197.

顾海峰，杨立翔，2018. 互联网金融与银行风险承担：基于中国银行业的
　　证据［J］. 世界经济（10）：75-100.

顾海峰，于家珺，2019. 中国经济政策不确定性与银行风险承担［J］. 世
　　界经济（11）：148-171.

顾海峰，谢疏影，2021. 互联网金融影响了商业银行流动性创造吗？［J］.
　　财经理论与实践（6）：10-18.

郭丽虹，朱柯达，2021. 金融科技、银行风险与经营业绩——基于普惠金
　　融的视角［J］. 国际金融研究（7）：56-65.

郭品，沈悦，2015. 互联网金融加重了商业银行的风险承担吗？——来自
　　中国银行业的经验证据［J］. 南开经济研究（4）：80-97.

郭品，沈悦，2019. 互联网金融、存款竞争与银行风险承担［J］. 金融研
　　究（8）：58-76.

郭峰，王靖一，王芳，等，2020. 测度中国数字普惠金融发展：指数编制
　　与空间特征［J］. 经济学（季刊）（4）：1401-418.

郭峰，熊云军，2021. 中国数字普惠金融的测度及其影响研究：一个文献
　　综述［J］. 金融评论（6）：12-23.

郭峰，刘柳明，许国平，2015. 商业银行信息系统关系视图的构建及应
　　用［J］. 金融科技时代（3）：94-97.

郭晔，赵静，2017. 存款竞争、影子银行与银行系统风险——基于中国上
　　市银行微观数据的实证研究［J］. 金融研究（6）：81-94.

韩扬，何建敏，2018. 资管新规窥探：银行表内外流动性创造与实体经济
　　增长［J］. 财经科学（6）：25-38.

韩扬，何建敏，2018. 流动性创造对实体经济增长的影响及其调整空间分
　　析——来自中国商业银行的经验证据［J］. 财经论丛（11）：40-50.

何运信，洪佳欢，王聪聪，等，2021. 互联网金融如何影响银行流动性创造——银行风险承担中介效应的实证检验［J］. 国际金融研究（12）：64-73.

何小钢，罗欣，况雅琴，2023. 数字化转型与商业银行风险承担［J］. 企业经济（6）：121-132.

贺水金，胡灵，2022. 数字金融与银行流动性创造的 U 型关系——基于中国 173 家商业银行的分析［J］. 财经论丛（8）：37-48.

黄琨，杨千帆，陈芃，2022. 商业银行盈利模式与流动性创造——基于"表内外"双视角的实证研究［J］. 金融监管研究（2）：1-15.

何德旭，张庆君，陈思，等，2023. 资产数字化、银行风险与"双支柱"调控［J］. 经济研究（1）：38-55.

胡志浩，李晓花，2017. 复杂金融网络中的风险传染与救助策略——基于中国金融无标度网络上的 SIRS 模型［J］. 财贸经济（4）：101-114.

胡诗阳，祝继高，陆正飞，2019. 商业银行吸收存款能力、发行理财及其经济后果研究［J］. 金融研究（6）：94-112.

黄聪，贾彦东，2010. 金融网络视角下的宏观审慎管理——基于银行间支付结算数据的实证分析［J］. 金融研究（4）：1-14.

黄晓薇，郭敏，李莹华，2016. 利率市场化进程中银行业竞争与风险的动态相关性研究［J］. 数量经济技术经济研究（1）：75-91.

黄益平，邱晗，2021. 大科技信贷：一个新的信用风险管理框架［J］. 管理世界（2）：2，12-21，50.

黄益平，2017. 为何数字金融在中国成了气候［J］. IMI 研究动态，上半年合辑.

洪正，申宇，吴玮，2014. 高管薪酬激励会导致银行过度冒险吗？——来自中国房地产信贷市场的证据［J］. 经济学（季刊）（4）：1585-1614.

洪正，张硕楠，张琳，2017. 经济结构、财政禀赋与地方政府控股城商行模式选择［J］. 金融研究（10）：83-98.

黄灿，李善民，2019．股东关系网络、信息优势与企业绩效［J］．南开管理评论（2）：75-88，127．

纪志宏，周黎安，王鹏，等，2014．地方官员晋升激励与银行信贷——来自中国城市商业银行的经验证据［J］．金融研究（1）：1-15．

贾盾，韩昊哲，2023．金融科技与商业银行竞争性负债［J］．世界经济（2）：183-208．

江曙霞，陈玉婵，2012．货币政策、银行资本与风险承担［J］．金融研究（4）：1-16．

江艇，2022．因果推断经验研究中的中介效应与调节效应［J］．中国工业经济（5）：100-120．

姜富伟，胡逸驰，黄楠，2021．央行货币政策报告文本信息、宏观经济与股票市场［J］．金融研究（6）：95-113．

贾彦东，2011．金融机构的系统重要性分析——金融网络中的系统风险衡量与成本分担［J］．金融研究（10）：17-33．

蒋海，张锦意，2018．商业银行尾部风险网络关联性与系统性风险——基于中国上市银行的实证检验［J］．财贸经济（8）：50-65．

蒋海，唐绅峰，吴文洋，2023．数字化转型对商业银行风险承担的影响研究——理论逻辑与经验证据［J］．国际金融研究（1）：62-73．

孔爱国，卢嘉圆，2010．市场约束、商业银行治理与风险的实证研究［J］．金融研究（5）：102-115．

江轩宇，2016．政府放权与国有企业创新——基于地方国企金字塔结构视角的研究［J］．管理世界（9）：120-135．

雷光勇，王文，2014．政府治理、风险承担与商业银行经营业绩［J］．金融研究（1）：110-123．

黎文靖，孔东民，刘莎莎，等，2012．中小股东仅能"搭便车"么？——来自深交所社会公众股东网络投票的经验证据［J］．金融研究（3）：152-165．

李淑萍，徐英杰，2020．互联网金融、系统重要性与商业银行风险承担［J］．

宏观经济研究（12）：38–46.

李硕，侯晓辉，2020. 流动性风险、信用风险与商业银行流动性创造［J］. 经济经纬（4）：168–176.

李培馨，陈运森，王宝链，2013. 社会网络及其在金融研究中的应用：最新研究述评［J］. 南方经济（9）：62–74.

李兴华，秦建群，孙亮，2014. 经营环境、治理结构与商业银行全要素生产率的动态变化［J］. 中国工业经济（1）：57–68.

李学峰，杨盼盼，2021. 银行金融科技与流动性创造效率的关系研究［J］. 国际金融研究（6）：66–75.

李政，梁琪，涂晓枫，2016. 我国上市金融机构关联性研究——基于网络分析法［J］. 金融研究（8）：95–110.

李苍舒，沈艳，2019. 数字经济时代下新金融业态风险的识别、测度及防控［J］. 管理世界（12）：53–69.

李春涛，闫续文，宋敏，等，2020. 金融科技与企业创新——新三板上市公司的证据［J］. 中国工业经济（1）：87–98.

李春涛，张计宝，张璇，2020. 年报可读性与企业创新［J］. 经济管理（10）：156–173.

李明洋，张乃丽，2022. 企业数字化转型促进还是抑制了"走出去"：来自中国 A 股上市企业的证据［J］. 世界经济研究（10）：118–134，137.

李双建，田国强，2020. 银行竞争与货币政策银行风险承担渠道：理论与实证［J］. 管理世界（4）：149–168.

李燕平，韩立岩，2008. 特许权价值、隐性保险与风险承担——中国银行业的经验分析［J］. 金融研究（1）：76–87.

李真，李茂林，朱林染，2023. 银行金融科技与企业金融化：基于避险与逐利动机［J］. 世界经济（4）：140–169.

李志辉，陈海龙，张旭东，2022. 金融科技对商业银行盈利能力的影响［J］. 中南财经政法大学学报（5）：56–68.

梁方，赵璞，黄卓，2022. 金融科技、宏观经济不确定性与商业银行主动风险承担［J］. 经济学（季刊）（6）：1869-1890.

李善民，黄灿，史欣向，2015. 信息优势对企业并购的影响——基于社会网络的视角［J］. 中国工业经济（11）：141-155.

连燕玲，刘依琳，高皓，2020. 代理CEO继任与媒体报道倾向——基于中国上市公司的经验分析［J］. 中国工业经济（8）：175-192.

刘春航，朱元倩，2011. 银行业系统性风险度量框架的研究［J］. 金融研究（12）：85-99.

刘吕科，张定胜，邹恒甫，2012. 金融系统性风险衡量研究最新进展述评［J］. 金融研究（11）：31-43.

刘莉亚，黄叶苨，周边，2019. 监管套利、信息透明度与银行的影子——基于中国商业银行理财产品业务的角度［J］. 经济学（季刊）（3）：1035-1060.

刘莉亚，李明辉，孙莎，等，2014. 中国银行业净息差与非利息收入的关系研究［J］. 经济研究（7）：110-124.

刘孟飞，张晓岚，2013. 风险约束下的商业银行效率及其影响因素研究［J］. 金融研究（7）：113-125.

刘善仕，孙博，葛淳棉，等，2017. 人力资本社会网络与企业创新——基于在线简历数据的实证研究［J］. 管理世界（7）：88-98，119.

刘莉君，张静静，曾一恬，2022. 数字经济推动共建"一带一路"高质量发展的效应研究［J］. 中南大学学报（社会科学版）（5）：122-135.

刘孟飞，王琦，2021. 互联网金融降低了商业银行盈利能力吗？——基于收入来源与结构的视角［J］. 北京理工大学学报（社会科学版）（6）：96-109.

刘孟飞，蒋维，王琦，2021. 金融科技、技术进步与银行业全要素生产率增长［J］. 华南理工大学学报（社会科学版）（3）：32-44.

刘妍，曾刚，宫长亮，2020. 宏观审慎监管下银行资本充足率对流动性创造的影响［J］．投资研究（2）：4-24．

刘忠璐，2016．互联网金融对商业银行风险承担的影响研究［J］．财贸经济（4）：71-85，115．

刘琛，宋蔚兰，2004．基于SFA的中国商业银行效率研究［J］．金融研究（6）：138-142．

鲁丹，肖华荣，2008．银行市场竞争结构、信息生产和中小企业融资［J］．金融研究（5）：107-113．

路妍，闫振坤，2022．宏观审慎监管与银行流动性风险的关系研究［J］．经济问题（9）：60-66．

吕思聪，2018．外部监管和货币政策对中国商业银行流动性创造能力的影响研究［J］．国际金融研究（5）：55-65．

罗荣华，和泽慧，刘劲劲，等，2020．银行理财产品收益率市场化演进机制研究——基于修正Hotelling模型的理论分析与实证检验［J］．金融研究（11）：133-150．

马勇，姚驰，2021．双支柱下的货币政策与宏观审慎政策效应——基于银行风险承担的视角［J］．管理世界（6）：51-69．

马君潞，范小云，曹元涛，2007．中国银行间市场双边传染的风险估测及其系统性特征分析［J］．经济研究（1）：68-78，142．

马光荣，杨恩艳，2011．社会网络、非正规金融与创业［J］．经济研究（3）：83-94．

马连福，杜博，2019．股东网络对控股股东私利行为的影响研究［J］．管理学报（5）：665-675，764．

孟世超，王擎，2023．政府隐性担保的测度问题：一个文献述评［J］．世界经济（2）：209-240．

慕继丰，张炜，陈方丽，2002．企业知识的性质与企业核心竞争力［J］．经济管理（20）：16-21．

欧阳资生，莫廷程，2017．基于广义CoVaR模型的系统重要性银行的风险溢出效应研究［J］．统计研究（9）：36-43．

潘敏，李义鹏，2008．商业银行董事会治理：特征与绩效——基于美国银行业的实证研究［J］．金融研究（7）：133-144．

潘越，汤旭东，宁博，等，2020．连锁股东与企业投资效率：治理协同还是竞争合谋［J］．中国工业经济（2）：136-164．

彭聪，申宇，张宗益，2020．高管校友圈降低了市场分割程度吗？——基于异地并购的视角［J］．管理世界（5）：134-144，160．

钱海章，陶云清，曹松威，等，2020．中国数字金融发展与经济增长的理论与实证［J］．数量经济技术经济研究（6）：26-46．

邱晗，黄益平，纪洋，2018．金融科技对传统银行行为的影响——基于互联网理财的视角［J］．金融研究（11）：17-29．

冉明东，2011．论企业交叉持股的"双刃剑效应"——基于公司治理框架的案例研究［J］．会计研究（5）：78-85+96．

申创，赵胜民，2017．市场竞争度、非利息业务对商业银行效率的影响研究［J］．数量经济技术经济研究（9）：145-161．

申宇，赵玲，吴风云，2017．创新的母校印记：基于校友圈与专利申请的证据［J］．中国工业经济（8）：156-173．

申宇，赵静梅，何欣，2016．校友关系网络、基金投资业绩与"小圈子"效应［J］．经济学（季刊）（1）：403-428．

石大龙，2015．复杂网络视角下金融危机传染引致的系统性风险问题研究［D］．大连：东北财经大学．

史永东，王翼，2017．职务犯罪是否加剧了银行风险？——来自中国城商行和农商行的经验证据［J］．金融研究（9）：99-114．

宋科，李振，杨家文，2023．金融科技与银行行为——基于流动性创造视角［J］．金融研究（2）：60-77．

宋科，徐蕾，李振，等，2022．ESG投资能够促进银行创造流动性吗？——兼论经济政策不确定性的调节效应［J］．金融研究（2）：61-79．

苏冬蔚，陈纯纯，许振国，等，2017．商业银行社会网络与微型金融可持续发展［J］．经济研究（2）：140-155．

隋建利，刘碧莹，2023．央行沟通的叙事传导：情绪与主题的信息效应［J］．
　　财贸经济（2）：55–72．

隋聪，迟国泰，王宗尧，2014．络结构与银行系统性风险［J］．管理科学
　　学报（4）：57–70．

孙雨忱，2021．信息不对称下银行对中小微企业的最优信贷策略研究——
　　基于 Logistic 回归的违约率测算模型［J］．金融发展研究（6）：
　　78–84．

孙艳霞，鲍勤，汪寿阳，2015．房地产贷款损失与银行间市场风险传染——
　　基于金融网络方法的研究［J］．管理评论（3）：3–15．

孙旭然，王康仕，王凤荣，2020．金融科技、竞争与银行信贷结构——基
　　于中小企业融资视角［J］．山西财经大学学报（6）：59–72．

孙志红，琚望静，2022．数字金融的结构性效应：风险抑制还是推助？［J］．
　　产业经济研究（2）：128–142．

田国强，李双建，2020．经济政策不确定性与银行流动性创造：来自中国
　　的经验证据［J］．经济研究（11）：19–35．

童牧，何奕，2012．复杂金融网络中的系统性风险与流动性救助——基于
　　中国大额支付系统的研究［J］．金融研究（9）：20–33．

万丛颖，2019．股东联结网络、网络位置与企业绩效［J］．财经问题研究
　　（9）：120–127．

万阳松，2007．银行间市场风险传染机制与免疫策略研究［D］．上海：
　　上海交通大学．

万建香，汪寿阳，2016．社会资本与技术创新能否打破"资源诅咒"？——
　　基于面板门槛效应的研究［J］．经济研究（12）：76–89．

王宇伟，周耿，吴瞳，等，2019．央行的言辞沟通、实际行动与企业投资
　　行为［J］．中国工业经济（5）：118–135．

王东阳，李成，2023．货币政策预期管理的言行调控效应——基于商业银
　　行的经验证据［J］．广东财经大学学报（1）：45–61．

王书华，刘慧超，范瑞，2023．数字化转型对中小银行全要素生产率的影

响与机制研究 [J]. 经济经纬 (4): 149–160.

王书华, 刘慧, 范瑞, 2023. 数字化转型对中小银行全要素生产率的影响与机制研究 [J]. 经济经纬 (4): 149–160.

王信, 贾彦东, 2019. 货币政策和宏观审慎政策的关联及启示——基于英格兰银行的经验 [J]. 金融研究 (12): 38–57.

王营, 张光利, 2018. 董事网络和企业创新: 引资与引智 [J]. 金融研究 (6): 189–206.

王春丽, 李琪, 2019. 宏观审慎监管体系的国际比较与启示 [J]. 江汉论坛 (9): 44–50.

王兵, 朱宁, 2011. 不良贷款约束下的中国上市商业银行效率和全要素生产率研究——基于SBM方向性距离函数的实证分析[J]. 金融研究(1): 110–130.

王聪聪, 党超, 徐峰, 等, 2018. 互联网金融背景下的金融创新和财富管理研究 [J]. 管理世界 (12): 168–170.

王擎, 田娇, 2014. 多元化战略、贷款质量与银行绩效——基于信息协同的角度 [J]. 金融研究 (5): 110–125.

汪莉, 吴杏, 陈诗一, 2016. 政府担保异质性、竞争性扭曲与我国商业银行风险激励 [J]. 财贸经济 (9): 21–35.

汪莉, 陈诗一, 2019. 利率政策、影子银行与我国商业银行风险研究 [J]. 经济学 (季刊) (1): 1–22.

汪莉, 马诗淇, 叶欣, 2021. 数字普惠金融对我国家庭金融资产配置的影响——基于CHFS数据的实证研究 [J]. 会计与经济研究 (4): 93–109.

王靖一, 黄益平, 2018. 金融科技媒体情绪的刻画与对网贷市场的影响[J]. 经济学 (季刊) (4): 1623–1650.

王晋斌, 李博, 2017. 中国货币政策影响商业银行的风险承担行为吗?——来自中国商业银行动态面板数据的证据 [C]. 国际货币评论.

王诗卉, 谢绚丽, 2021. 经济压力还是社会压力: 数字金融发展与商业银行数字化创新［J］．经济学家（1）：100–108.

王相宁，刘肖，2021．金融科技对中小企业融资约束的影响［J］．统计与决策（13）：151–154.

王馨，2015．互联网金融助解"长尾"小微企业融资难问题研究［J］．金融研究（9）：128–139.

王勋，黄益平，苟琴，等，2022．数字技术如何改变金融机构：中国经验与国际启示［J］．国际经济评论（1）：6，70–85.

卫彦琦，2023．数字金融对产业链韧性的影响［J］．中国流通经济（1）：71–82.

温忠麟，张雷，侯杰泰，等，2004．中介效应检验程序及其应用［J］．心理学报（5）：614–620.

温忠麟，叶宝娟，2014．中介效应分析：方法和模型发展［J］．心理科学进展（5）：731–745.

吴桐桐，王仁曾，2021．数字金融、银行竞争与银行风险承担——基于149家中小商业银行的研究［J］．财经论丛（3）：38–48.

吴文洋，蒋海，唐绅峰，2023．数字化转型、网络关联性与银行系统性风险［J］．中国管理科学，1–12.

吴非，胡慧芷，林慧妍，等，2021．企业数字化转型与资本市场表现——来自股票流动性的经验证据［J］．管理世界（7）：10，130–144.

吴非，向海凌，刘心怡，2020．数字金融与金融市场稳定——基于股价崩盘风险的视角［J］．经济学家（10）：87–95.

吴迪，张楚然，侯成琪，2022．住房价格、金融稳定与宏观审慎政策［J］．金融研究（7）：57–75.

项后军，闫玉，2017．理财产品发展、利率市场化与银行风险承担问题研究［J］．金融研究（10）：99–114.

项后军，高鹏飞，2023．银行数字化转型能缓解流动性囤积吗［J］．经济学动态（8）：82–100.

项后军，周雄，2022．流动性囤积视角下的影子银行及其监管［J］．金融与保险（人大复印）（9）：100–117.

萧维嘉，王正位，段芸，2009. 大股东存在下的独立董事对公司业绩的影响——基于内生视角的审视［J］. 南开管理评论（12）：90–97.

谢德仁，陈运森，2012. 董事网络：定义、特征和计量［J］. 会计研究（3）：44–51，95.

谢绚丽，王诗卉，2022. 中国商业银行数字化转型：测度、进程及影响［J］. 经济学（季刊）（6）：1937–1956.

谢绚丽，沈艳，张皓星，等，2018. 数字金融能促进创业吗？——来自中国的证据［J］. 经济学（季刊）（4）：1557–1580.

徐成江，2022. 银行数字化转型与中小企业信贷可得性研究——兼论贷款安全和银行情绪的中介影响［J］. 金融监管研究（12）：1–19.

徐沛勍，2020. 高管薪酬、董事会治理与分类转移［J］. 财贸经济（3）：80–99.

杨文，孙蚌珠，程相宾，2015. 中国国有商业银行利润效率及影响因素——基于所有权结构变化视角［J］. 经济学（季刊）（2）：535–556.

杨玉龙，2018. 发审委校友关系会否扭曲IPO资源配置［J］. 财贸经济（7）：96–112.

杨玉龙，孙淑伟，孔祥，2017. 媒体报道能否弥合资本市场上的信息鸿沟？——基于社会关系网络视角的实证考察［J］. 管理世界（7）：99–119.

杨天宇，钟宇平，2013. 中国银行业的集中度、竞争度与银行风险［J］. 金融研究（1）：122–134.

杨子晖，李东承，2018. 我国银行系统性金融风险研究——基于"去一法"的应用分析［J］. 经济研究（8）：36–51.

杨德明，刘泳文，2018. "互联网＋"为什么加出了业绩［J］. 中国工业经济（5）：80–98.

杨松令，刘梦伟，张秋月，2021. 中国金融科技发展对资本市场信息效率的影响研究［J］. 数量经济技术经济研究（8）：125–144.

杨震宁，李东红，范黎波，2013．身陷"盘丝洞"：社会网络关系嵌入过度影响了创业过程吗？［J］．管理世界（12）：101-116．

杨才然，王宁，2015．互联网金融风险的银行视角［J］．中国金融（7）：56-57．

姚树洁，姜春霞，冯根福，2011．中国银行业的改革与效率：1995—2008［J］．经济研究（8）：4-14．

尹筑嘉，曾浩，毛晨旭，2018．董事网络缓解融资约束的机制：信息效应与治理效应［J］．财贸经济（11）：112-127．

游宇，刘芳正，黄宗晔，2022．宏观审慎政策与经济增长［J］．经济学动态（9）：51-70．

冀志斌，周先平，2011．中央银行沟通可以作为货币政策工具吗——基于中国数据的分析［J］．国际金融研究（2）：25-34．

于震，丁尚宇，杨锐，2020．银行情绪与信贷周期［J］．金融评论（2）：64-78，125．

余静文，吴滨阳，2021．数字金融与商业银行风险承担——基于中国商业银行的实证研究［J］．产经评论（4）：108-128．

余晶晶，何德旭，仝菲菲，2019．竞争、资本监管与商业银行效率优化——兼论货币政策环境的影响［J］．中国工业经济（8）：24-41．

郁芸君，张一林，彭俞超，2021．监管规避与隐性金融风险［J］．经济研究（4）：93-109．

袁淳，肖土盛，耿春晓，等，2021．数字化转型与企业分工：专业化还是纵向一体化［J］．中国工业经济（9）：137-155．

袁媛，2018．金融科技与银行信用风险管理［J］．中国金融（9）：67-68．

游家兴，刘淳，2011．嵌入性视角下的企业家社会资本与权益资本成本——来自我国民营上市公司的经验证据［J］．中国工业经济（6）：109-119．

俞鸿琳，2013．关系网络、商业信用融资与民营企业成长［J］．经济科学

（4）：116-128.

张敏，童丽静，许浩然，2015. 社会网络与企业风险承担——基于我国上
市公司的经验证据［J］. 管理世界（11）：161-175.

张维迎，柯荣住，2022. 信任及其解释：来自中国的跨省调查分析［J］.
经济研究（10）：59-70，96.

张博雅，2020. 银行流动性创造对经济增长影响的实证检验［J］. 统计与
决策（4）：150-154.

张玉利，杨俊，任兵，2008. 社会资本、先前经验与创业机会——一个交
互效应模型及其启示［J］. 管理世界（7）：91-102.

张一林，林毅夫，朱永华，2021. 金融体系扭曲、经济转型与渐进式金融
改革［J］. 经济研究（11）：14-29.

张大永，张志伟，2019. 竞争与效率——基于我国区域性商业银行的实证
研究［J］. 金融研究（4）：111-129.

张翠燕，曹廷求，2023. 宏观审慎沟通效果的区域非对称性研究——基于
金融周期视角的考察［J］. 国际金融研究（12）：14-24.

张华平，商建云，2019. NLPIR-Parser：大数据语义智能分析平台［J］.
语料库语言学（1）：87-104.

张博雅，2020. 银行流动性创造对经济增长影响的实证检验［J］. 统计与
决策（4）：150-154.

张庆君，欧一丁，2023. 数字化转型提升了银行经营效率吗？——来自上
市商业银行的经验证据［J］. 会计与经济研究（3）：89-108.

章元，陆铭，2009. 社会网络是否有助于提高农民工的工资水平？［J］.
管理世界（3）：45-54.

翟胜宝，程妍婷，谢露，2023. 商业银行数字化转型与风险承担水平［J］.
北京工商大学学报（社会科学版）（2）：75-86.

赵璨，陈仕华，曹伟，2020. "互联网＋"信息披露：实质性陈述还是策
略性炒作——基于股价崩盘风险的证据［J］. 中国工业经济（3）：
174-192.

赵晶，郭海，2014．公司实际控制权、社会资本控制链与制度环境［J］．
　　管理世界（9）：160-171．

赵家琪，江弘毅，胡诗云，等，2023．数字普惠金融下的小微信贷与风险——
　　基于银行数字化转型的视角［J］．经济学（季刊）（5）：1686-
　　1703．

赵尚梅，杜华东，车亚斌，2012．城市商业银行股权结构与绩效关系及作
　　用机制研究［J］．财贸经济（7）：39-48．

曾钊创，刘朝伟，彭顺求，等，2022．工商银行区块链隐私计算融合技术
　　探索与实践［J］．中国金融电脑（3）：46-49．

曾燕，陈肖雄，金钊，等，2023．银行数字化转型驱动下定向降准政策的
　　传导效率——基于银行规模异质性的研究［J］．国际金融研究（8）：
　　65-76．

朱太辉，陈璐，2016．Fintech 的潜在风险与监管应对研究 [J]．金融监管研
　　究（7）：18-32．

朱沛华，2020．负面声誉与企业融资——来自上市公司违规处罚的经验证
　　据［J］．财贸经济（4）：50-65．

朱宁，梁林，沈智扬，等，2018．经济新常态背景下中国商业银行内生性
　　效率变化及分解［J］．金融研究（7）：108-123．

祝继高，岳衡，饶品贵，2020．地方政府财政压力与银行信贷资源配置效
　　率——基于我国城市商业银行的研究证据［J］．金融研究（1）：88-
　　109．

邹文理，王曦，谢小平，2020．中央银行沟通的金融市场响应——基于股
　　票市场的事件研究［J］．金融研究（2）：34-50．